知识视域下
众创空间生态系统
特征及其作用机理研究

Research on the Characteristics and
Mechanisms of Crowd Innovation Space Ecosystem
from the Perspective of Knowledge

金鑫 张敏 侯晓 著

科学出版社
北京

内 容 简 介

众创空间是促进"大众创业、万众创新"发展的重要载体。本书从知识视域详细论述了众创空间生态系统、参与机制、协同机制、服务机制等内容，将复杂系统理论、动机理论、系统动力学理论、协同进化理论、博弈论等理论和方法创新性应用到众创空间的研究过程中，详细阐释了众创空间生态系统的运行机制、因果关系和协同进化过程，论述了众创空间参与动机效能、知识服务能力、助力企业孵化等机理。本书内容主要包括众创空间生态系统研究、基于知识共享的众创空间参与满意度研究、众创空间的知识服务能力及其影响因素、基于协同学的众创空间金融支持与科技创新机制分析及基于知识共享的众创空间、初创企业与风险投资的合作策略研究。本书采用了理论与实证相结合的方式，较全面地探讨了众创空间生态系统特征及其作用机理，并给出了具体的针对性意见和建议。

本书适合对双创和众创空间相关研究与实践感兴趣的读者阅读参考，有助于读者深入了解众创空间生态系统特征和作用机理。

图书在版编目（CIP）数据

知识视域下众创空间生态系统特征及其作用机理研究 / 金鑫，张敏，侯晓著. —北京：科学出版社，2023.8
ISBN 978-7-03-075922-1

Ⅰ. ①知… Ⅱ. ①金… ②张… ③侯… Ⅲ. ①创业－研究 Ⅳ. ①F241.4

中国国家版本馆 CIP 数据核字（2023）第 123665 号

责任编辑：郝　悦 / 责任校对：张亚丹
责任印制：张　伟 / 封面设计：无极书装

科 学 出 版 社 出版
北京东黄城根北街 16 号
邮政编码：100717
http://www.sciencep.com
北京中石油彩色印刷有限责任公司印刷
科学出版社发行　各地新华书店经销

*

2023 年 8 月第 一 版　开本：720 × 1000　1/16
2023 年 8 月第一次印刷　印张：12 1/2
字数：246 000
定价：128.00 元
（如有印装质量问题，我社负责调换）

国家社科基金后期资助项目
出版说明

　　后期资助项目是国家社科基金设立的一类重要项目，旨在鼓励广大社科研究者潜心治学，支持基础研究多出优秀成果。它是经过严格评审，从接近完成的科研成果中遴选立项的。为扩大后期资助项目的影响，更好地推动学术发展，促进成果转化，全国哲学社会科学工作办公室按照"统一设计、统一标识、统一版式、形成系列"的总体要求，组织出版国家社科基金后期资助项目成果。

全国哲学社会科学工作办公室

目　　录

第 1 章　绪论 ·· 1
　1.1　研究背景和意义 ··· 1
　1.2　众创空间相关研究现状 ·· 5
　1.3　研究方法 ··· 10
　1.4　本书的主要内容和框架 ··· 11

第 2 章　相关理论综述 ·· 14
　2.1　知识的相关理论 ·· 14
　2.2　生态系统的相关理论 ·· 18
　2.3　创新创业的相关理论 ·· 21
　2.4　研究方法的相关理论 ·· 24
　2.5　本章小结 ··· 31

第 3 章　众创空间生态系统研究 ·· 32
　3.1　众创空间案例及生态系统分析 ·· 32
　3.2　CAS 视角下的众创空间创新生态系统运行机制研究 ························· 38
　3.3　基于系统动力学的众创空间创新生态系统动态演化研究 ···················· 42
　3.4　基于 DICE 模型的众创空间知识生态系统协同进化研究 ···················· 55
　3.5　本章建议 ··· 69
　3.6　本章小结 ··· 70

第 4 章　基于知识共享的众创空间参与满意度研究 ··························· 72
　4.1　众创空间参与动机相关研究 ··· 72
　4.2　优化路径模型构建 ··· 73
　4.3　实证分析 ··· 78
　4.4　本章建议 ··· 89
　4.5　本章小结 ··· 90

第 5 章　众创空间的知识服务能力及其影响因素 ······························ 92
　5.1　众创空间知识服务相关研究 ··· 92
　5.2　众创空间知识服务能力影响因素 ··· 94
　5.3　实证检验 ··· 105

  5.4 本章建议 ·· 122
  5.5 本章小结 ·· 124
第 6 章 基于协同学的众创空间金融支持与科技创新机制分析 ········ 126
  6.1 金融支持与科技创新相关研究 ··· 126
  6.2 众创空间生态系统及协同机制分析 ·································· 128
  6.3 基于协同机制的仿真模型构建 ··· 133
  6.4 本章建议 ·· 146
  6.5 本章小结 ·· 147
第 7 章 基于知识共享的众创空间、初创企业与风险投资的
     合作策略研究 ··· 149
  7.1 众创空间合作相关研究 ·· 149
  7.2 模型建立 ·· 151
  7.3 初创企业、众创空间和风险投资的演化博弈分析 ·········· 153
  7.4 数值模拟分析 ··· 160
  7.5 实证分析 ·· 164
  7.6 本章建议 ·· 169
  7.7 本章小结 ·· 170
第 8 章 总结 ··· 171
  8.1 主要结论 ·· 171
  8.2 主要创新与贡献 ··· 172

参考文献 ·· 174
 附录Ⅰ 基于参与动机的众创空间知识共享质量、创意实
     现与满意度研究调查问卷 ·· 186
 附录Ⅱ 众创空间知识服务能力影响因素研究调查问卷 ············ 189
后记 ·· 192

第1章 绪　　论

1.1 研究背景和意义

1.1.1 研究背景

众创空间（crowd innovation space）是顺应创新2.0时代用户创新、大众创新、开放创新的产物，是把握互联网环境下创新创业特点和需求，通过市场化机制、专业化服务和资本化途径构建的低成本、便利化、全要素、开放式的新型创业服务平台的统称，其实质是创客与众筹、众包的结合空间，是创意、创业、创造与投资的结合空间。2015年3月印发的《国务院办公厅关于发展众创空间推进大众创新创业的指导意见》[①]中明确支持发展众创空间，为创业创新搭建新平台。该指导意见提出，到2020年，形成一批有效满足大众创新创业需求、具有较强专业化服务能力的众创空间等新型创业服务平台。2016年2月印发的《国务院办公厅关于加快众创空间发展服务实体经济转型升级的指导意见》[②]中指出，众创空间要与"互联网+"行动计划、"中国制造2025"、大数据发展行动等相结合，开放创新资源，扩大"大众创业、万众创新"（简称"双创"）的源头供给，降低创新创业成本，加强创新链与产业链、资金链的对接，通过龙头企业、中小微企业、科研院所、高校、创客等多方协同，打造产学研用紧密结合的众创空间，吸引更多科技人员投身科技型创新创业，促进人才、技术、资本等各类创新要素的高效配置和有效集成，推进产业链与创新链深度融合，不断提高服务创新创业的能力和水平。建设众创空间服务平台，对于打造经济发展新的"发动机"具有重要意义。

在"双创"背景下诞生的众创空间是针对创新创业所形成的集聚化平台，能够给予"双创"有力支持。它既是运行"互联网+"战略的重中之重，也是推行"双创"的强大动力。众创空间虽然起源于国外的创客空间（maker space），但在国内的产业实践和政策推动中又包含了更多的内

---

① 《国务院办公厅关于发展众创空间推进大众创新创业的指导意见》（国办发〔2015〕9号），https://www.gov.cn/zhengce/content/2015-03/11/content_9519.htm[2022-10-31]。
② 《国务院办公厅关于加快众创空间发展服务实体经济转型升级的指导意见》（国办发〔2016〕7号），https://www.gov.cn/gongbao/content/2016/content_5051226.htm[2022-10-31]。

涵和机制，是结合了我国国情创新性地提出的新一代创新创业模式，属于新生事物，通过结合"众包""众筹""众扶"等手段，可以为创客和在孵企业的蓬勃成长添力助航。识别众创空间中的运作路径，能够促使参与者向实际创业者转化，不断巩固众创空间的服务功能，这对于有效提高社会就业、增强效率效益、顺利推进创新创业有着举足轻重的作用。

众创空间作为新型的创新创业平台，以市场需求为导向，具有低成本、便利化、全要素等特点。众创空间依托于国家的政策红利，拥有丰厚的高校、科研机构及中介机构等资源，为广大的众创空间内的创客和在孵企业提供了网络空间、工作空间、交流空间及资源共享的空间。众创空间相比传统的孵化器和产业园具有更基础、更全面和更灵活的特点。众创空间可以有效降低人民群众创新创业的准入门槛，完善"众创空间—孵化器—加速器"孵化链条。众创空间的产生和发展，是政策推动、创新模式、互联网飞速发展等众多因素共同影响的结果。

众创空间是在传统的创客空间、创客咖啡厅等的基础上发展而来的，拥有知识服务和创意孵化等功能的研发和办公场所。众创空间其内部的创业导师及良好的社会组织网络关系，可以满足创客和在孵企业的创新创业需求。众创空间通过提供知识服务，帮助创客及创客所在的在孵企业增加知识，降低创业成本，并将创新市场化，从而实现创业孵化。当前国内的众创空间主要有综合生态类、专业服务类、辅助培训类及媒体延伸类等不同的类型。虽然不同类型的众创空间对在孵企业的服务侧重点不同，但本质都是通过其"硬件"场地的服务和"软件"知识的服务实现创客所在的在孵团队的良好成长，进而实现众创空间的自身利益。

在理论方面，创新模式正经历从封闭式创新向开放式创新、全员创新转变的过程。以大众创新、开放创新为特征的创新2.0理论的逐步发展和转变，为众创空间的诞生奠定了理论基础。Bessant和Caffyn（1997）最早提出了高参与度创新的概念，指出每个人都可以参与到创新中去，开启了全员创新、大众创新的研究热潮。Chesbrough（2006）在其著作中首次提出了开放式创新的概念，开启了创新理论从封闭式向开放式的转变。陈力田等（2014）总结了全员创新理论的来源，认为全员创新是创新概念进一步宽泛化的结果，并将全员创新理论来源归结为提议制度、全面质量管理、永续创新和创新学习型组织四个方面。

在实践方面，创客运动在全球范围内的兴起和发展促进了众创空间的发展。麻省理工学院比特和原子研究中心创建的Fab Lab平台是最早将"全员创新""大众创业"的理念付诸实践的平台之一。在这个平台上，用户可以利用许多公共资源，如硬件设施、开放源代码和相关电子工具来帮助他们实现创意和产品，大大提高了创新的效率。除此之外，TechShop、Access Space、Metalab、Hackspace 等国外大众创新平台历经多年的发展也已经达到了比较成熟的阶段。国内的大众创新平台虽然出现得相对较晚，但是 2015 年之后发展迅猛，根据 2018 年《中国众创空间白皮书 2018》发布的数据，截至 2017 年底，全国纳入火炬统计的众创空间数量已经达到 5739 家，与 2016 年相比增幅超过 33%。

在政策上，众创空间的飞速发展与政府的国家创新发展战略和相关政策的推动有着密切的关系。2015 年是我国实施"双创"战略的元年，国务院和科学技术部（简称科技部）高度重视并切实加快大众创新创业工作，相继出台了多份政策文件以大力推动众创空间的发展。各级地方政府也结合当地情况，发布了多项政策推动众创空间的发展，甚至将众创空间的发展列为绩效考核指标。政府对众创空间的高度重视，推动了众创空间的飞速发展和空前繁荣。

此外，在"互联网+"国家战略的背景下，互联网的发展也是促进众创空间能够迅速发展的重要因素。互联网的发展极大地促进了创新创业者的沟通交流和知识共享及创业资源的获取，进而降低了创业者的创业成本，提高了创业者的创业积极性。众创空间以互联网为基础的资源获取交流机制，吸引了创业者不断参与到众创空间中去，促进了众创空间的飞速发展。

众创空间战略要有效实施，需要对众创空间的内在规律有深入的理论认识。虽然各地政府与相关企业对众创空间的实践构建模式做出了有益探索，但是在众创空间生态系统的内在机制及系统性构建和运行机制等方面，仍缺乏理论上的深入探讨。本书基于知识视域的众创空间生态系统特征及其作用机理的研究，将尝试从知识的视角解决一些众创空间理论研究的空白。在当今知识经济的时代背景下，知识对于众创空间的作用日益重要。知识是众创空间创客团队持续创新的重要动力，也是核心基础。知识在众创空间内部的重组扩散及转型升级等活动，象征着众创空间内部团队的生命力，决定了团队在众创空间内部的地位。众创空间的性质决定了其存在大量可利用的知识，但是，可利用知识存在并不代表所有知识可以得到充分的利用。随着生产方式的转变，知识循环的周期已经大幅度缩减，创客团队创新的频率也不断提高，创新成果内的知识成分也不断增加，这些是促进创客团队提高知识需求的主要原因。对创客团队内部及团队之间知识资产的开发利用程度是衡量一个团队创新能力高低的重要因素，同时也是团队竞争力的重要体现。因此，从知识的视角对众创空间进行系统化的研究，对众创空间未来的发展具有重要的意义。

1.1.2 研究意义

1. 理论意义

从理论意义的角度而言，现阶段国内对众创空间与知识的探讨仍处于起步阶段，相关研究十分匮乏甚至没有。现有研究大都是从科技孵化器的角度出发进行知识的相关探究，针对众创空间方面的研究还停留在对大环境的构建方面，并未深入具体的影响因素层次。从知识视角对众创空间进行研究有以下几点理论意义。

第一，从知识的视角研究众创空间这一新兴平台模式，可以完善和发展现有的相关理论，探索众创空间发展的新思路，促进知识管理学科理论的发展。众创空间中参与个体之间的相互交流实质是人和人的知识交流，这属于知识管理的探索范围；同时创业者在互动中更容易获得消费者需求信息，从而更好地开发出满足消费者需求的产品和服务，降低创业失败率，获得竞争优势。因此，这项研究将有助于发展基于知识的众创空间相关理论，为其增添色彩。

第二，在众创空间内部，创新的实现不仅是知识管理范围的创意与信息交流，还包含着创业中企业孵化的一系列流程，通过知识视角对众创空间这一新兴创新创业平台模式进行研究，有助于明确众创空间运行机制和生态系统，揭示参与者个体特质关系及融资路径，完善和发展知识视域下的众创空间发展机理。

2. 实践意义

从实践意义角度来看，众创空间作为一项新鲜事物，其发展需要进行不断的尝试和探索，本书可以对我国众创空间的发展起到引导作用，促使其在多方面得到启示，不断进步，具体如下。

首先，本书有助于大众和企业有效利用众创空间提供的知识服务，更好地参与众创空间。了解和研究初创企业能够在众创空间获得的知识服务和孵化功能，可以指引大众在创新创业过程中更加充分、合理地使用众创空间的辅助作用，并将其有的放矢最大化利用，达到提升创业者积极参与的目的。

其次，本书有助于中国众创空间更好地发展，提高参与者实现向实际创业者转化的效率。众创空间可以依据与知识的相关实证分析，来调整众创空间内知识资本的投入和配置比例，实现众创空间最优的知识资本配置。

再次，本书可以引起政府对众创空间更深层次的重视，有助于完善政府对众创空间评价体系。美国、加拿大及欧洲很多国家的政府都在积极地为创客模式制定相关的法律，保护创业者和投资者的合法利益，进而保障其顺利实施。鉴于国内外文化环境存在差异，我国众创空间与国外同步发展的可能性不大，但仍可取其精华，促进我国经济的发展。

最后，本书为提高众创空间运行效率、制定行之有效的知识管理机理提供参考。本书通过拓展众创空间知识相关内容，钻研知识管理高效的枢纽关节，以帮助众创空间内部的创客和在孵企业完成知识资源的有效利用，从而维系创新创业的实践能力，提升参与者对众创空间的满意度，降低创新创业的失败率，提升创业者对众创空间的参与积极性和创业成功率。

1.2 众创空间相关研究现状

1.2.1 国内研究现状

美国经济学家费尔普斯（2013）在《大繁荣：大众创新如何带来国家繁荣》一书中主推这样的一个概念：绝大多数的创新是发源于广大人民群众的真实需求，而非由极少数科学家臆想而出。大众参与到构思、开发及推广新产品和新技术的过程中，将对现阶段的技术水平产生大幅度的提升，大众创新也将推动国家的繁荣和发展。

众创空间的概念源自国外的 maker space，又称创客空间。"创客"的概念源自"maker"，指那些乐于 DIY，并擅长分享想法和创意，努力实践的人。全球最早的创客空间是 1981 年在德国柏林创建的混沌电脑俱乐部。目前国外比较典型的众创空间有美国的 TechShop 和 Fab Lab、英国的 AccessSpace 及奥地利的 Metalab 等。2010 年，Hackerspace 被引入国内，翻译为骇客空间或创客空间。由于起源较早，国外的创客空间已经发展到了比较成熟的阶段，但国内众创空间的研究还处于初始阶段。有关众创空间的研究虽然引起了强烈的关注，但由于学者的研究领域不同，因此对众创空间的理解并没有达成共识。目前关于众创空间的研究主要集中于众创空间的内涵、众创空间的类型划分、众创空间的功能和众创空间创新生态系统的构建。

1. 众创空间的内涵

虽然 2015 年 3 月印发的《国务院办公厅关于发展众创空间推进大众创新创业的指导意见》这一文件中已经给出了众创空间的定义，但由于研究视角不同，学者关于众创空间的内涵的认知是有差异的。由于众创空间与孵化器都可以为创业企业提供支撑，二者在功能上有重叠之处，因此关于众创空间内涵的认知矛盾集中于众创空间与孵化器之间的关系。李锐

（2017）从市场化程度、空间要求、入驻门槛和功能供给等方面分析了众创空间与传统孵化器的不同点，众创空间与传统孵化器相比，具有充分市场化、创业氛围浓厚、低入驻门槛和重投资于服务等特点。传统孵化器侧重于企业的孵化，以政府为主导，注重实体空间；众创空间更多地面向"万众创新"，以平台运营为机制，线上线下同时提供服务。目前，学者的普遍观点是众创空间拓展了传统孵化器的广度与深度，是一种新型孵化器。张娜（2015）借助案例研究挖掘众创空间和创客空间的不同，创新性地总结了众创空间的内涵。王德禄（2015）认为，创业咖啡、创业工场等新型孵化器及它们的组合，都属于众创空间的范畴。赵亮（2016）指出，专业众创空间主要包括三大类，现有的各种科技园、孵化器类；各种线上虚拟众创空间类；以创客空间、创业咖啡、创新工场等为代表的新型众创空间类。

2. 众创空间的类型划分

根据不同的划分依据，众创空间可以分为不同的种类，表1.1给出了国内学者对于众创空间类型的划分情况。

表1.1 众创空间的类型

划分依据	类型	作者
参与主体	政府主导、中小企业主导、高校和科研机构主导、创投机构主导、大型企业主导和中介机构主导	刘春晓（2015）
功能和特征	活动聚合型、培训辅导型、媒体驱动型、投资驱动型、地产思维型、产业链服务型和综合创业生态型	投中研究院（2015）
演化阶段	初级模式、初级模式升级版和综合创业生态体系	王佑镁和叶爱敏（2015）
创办主体	产学研结合型、大企业平台型、大企业创新服务型、产城结合型、咨询投资型	陈凤等（2015）
业务模式	企业平台型、投资驱动型、媒体依托型、垂直产业型、开放空间型和新型地产型	邵永新和倪芝青（2017）

根据功能和特征的划分是目前接受度较高的分类方式，其中的"产业链服务型"和"综合创业生态型"更全面地体现了众创空间的创新创业服务功能。依据演化阶段对众创空间的分类可以对创业活动的过程有更加客观的认识。依据创办主体的划分与依据参与主体的划分方式比较类似，但是依据参与主体的划分更好地体现了不同众创空间的经营目的。政府主导的众创空间具有公益性的特点，企业或个人主导的众创空间则更加重视创业项目的开发，具有营利性。依据业务模式的划分是在依据功能和特征划分基础上的整合与延展，其中的"媒体依托型"和"新型地产型"都是传统产业与众创空间相结合的产物，体现了"双创"对传统产业的影响。

3. 众创空间的功能

2015年《科技部关于印发〈发展众创空间工作指引〉的通知》[①]指出，众创空间的主要功能是通过创新与创业相结合、线上与线下相结合、孵化与投资相结合，以专业化服务推动创业者应用新技术、开发新产品、开拓新市场、培育新业态。刘志迎等（2015）最先建立众创的C-D-M（community-development-market，社区-研发-市场）概念模式，重点研究众创的来源、特点、分类及模式等方面。吕力等（2015）基于众创和创业关系的角度研究两者的作用机制，并把创业孵化器按照创业过程的重要作用划为五种类型，明确发展国家应采取不一样的政策针对不同类别的孵化器。关于众创空间功能的研究主要包括三个层面。首先是经济社会发展层面。众创空间有地带信号识别与创业资源集聚功能、创业能力构建与创业孵化功能和以点到面驱动与促进社会大众创业功能。刘佳薇等（2015）认为众创空间将引发创业大潮，加速传统与新生产业的跨界融合，催生大量新型业态，开启创新创业的改革闸门。吴杰等（2017）指出众创空间具有整合创新创业资源，提升创新创业效率和弘扬创新创业文化的功能。其次是高校层面。高校众创空间是一种新型的创新创业服务载体，在教育方面，可以帮助创业者树立正确的创业观，为创业打下坚实的基础，同时提高创业主体的能力与信心；在产业方面，高校众创空间帮助入驻的创业团队尽快适应社会需求，推动创业团队的成果进行产学研合作。最后是企业层面。众创空间使得创新的实施过程可以在企业外部进行，因而降低了企业的研发成本和风险，促进了企业的创新和创业。

4. 知识视角的众创空间研究

国内目前关于众创空间与知识生态系统相结合的研究还不成体系。肖志雄（2016）基于众创空间的理论研究和知识管理理论，提出了众创空间知识生态环境主要由物理空间、虚拟空间和精神空间三部分组成。孙雪和任树怀（2016）基于知识管理经典理论中的"场"的理论及SECI[②]知识创造模型的理论，从知识创造角度分析众创空间中的知识创造过程，基于知识创造理论提出关于众创空间构建的建议。杨怀志（2017）探讨了图书馆众创空间知识

---

① 《科技部关于印发〈发展众创空间工作指引〉的通知》（国科发火〔2015〕297号）．http://www.gov.cn/zhengce/2015-09/08/content_5023530.htm[2018-10-09]．

② SECI 即 socialization（社会化）、externalization（外在化）、combination（组合化）、internalization（内隐化）。

共享机制的构建。张肃和靖舒婷（2017）通过分析众创空间的基本内涵，对众创空间知识生态系统进行了定义并明确了其要素组成，构建了众创空间知识生态系统模型，解释了其知识共享机制和方法。肖强和郭亚军（2017）综合考虑了众创空间环境下数字图书馆的特点，从知识空间、协同创新、开放创新的角度提出了知识服务策略。田颖等（2018）提出，智力资本是知识经济的基础，并基于"H-S-R"[①]的视角，从知识资源匹配、知识资源吸收、转移和交互、知识增值几个阶段动态分析众创空间智力资本的协同创新。

5. 众创空间生态系统的构建

刘芹良和解学芳（2018）总结出众创空间在主体、属性、运作等方面与创新生态系统有较高的相似度，将创新生态系统理论引入众创空间的研究中，得到众创空间的运作机理中包括内生竞合、开放协同、系统多样和动态演化四个过程。付志勇（2015）最早展开关于众创空间生态系统的研究，并从合作社群、创意实践、开放资源和协作空间四个角度探讨了众创空间的有机生态。汪群（2016）对众创空间生态系统进行了细致的划分，并确认了资源获取、价值交换和优胜劣汰三大运行机制，最后针对众创空间创业生态系统，提出了三点针对性建议。黄世芳（2016）以创新经济学为理论基础，以众创空间作为创新系统的微生态为对象，实证论证了众创空间存在一定的后发优势。张玉利和白峰（2017）从耗散理论出发，构建了众创空间创业生态系统的两阶段螺旋前进模型，以寻找众创空间优化路径，增强其自组织性和自增益性。陈凤等（2015）以杭州梦想小镇为例，创建了包含众创精神、创客生态圈、资源生态圈、基础平台与众创政策四个空间结构在内的众创空间创新生态系统，并阐释了众创空间创新生态系统的概念、特征和功能。向永胜和古家军（2017）等提出众创空间关注并着力解决初创企业在孵化过程中的不同需求，提供服务和资源，建立了多生态、全要素、孵化融合的生态系统。系统包含"服务+产业"核心生态层、要素功能网络空间、专业全过程辅导，从而提升初创企业孵化效率。裴蕾和王金杰（2018）构建了众创空间嵌入的多层次创新生态系统概念模型，研究发现众创空间创新功能的实现依赖于自组织演化、开放式协同和跨层级交互三种机制，为创新生态系统的理论提供了实践依据。创新生态系统为众创空间主体、运作机理、创新政策等方面的研究提供了理论基础，为现阶段众创空间发展机理的研究提供了新的视角。

---

① H-S-R 即 human capital（人才资本），structural capital（结构资本），relational capital（关系资本）。

1.2.2 国外研究现状

相比之下，国外学术界对于其所对应的创客空间的研究时间较早，视角较为独特。近几年 Web of Science 上关于众创空间的文献数量逐年递增，在 2013 年之后增加趋势明显。国外文献侧重点各有不同，主要研究是以创新创业的视角来进行的。国外的研究将众创空间更多称为 maker space 或 Hackerspace。侯晓（2017）指出，国外众创空间由来已久，经过长期的发展到达比较成熟的阶段，创客空间逐渐形成，如 Metalab、TechShop、Fab Lab、Access Space 等创客空间。由 Altman（2011）创建的创客空间 Noisebridge 首次透露 hacker 同创客空间的联系，把 hacker 行为作为创客的一种发明创造的途径。Kera（2012）总结出创客空间是以技能、用具与场地为中心的，并且是可以共同分享的，网罗大部分开源的与软硬件设施等因素有关的管理方式和观念。Bauwens 等（2012）基于分享经济的视角探索创客空间的行为模式。Goldenson 和 Hill（2013）首次提出将创客空间应用于图书馆的实践摸索及钻研，并分析图书馆创客空间的建设和运营方式。Brush（2014）为了将学生的创意转化为创新产品提出创客空间与高校的合作关系。Brady 等（2014）以残疾人的视角切入，探讨了众创空间针对特殊群体的优化方向，以提高众创空间的服务能力。Gierdowski 和 Reis（2015）通过对众创空间实地调研，探讨了专业运营人员及管理设备的重要性。Bowler 和 Champagne（2016）通过半结构访谈和定性分析，深入对以图书馆和高校为代表的众创空间进行调研，探讨了知识的重要性。

关于创客教育的研究，早期 Benkler（2006）将创客空间定位成"大规模生产"的演进形式。Abram（2013）通过对图书馆与众创空间的联系进行探索和分析，认为将二者进行联合建设和运营可以开展众创空间图书馆模式的建设和运营。Wong 和 Partridge（2016）认为创客空间具有将创新和教育研究等进行合理配置的要求，其服务应从提供基础设施升级为优化构造空间结构。

在企业孵化方面，Blackley 等（2017）将企业的孵化平行分类，认为每个阶段应有特定型进行匹配。College（2011）分析了 Babson（巴布森）商学院和 Isenberg（伊森伯格）管理学院的创业生态系统，并对于如何推进 Babson 生态系统项目提出了市场化建议。Taylor 等（2016）以分享经济的视角，探索了众创空间的行为模式。

虽然近年来关于众创空间的研究越来越多并且取得了阶段性探索成功，但仍有一些不足之处。已有研究大多侧重于众创空间的内涵特征、运作模式、参与主体、发展方向等概念或现象，缺乏一些关于知识管理或知识服务的探讨，同时国内外对众创空间的实证研究不多，关于众创空间中参与的多主体间具体如何相互作用和影响的研究也较少。另外，一些学者在对众创空间的生态研究中指出，整个过程不仅涵盖预先的参与机制、系统内部的交流机制，还包括创新成果的转化机制。其中产业化是众创空间生态系统中非常重要的环节，而资金又是产业化过程中重要的一部分，缺乏资金会使好的创意项目纸上谈兵难以实现。然而关于众创空间的研究大多注重创新的探讨，而忽略了对产业化如何顺利实施和落地的研究，而这对于创新创业最后的成果转化及成败是至关重要的。

1.3 研究方法

1. 文献研究法

本书的第2章采用文献研究的方法，通过对国内外众创空间、知识相关理论、创新生态系统及研究方法等相关理论的分析和整理，根据不同的研究对象细分了相应的研究问题，为本书的后续内容提供了理论的支持。

2. 问卷调查法

本书选取调查问卷作为获取数据的核心方法，制定选取相应的测度项，对北京市以中央财经大学众创空间、清创空间及中关村创业大街内的众创空间为代表的典型众创空间进行问卷调查以获取资料，作为实证研究的基础。

3. 多学科综合方法

本书借鉴和整合了知识服务理论、知识共享理论、复杂适应系统（complex adaptive system，CAS）理论、协同学（synergetics）理论等多学科领域的理论，综合运用各种研究方法，形成了独特的研究风格。

4. 定性与定量相结合的方法

鉴于研究对象的特殊性，本书主要采取定性研究和定量研究相结合的方式。从定性方法的角度，本书针对众创空间进行案例分析，并在此基础上提出了众创空间创新生态系统的模型。在定量方面，针对调查问卷所得到的数据，使用统计软件 SPSS 和 LISREL 进行定量分析。同时，还将系统建模、数值仿真、博弈论（game theory）等方法运用到问题研究中。

1.4 本书的主要内容和框架

本书主要内容和思路是：首先，通过文献梳理与案例分析，构建众创空间生态系统，复杂适应系统理论，分析众创空间生态系统整体的运行机制；使用系统动力学的方法，研究众创空间生态系统的整体动态演化过程；基于生态学 DICE[①]模型，分析众创空间生态系统的协同进化过程。

其次，我们将研究重点转向了众创空间生态系统的参与主体。针对个人参与者，基于知识共享的众创空间参与满意度研究，提出了目标型动机、自我效能感、自我归属感及激励型动机四种参与动机在内的众创空间平台参与动机因素模型，最终构建了基于参与动机的知识共享质量、创意实现与满意度模型；针对初创企业参与者，我们先通过调查问卷获取数据，提出影响众创空间知识服务（knowledge service，KSERVE）能力的两种服务模式和五个影响因素，构建了基于众创空间知识存量、众创空间知识结网能力、众创空间知识转移能力、众创空间内部知识共享能力、众创空间内部文化的相容性的众创空间知识服务能力影响因素模型。

再次，基于协同学的众创空间金融支持与科技创新作用机制研究，通过分析众创空间生态系统内的协同过程，构建了众创空间投资孵化多 Agent 模型，并模拟各类主体行为之间的交互作用及科技创新生态系统的演化规律，应用 Netlogo 对模型进行仿真，通过改变主体主要属性参数以观察系统的仿真效果，进而分析金融支持和科技创新间相互作用的影响。

最后，使用博弈论的方法，基于众创空间、初创企业和风险投资（venture capital，VC）三方之间的关系，设计三方演化博弈模型，分析在解决信息不对称问题的情况下，三方在博弈过程中的稳定均衡策略，并利用数值仿真对稳定均衡策略进行了验证。

本书的内容框架如图 1.1 所示。

各章节具体安排如下。

第 1 章是绪论。主要介绍了本书的研究背景和意义、众创空间相关研究现状、研究方法及本书的主要内容和框架。

第 2 章是相关理论综述。对本书所涉及的相关概念与理论进行综述，包括知识的相关理论、生态系统的相关理论、创新创业的相关理论和研究方法的相关理论。

---

① DICE 即 distribution（分布）、interaction（互动）、competition（竞争）、evolution（演化）。

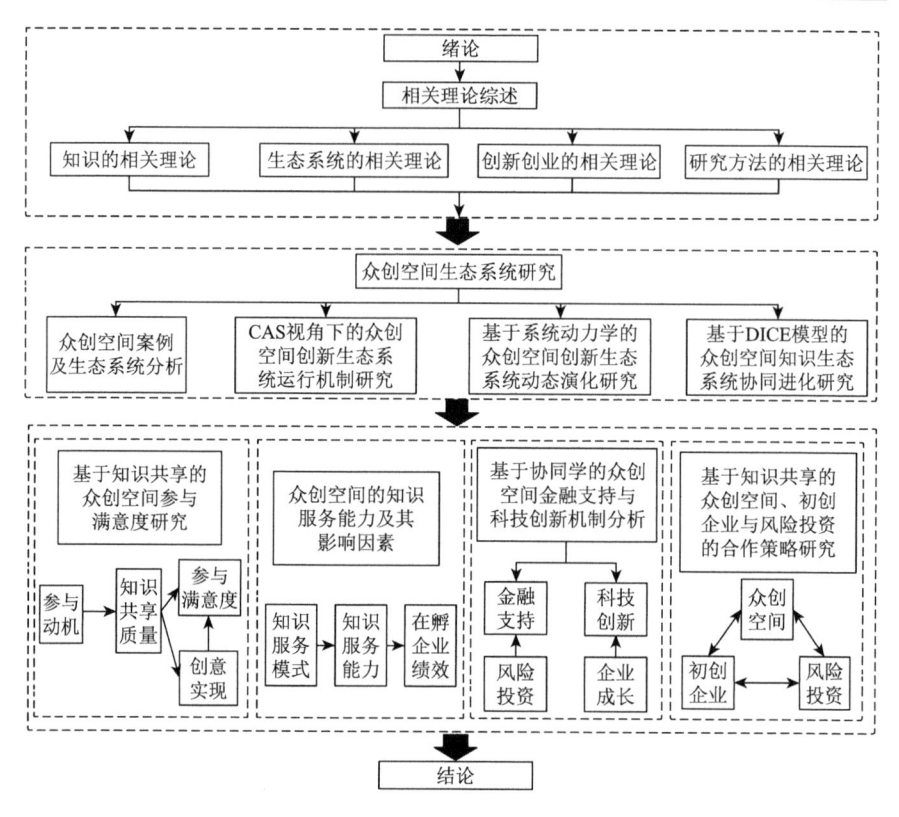

图 1.1　本书内容框架

第 3 章是众创空间生态系统研究。该章包含众创空间案例及生态系统分析、CAS 视角下的众创空间创新生态系统运行机制研究、基于系统动力学的众创空间创新生态系统动态演化研究及基于 DICE 模型的众创空间知识生态系统协同进化研究。各节从不同的理论基础出发，对众创空间生态系统进行运行机制、动态演化机制和协同进化机制进行机理分析，并运用仿真建模的方法进行验证，最后提出相应的结论和建议。

第 4 章是基于知识共享的众创空间参与满意度研究。该章基于动机理论，提出目标型动机、自我效能感、自我归属感及激励型动机四种参与动机在内的众创空间平台参与动机因素模型，最终构建基于参与动机的知识共享质量、创意实现与满意度模型，并提出各研究变量之间影响机理的若干假设命题。然后通过实证分析对假设进行检验。最后，从参与者、众创空间平台、社会范畴三个层面提出相应的路径策略，以期优化众创空间的运行效率。

第 5 章是众创空间的知识服务能力及其影响因素。该章在孵化器和众创空间相关研究的基础上，依据众创空间知识服务构成要素，提出了影响众创空间知识服务能力的两种服务模式和五个影响因素。构建了基于众创空间知识存量、众创空间知识结网能力、众创空间知识转移能力、众创空间内部知识共享能力、众创空间内部文化的相容性五个因素的众创空间知识服务能力影响因素模型，并将众创空间知识服务能力同在孵企业绩效的关系纳入模型之中，依据上述模型提出了相关的命题假设。然后使用结构方程模型（structural equation model，SEM）进行实证检验，最后将模型结果同实际相结合，就众创空间知识服务能力及五个影响因素提出有针对性的优化建议。

第 6 章是基于协同学的众创空间金融支持与科技创新机制分析。以协同学理论为基础，通过分析众创空间创业生态系统内的协同过程，构建众创空间投资孵化多主体模型，并模拟各类主体行为之间的交互作用及科技创业生态系统的演化规律，应用 Netlogo 对模型进行仿真，通过改变主体主要属性参数以观察系统的仿真效果，进而分析金融支持和科技创新间相互作用的影响，最后提出优化众创空间资源配置的建议。

第 7 章是基于知识共享的众创空间、初创企业与风险投资的合作策略研究。众创空间、初创企业与风险投资之间的信息不对称长期制约着初创企业的融资行为。该章采用博弈论的基本分析方法，基于众创空间、初创企业和风险投资三方之间的关系，设计三方演化博弈模型，分析在解决信息不对称问题的情况下，三方在博弈过程中的稳定均衡策略，并利用数值仿真对稳定均衡策略进行验证。最后根据最终的均衡策略，从政府、合作主体等方面提出促成三方有效合作的建议。

第 8 章是总结。总结了本书的主要结论，对本书的主要创新与贡献进行了分析归纳。

第 2 章 相关理论综述

知识在信息化的时代中扮演着重要的角色，同时也是众创空间的核心基础。在探讨知识在众创空间的应用之前，有必要先了解关于知识的理论、创新创业的理论、生态系统理论和研究方法的相关理论。基于第 1 章的分析，本章分别对上述理论进行梳理与综述，从而为本书后续的研究奠定基础。这样做的意义在于：首先，对理论的总结可以明确不同理论的具体概念和基本内容，使得后续的研究在一个明确的概念和范围之内。其次，对理论进行分析与评价能够帮助我们识别理论的局限性与发展过程中存在的不适应，从而启发我们从新的角度来认识知识相关理论、创新创业理论和生态系统理论及更恰当地运用研究方法。最后，本章可以更好地指导我们开展后续的研究实践，从理论与实践相结合的角度构建众创空间生态系统，更深刻地理解知识视角下的知识服务、知识共享在众创空间中的作用机理，从而建立新的分析框架。

2.1 知识的相关理论

2.1.1 知识服务理论

知识服务是指为满足知识需求者对各种知识的需要，知识服务提供者借助自身或外界的知识为其提供的知识服务。

在国外得到普遍认可的观点来自英国学者 Miles 和 Kastrinos（1998），他们将知识密集型服务业（knowledge-intensive business service，KIBS）定义为根据某一领域的专业知识，给客户供给知识信息产品或者服务的企业、组织机构。Ebersberger（2004）的认为，知识密集型服务是所有和创新相关联的组织机构内、外部服务活动的总称，能够提供这项服务的组织机构包括各类咨询企业、政府研究部门及各大高校等。Duffy（2000）认为知识服务是指在对用户各项知识需求和课题环境进行详细分析的情况下，将个人或组织拥有的显性知识和隐性知识经过析取、创新、集成等环节，针对性地为用户解决问题的服务。Boisot（1999）在论述知识与知识服务的作用时，认为知识是可以产生财富的资本，是从数据中提取信息并建立基础的一种能力。

国内关于知识服务含义的探讨也有很多，刘爱珍（2008）指出，知识服务是一个满足客户多样化知识需求的服务过程，其过程是知识服务提供方依靠自身拥有的高度专业化知识，结合组织内外的知识搜索，充分挖掘客户的潜在需求。李霞等（2007）认为知识服务包括广义和狭义两种形式。狭义的知识服务是根据用户知识需求独立满足用户需求的过程。广义的知识服务则是一切为用户提供知识的服务。在广义的知识服务中，同知识服务相关的词汇为知识存量、知识网络、知识共享等。本书中的众创空间知识服务的过程便是典型的广义知识服务的过程，主要就知识服务、知识存量、知识结网、知识共享、知识转移等因素展开。郑静（2016）认为知识服务首先要对信息进行深度挖掘；其次将隐性知识与显性知识进行融合，并基于此提供知识服务。张彬（2011）将知识服务分解为知识生产服务和知识消费服务的两个子概念。张红丽和吴新年（2010）认为知识服务是指针对用户的需求，综合考虑用户背景，利用现代技术获得相关知识及其关联关系，为用户供应知识产品、帮助用户分析问题、参与用户问题解决过程、满足用户知识需求的过程性服务。

1. 知识服务

国外同知识服务相关性比较强的是知识密集型服务业和知识密集型服务等几个概念。Miles 和 Kastrinos（1998）将知识密集型服务业定义为：面向目标客户提供专业化知识的中介企业。Baark（1999）则将知识密集型服务业定义为与创新相关，主要从技术、研发和专利的角度进行思考。Muller 和 Zenker（2001）在调查研究中发现，知识服务密集型行业多集中在提供技术和专利的服务业当中，存在两个功能：向客户提供相应的服务与解决客户相关的问题。Fiocca 和 Gianola（2003）从其服务和资产的角度进行考虑，认为最主要的服务是知识服务，最重要的资产是其内部的人员和知识等。

国内对知识服务的研究多集中在理论和概念方面，缺乏同实际的结合。靳红和程宏（2004）则将知识服务作为一个面向全过程的增值服务，主要是由目标和内容进行驱动。刘宇清和徐宝祥（2006）认为知识服务需要针对目标客户的需求进行分析，从已有的知识中寻找到切合有效的知识，用科学的方法展示出来。

2. 知识存量

知识存量的概念来源于知识资本概念的延伸，Bontis（1998）将知识分为人力资本、结构资本和顾客资本，并分析了三者的相互作用关系及对企业绩效的影响。李顺才等（2001）将知识存量定义为特定时点下，组织系统知识的组合，并以依附于内部人员、外部顾客和组织结构的形式存在。杜静和魏江（2004）在之前研究的基础之上，探究了知识存量的作用，认为知识存量反映了组织系统的知识生产力，体现了组织的竞争能力。

3. 知识网络

知识网络最早由瑞典工业界提出，作为一种解决彼此知识孤立的有效方法。Beckmann（1995）将知识网络定义为知识可以实现相互之间流动和传播的网络。国内学者蒋恩尧和侯东（2002）将知识网络作为一个管理知识的网络系统，通过这个网络系统，可以将知识进行统计和解释并传递给有需要的利益关联体，如供应商、消费者等。马德辉和包昌火（2008）将知识网络作为一种传统社会网络的延伸，通过挖掘隐藏在社会网络内的知识资源，来创造新的知识。

4. 知识转移

Teece 等（1997）作为美国的技术和创新管理方面的专家首次提出了知识转移的思想，他从国家的角度出发，认为通过知识和技术之间的国际转移，可以快速缩短各国之间的发展差距。Szulanski（1996）最早展开针对知识转移影响因素的分析，从知识、知识发送者、知识接受者及知识转移情景四个方面探讨企业信息化中影响知识转移的因素。国内学者左云美（2006）认为知识转移的过程是，知识势能高的主体向知识势能低的主体转移知识内容的过程，这个过程一般伴随着价值的让渡，并会带来一定的回报。

5. 知识共享

在知识动态理论的角度下，按照 Nonaka 和 Takeuchi（1995）提出的知识的动态理论，又被称为 SECI 模型，存在显性知识和隐性知识两大类，以及外化、增值、内化和组合化四种转化过程。在学习理论的视角下，知识共享不是传统简单的零和博弈而是非零和博弈。Senge（1997）站在知识学习的角度，将知识共享的重点放在知识的互相学习之上，通过知识共享实现的知识学习可以带来整个系统知识的上升，这也可以理解为知识共享同简单的信息共享最大的差别。在沟通理论的角度下，Hendriks（1999）首先将知识共享进行了区分，并确认了两项前提条件：积极的沟通和具备一定进行分享的知识。Hendriks（1999）认为商品转让的模式是远远无法代表知识共享的。在知识市场的角度，Huber（1991）认为组织的核心竞争力来源于知识，知识不仅仅可以为个人带来价值，还可以为组织带来价值。主要通过改变组织的运行方式和知识交换，来获取需要的市场价值。Davenport 等（1998）认为，市场中的知识满足市场的法则，只有达到双方的预期收益，才可以实现双方的等价交换。

2.1.2 知识共享理论

学者沿着不一样的思考研究角度给予知识共享和知识质量不一样的含义和判定方式。国外学者 Bosrtom（1989）表明知识共享的本质体现在双方知识共享的立场上：能否尊重理解参与者的想法。Davenport 等（1998）认为知识同享是参与活动的其余成员转移的共鸣。Hendriks（1999）推断知识的供需双方需要进行相互交流，这其实就是一种知识同享的路线。Dixon（2000）认为知识共享是参与者之间知识共享的各类途径，如知识库、小组讨论会等。Lee（2001）证明知识共享是分享学问的活动，蕴含明显可以看出的知识和隐蔽的难以发现的知识。Macneil（2003）将知识共享界定为有相同经验的大众在一起交流思想；国内学者仇元福等（2002）从知识获取、知识转移方面看，再加上知识的利用等，将知识质量作为评价对象质量的基准和方向。唐锦铨（2009）是在信息不是很全面的背景下，采取对抗的方法探讨知识共享问题，最后形成了面向群体的知识共享谋略。杜占河等（2009）剖析知识共享的机理，探讨影响知识共享的一些方面。最后的结论分为主观、客观、环境论、方法论四个角度。王玉梅和王宪涛（2009）研究说明知识共享的有利之处在于能够推动实现发明创造的绩效和价值，而且得出采取博弈的方式可以加快促进知识共享形成真正的具有高科技能力的实证结果。徐倩倩和纂振法（2009）基于知识和产业核心能力构造了这两个方面下的知识共享模式。王蕊和虞洁琼（2009）提出知识管理的关键所在为知识共享，因为知识共享并不能够本身产生，所以形成了独特的知识共享的鞭策形式。刘敏娜等（2010）从把握计划行为的角度，研究指出知识质量具有的安全性、经济型、时间性等特点能够充分达到用户的要求。易菲和龙朝阳（2010）基于知识本质的角度剖析它对知识共享所起到的各方面作用，其中需要格外重视的是知识的消化吸收能力。廖燕玲等（2010）提出，知识的质量是合乎条件需求的水准。陈晨（2010）从两种不同的方向确定了知识转移、知识确定模型的质量。知识共享的空间与以往组织的知识类型有很大的不同，表现出跨域、跨背景、跨学科的特点。

2.1.3 知识需求理论

杨杰（2017）认为企业知识需求理论是近些年产生的一种新的思想，现在尚未形成完整的理论框架。Nohria 和 Tieney（1999）较早地开始进行企业知识需求理论的研究，依据企业经营活动的逻辑顺序将知识需求分为三层。第一层是寻找潜在客户，并通过一定的途径同潜在客户建立联系所需的知识。第二层是依据第一层寻找到的需求，发明新的产品并将其推向市场所需的知识。第三层是依据第二层发明的产品，以之为核心构建并运营相关生产经营活动的知识。Zander 和 Kogut（1995）将企业知识需求分为技术和组织知识两类。具体而言，技术知识是指相应的科学理论、运算原理、概念模型，这些知识存在于员工的经验之中。组织知识是指相应的项目管理所需的知识、资源分配所需的知识及激励结构所需的知识，这些知识存在于管理者的经验之中。Morey 等（2012）则将企业知识需求进行了划分，划分成三类。第一类是技术知识，技术知识包括生产和研发相关的知识。第二类是市场知识，市场知识包括竞争者相关的知识和目标客户相关的知识。第三类是通过企业经营使得企业组织发挥效率最大化相关的知识，具体包括管理体系、个人价值观及组织行为规范等。

2.2 生态系统的相关理论

2.2.1 创新生态系统

创新生态系统的核心概念，来源于生态学概念的隐喻及外延的拓展。对创新生态系统的研究最初从创新开始，最早由约瑟夫·熊彼特（Joseph Schumpeter）提出，Schumpeter（1912）提出的创新概念涉及五个方面，但是仅仅将创新主体局限于企业家，忽视了高校、政府、众创空间等创新行为主体或者关联行为主体对企业创新的影响。生态系统一词最早由 Moore（1996）提出，此时的生态系统主要指企业生态系统，是客户、供应商、中间机构等利益相关者所构成的动态系统。Moore（1996）此时既没有注意到创新生态系统，也没有注意到科技企业孵化器的重要作用。创新生态系统的核心概念，来源于生态学概念的隐喻及外延的拓展。Cooke 等（1997）开始将研究侧重于区域创新，他们将区域创新系统分为知识产生和知识利用子系统。知识被视为创新之中最核心的因素。Adner（2006）强调创新生态系统的本质为异质性利益相关体的协同以实现价值创造。Chesbrough 和 Bogers（2014）强调开放式创新中企业须将外部知识内部化及内部知识外部化，以实现创新能力和绩效的提升。曾国屏等（2013）关注创新生态系统各要素之间、系统与环境之间的相互影响的动态过程。陈劲（2013）从创新文化的角度发现，良好的创新生态系统需要勇于打破常规文化以实现最佳配置。梅亮等（2014）使用计量的方法，系统地描述了创新生态系统的起源和演进，并构建了其理论的框架，但是主要集中于创新生态系统理论层面而未与建模相结合。

现在创新生态系统主要分为两类：封闭式创新生态系统和开放式创新生态系统。封闭式创新是指企业通过增大企业内部研发费用的投入，进而提高产品的质量和服务的水平。封闭式创新生态系统的代表有：国际商业机器公司（International Business Machines Corporation，IBM）的沃森实验室，杜邦（DuPont）的杜邦实验室及 Alcated-Lucent（阿尔卡特朗讯）的贝尔实验室。开放式创新生态系统是指企业的创意不仅从企业内部获得，同时也要从企业外部获得。因为众创空间内在孵企业的知识不仅源于自身，更源于整个众创空间系统，众创空间创新系统是一个典型的开放式创新生态系统。

2.2.2 知识生态系统理论

知识生态学的概念起源于生态学的理论。与生态学类似，知识生态学把人、知识和知识环境（knowledge-environment）看作一个系统，是一门研究系统可持续发展的科学。把知识资源放在一个系统中并充分考虑知识的演化及与系统内外环境的相互作用关系称为知识生态。知识生态学的研究内容包括知识系统的生长发育、动力机制、形态结构及知识与环境的关系。在自然生态系统中，生命体与环境之间会相互作用，生命体与生命体之间也会相互影响。类似地，在知识生态系统中，知识与知识环境之间及知识与知识之间也存在相互的影响，此现象就是知识生态现象。知识生态立足于人—知识—知识环境三者之间的发展机制，它的研究对象是整个知识生态系统，由人、知识和知识环境构成。对知识生态学进行研究的主要目的在于构建自我调节能力的知识生态系统。

国外学者 Pór（1995）提出，知识生态系统包含四个元素，即信息、灵感和洞察力、人及组织能力，并提出知识生态系统是一个具有自组织能力，当其组成系统的群落出现系统异常时具有自我调节、自适应能力的复杂自适应系统。Thomas（2011）从知识生态系统的构成要素及复杂系统角度对知识生态系统的内涵进行了界定分析并指出知识生态系统是一个复杂的多面系统，该系统的组成要素包括知识人、制度、知识组织、技术服务及知识流程等。其中，知识流程包括：知识创造、知识解释、知识分布、知识吸收和利用。

陈清硕（1992）提出知识生态系统是由知识客体和人组成的复合系统。蔺楠等（2005）将生态系统的进化、竞争、共生等动力机制引入倒置式管理中，将知识工作者定义为有机体，认为各有机体中的相互作用及有机体与知识生态系统的组织环境的相互影响就是知识生态系统。孙振领和李后卿（2008）认为知识生态系统是在特定的时间与空间范围内，由知识资源、知识服务过程、知识创新过程及环境所构成的，借助于知识流动、价值流动和物质流动等功能的开放动态系统。陈灯能将种群生态学理论引入知识生态学，独创性地提出了知识生态学的 DICE 模型，将知识生态系统划分为知识分布、知识互动、知识演化、知识竞争四个研究层面，在一定程度上为知识生态学的研究提供了理论支撑。

虽然国内外的学者对于知识生态系统的概念定义不同，但是构成知识生态系统的要素主要有 3 类：知识、人和知识环境。知识生态系统的机制包括动力学机制、稳态机制、协同机制、运行机制、进化机制、知识共享机制、知识交流机制和涌现机理。蔺楠等（2005）等认为，知识生态系统的动力学机制是指保持知识系统平衡和促进知识生态系统动态演化的机制。谢守美（2010）认为知识生态系统的稳态是知识生态系统拥有自我调整、自我修复和自我发展的能力，从而可以保持平衡状态。黄丽华（2010）认为知识生态系统协同机制是指通过知识主体（knowledge agent）与知识环境之间的协同作用过程，而形成系统性机制来实现知识转化、共享、创新和利用。徐谦（2006）认为知识生态系统知识共享机制是知识生态系统实现知识共享的途径和方式。叶培华（2008）基于涌现理论分析了企业知识生态系统涌现的特征、来源及结果并构建了企业知识生态系统涌现机理模型。

综上分析可知，知识生态系统是个复杂的概念，知识生态系统是一个开放的动态系统，即系统内部或系统内外部之间的知识资源、知识服务、知识创新等互动行为具有彼此互动、竞争的关系，并且受环境的影响而不断演化进步的过程。

2.2.3 协同进化理论

协同进化的概念最早是由埃利希和雷文中引入的，指一个物种的性状对另一个物种的性状发生反应进而发生进化，而后一物种的性状又对前一物种性状的反应而发生进化的现象。Janzen 在 1980 年重新定义了协同进化的概念：某个个体的行为被其他个体的行为影响，进而进化中的两个个体全部产生了改变。它有三大特点：第一，特殊性，即单个个体不同方面特性的进化是由其他物种导致的；第二，相互性，即两个个体的特性都是进化得来的；第三，同时性，即两个物种的特性一定是一起进化得来的。在这种定义下，协同进化也被叫作一对一的协同进化（pairwise co-evolution）。在自然界中这样一对一的协同进化关系很少存在，仅仅存在于某种特别的共生、寄生、共栖、竞争等物种间。在这之后，Norgaard（1981）给出了使用协同进化的基本模式来阐释生态系统与社会系统通过互相选择这一过程来促进彼此之间的进化。协同进化的概念包含了物种之间相互作用的观点。

2.3 创新创业的相关理论

2.3.1 创新创业理论

创业是经济增长的潜力因素和核心因素，为了促进中国经济更加健康与持续增长，必然需要关注社会的创业创新行为与活动，而且需要对一系列影响因素进行深入的研究。约在 1700 年，学者 Cantillion（坎迪隆）最早提出"创业者"，并把创业者界定为有能力管理企业且能够随时承担风险的理性决策者。Coase（1937）建议把创业者当成在竞争机制内替换价格功能且能够配置资源的人。McClelland（1961）认为基于创新的多构面特点可以从不同角度解释创业，最早提出区分创业者与非创业者的特质。Shapero 和 Sokol（1982）认为，创业是一种新的经济架构，是在危机和不确定的背景下产生的一个新经济架构。Gartner（1985）强调需要研究创业者创新的整个活动进程，包括如何创建、实现过程及如何维系等方面。Ajzen（1991）认为创业者的行为认知促使其通过发现利润机会而促进经济体系走向均衡。Timmons 等（2004）认为创新的整个过程需要四个要素：机会、资源、创业者和团队，这些要素能够有效地增强创新的实现力。Westhead 和 Wright（1998）认为创新的搭配和结合是生产的最原始元素，可以满足市场需求和变化，并使用不同的功能来营造利润，而企业家恰恰就是提供这些创新搭配和结合的人。Gartner 等（1999）明确了创业程度的五大步骤：①挖掘机会；②获取各种资源和帮助；③运营；④识别潜在客户；⑤处理家庭、恋人和朋友关系。Shane 和 Venkataraman（2000）明确了创业过程中的观念，这需要准确地发现和把握机会的性质，最终判断谁、什么、怎样的成分会波及创新的实现。学者 Bruyat 和 Julien

（2001）相信可以在适当的机会时机进行独创，并将发明转化成创新的人是创业者，并且特别强调创业者在创新环境过程中所发挥的核心作用。Schumpeter 和 Baekhaus（2003）赋予创业者打破原来所存在的经济均衡状态，创业者经常采取新发明新方法，有时选取没有运用的技术生产新商品，通过产业结构调整等途径来改善或全面改革生产模式，文中进一步阐明了经济体制的根本原因是创业活动，创业与创新是经济迈向前进的驱动力的过程。

基于熊彼特开创的理论，经济的发展使得创新模式相关研究理论得以不断拓展。在 2012 年以代明等（2012）为代表，总结了熊彼特时代后创新理论的发展，并将创新分为五大流派：熊彼特、地理与政策、产业经济、管理、创新外围学派。这些结论从各自不同的方向把创新模式的一条线进展进行了分类总结，不过其中的大多数都忽视了一个具有重大的意义、作用和深远影响的社会要素，即"非合乎正规网络"，因此这些理论中，并没有能够预言到今天众创模式的出现。刘志迎等（2015）提到，正是因为把知识转移作为一种全新的视角，也可以认为它是众创空间所形成的关键原因。互联网的不断升级发展，使得众创空间不断变革和创新，主要创新范围从专业化研发人员到向大众推广应用的发挥"长尾"效应的大众化扩大，仅仅用消费者或者用户已经难以囊括企业内部外部所有参与创新创业的个体。

2.3.2 动机理论

菲利普和科特勒将所研究的人类动机理论回顾归类，提出当下受推崇的是马斯洛、弗洛伊德和赫茨伯格的动机理论。马斯洛将总体需求根据紧要的水平划分为社会、心理、平安、推崇和自我实现；弗洛伊德这样假设，人们心里所想的大部分有的时候是没有任何概念的，人们并不理解其受刺激的主要动因；赫茨伯格指出动机双成分概念，并把动机划为不合意和合意两个方面。不仅需要摆脱不合意方面，还需要及时开发能够使人们消费的合意方面。

现在各种动机理论都强调动机为人类活动的基础性行为的始发目的，能够激发自己向着目标前进，是自身活动的强大动力。动机理论主要包括以下三种：①内部动机，从事某种活动的人得到与自身相关的内部方面的作用。Kirsch（1996）明确了人们介入某项行为时参与者拥有相当大的自主选择能力，能够凭借喜好自我选取，经历和分享收效合意感，从而达成表现内部动机的结果。Baum 等（2001）认为在创业过程中不断地想去达到的目标和希望的行为即为创业动机，变现为创业者参与创业活动的内在冲击力。桑辉和郭晓薇（2012）认为当所参加的活动与内在的价值规律或自我观点有联系时，就会产生积极参加的心态。内部动机能够通过精神奖励达到。②外部动机，大众参与行为的原因在于对所受到的情况和职责不排斥，甚至是乐意，而并不是参与者因为对这项行为自身的兴致而介入其中。Lerner（2002）表明外部的刺激能够激发人们的活动行为，主要包含经济上的报酬和一些其他方面的利益。Skinner（1965）证实介入一些行径能够同时磨炼自己工作的本领及传送自己是具备能力的暗号，从而实现自己成为伟大推销员的梦想，将自己推销出去，这些明显的成效驱使着大众完成这些活动。③外部动机内化，两种动机的有机融合。Deci 和 Ryan（1987）相信可以把外面的冲击内化为两种方式：内在自律和认同调节，内在自律是大众的每一个单独的个体选择行径把外面的冲击变为内需以增加行径和自我的感知特点，相反，认同调节是通过个体的价值认同活动和自己的意义。张庆林（2003）强调一定的目的导致行为的发生，而动机是内在同外在环境所相互协调统一的结果。许筠芸（2013）认为动机理论能够无一遗漏地说明动机的内外因和最后的结果。参与者的动机关系到他们介入活动的水平和参与者活动的质量，最后达到参与的目的。

2.3.3 协同学理论

1978 年，德国物理学家 Haken（哈肯）在激光理论的基础上提出了协同学概念。协同学又称协合学，应用范围非常广泛，横跨自然科学和社会科学。在经济学领域，协同学研究的重点在于由微观到宏观经济状态性质的变化。协同学认为，对于复杂系统，系统从初始状态下的无序状态，通过与子系统的协同作用，最终达到一种有序状态，这个过程是遵循一定规律的。协同学的研究步骤为：①发现并研究稳定性的丧失，寻找稳定性丧失的时间、条件和范围；②利用伺服原理消除快变量；③通过建立序参量方程并对其求解，得到系统最终的稳定条件。协同学包括以下几种原理：支配原理、模式原理、广义演进原理和涨落原理等，其核心为序参量原理、广义演进原理和支配原理。姜振寰（1994）认为协同学即"合作的科学"，是"理解结构是怎样产生的一门科学，即关于动力学的科学"。协同学从创立起，被广泛应用于多种在复杂系统中发生并由时空有序结构形成的协同效应问题。在经济管理方面，王自强和王浣尘（2005）等阐述了管理协同的核心要素和机制，吴晓波和曹体杰（2005）研究了高新产业与传统产业协同发展的机理及影响因素。靳景玉和刘朝明（2006）等研究了在协同理论背景下的风险投资城市联盟动力机制。吴大进等（1990）提出了风险投资自组织系统的典型方程,通过序参量分析子系统的相互作用,构建了风险投资系统的协同模型。Gajda(2004)将协同理论应用于策略联盟(strategic alliances)的分析中,策略联盟指跨组织的合作。Stank等(2001)认为协同是子系统之间相互作用的过程,共同参与成果的分配,即两个或两个以上成员或系统共同工作,拥有相同目标,通过资源的分享得以实现。

序参量是定义系统有序程度的变化量,当系统是完全无序时,序参量为零。当系统发生变化时,序参量也会随之发生变化,当系统到达有序的临界点时,会出现宏观有序的系统结构。可见渐变的序参量完全在宏观上确定了系统的有序程度。序参量遵循的非线性方程成为序参量的演化方程,即协同学基本方程。这些演化方程的主要形式有以下几种:有效郎之万方程、广义京茨堡-朗道方程和福克-普朗克方程等。系统中其他很多的快变量便由序参量支配,并在系统求解时可将其消去,该结论称为支配原理。在系统中序参量之间的合作和竞争会产生自组织,从而实现系统从无序到有序演变的过程,这种进化在多个领域中均适用,因此具有普遍性,成为广义演进原理。

协同学研究的是远离平衡态的开放系统。远离平衡态说明系统无序,尚未处于稳定的平衡态,整个组织系统存在物质和信息的交流,这是协同学研究的复杂性系统的两个特点。

基于协同学理论的特点,不少学者将其引入经济领域来分析经济问题,如石玉熙(2014)针对区域创新体系分析了其与协同学观点之间的联系。

区域创新体系有以下几个特点:①在地域上存在限制但是拥有开放性的边界;②以企业、研发机构、高校、地方政府和服务机构为主体;③不同创新主体之间存在社会交互,形成一个社会系统;④有明显的制度规范,其对于知识的形成、利用和扩散有着重要的作用;⑤为了促进区域内的创新,鼓励区域内的创新企业利用各种社会关系、规范和交互来形成一种特殊的资本以增加其竞争力。

协同学的观点有以下五个特点:①一个开放有边界的系统;②由很多个子系统组成;③各种子系统之间相互作用,组成整个区域创新系统;④由于制度因素变化相对较慢,将制度因素看成序变量,其在系统中起到支配作用;⑤系统内存在充分的交流,自主地形成一种有序结构。

2.4 研究方法的相关理论

2.4.1 CAS

Holland(霍兰)教授在1996年时正式提出了复杂适应系统(complex

adaptive system，CAS）理论，他在"复杂创造简单"的报告中，基于动态变化的视角对复杂系统进行了重新定义。CAS理论的基本观念是适应性导致的复杂性，适应性主体是它的核心。传统科学中的"元素"等概念在系统中是被动的存在，它们自身没有主动性，是为了实现系统的任务而存在的，系统做出刺激后它们才会产生相应的行动。而适应性主体具有主动的"学习成长"能力，主体在环境中有自身功能和导向，因此可以与环境进行不断的交互作用，并且跟随环境进化。Holland针对适应性主题，提出了CAS理论的四大特性和三大机制。四大特性是主体的属性，体现在自身进化过程中，包括聚集、非线性、流及多样性。三大机制揭示了适应性主体和主体环境进行交互的机理，包括标识、内部模型和积木机制。

1. 聚集特性

聚集特性指复杂系统中的各个主体可以进行相互整合，形成小规模的聚集，最终形成高等主体，这是系统宏观形态演变的重要步骤。演变不同于"代替"，是低等主体向高等主体的进化，通过聚集形成的主体能够更加适应系统环境的变化。

2. 非线性特性

非线性特性描述了主体属性发生变化时的特点，属性的改变并不是简单的线性改变，突出体现在主体与环境的交互过程中。CAS理论中的适应性主体在自身固有经验的基础上，主动适应环境的变化，非线性地改变自己的属性。

3. 流特性

流特性指主体和环境之间以物质、能量和信息为介质存在交互沟通。交互沟通可以促进系统的跃迁。

4. 多样性特性

多样性特性是指适应性主体与环境进行交互之后，会发生不同形式的进化，从而呈现出个体之间差别扩大，并最终使得主体的属性分化。

5. 标识机制

标识机制是指主体自身的标记，在主体与系统环境的交互过程中，个体的标识尤为重要。标识机制主要体现在个体在聚集过程中的识别与选择。

6. 内部模型机制

内部模型包括隐式内部模型和显式内部模型。显式内部模型是预测的基础，是在聚集过程中，先在内部对其他个体进行明确的搜索，是一种前瞻过程预测；隐式内部模型是一种隐式预测，指个体在期望未来状态时的预测。

7. 积木机制

积木机制指各个主体改变整合方式，重新形成高层次聚集体的具体过程。CAS 的复杂性就体现在主体的不同聚集过程。

关于如何对 CAS 进行建模，有不少学者提出了自己的看法。在国外研究方面，Lansing（2003）介绍了 CAS 理论及其研究方法，称为基于 Agent 的建模仿真（Agent based modeling simulation，ABMS）的方法，可以应用于许多领域，并探讨了基于 Agent 的建模方法。Law 和 Kelton（2000）对离散事件系统仿真研究的所有重要方面给出了综合性的最新论述，包括建模、仿真软件、模型校验和确认、输入建模、随机数发生器、随机变量与随机过程的产生、统计设计与仿真实验分析。陈森发（2005）认为建立系统模型的过程是模型化，即为了理解事物和研究事物内在机理和实现过程而对事物做出的一种简化和抽象，是研究系统的前提和重要手段。因描述的系统类型、组成结构、元素关系和作用机理各异，建模的手段和方法也是多种多样的。施永仁（2009）认为建模的基本前提是研究的对象是现实中的一个系统结构，其中的现象和机理是研究中着重关心的。与现实世界对应的这个"虚拟"的世界是一个映射，但是省略了其中一些与系统特征关系不太紧密的特征和运行环节，模型只是现实原型的一个简化。齐磊磊（2014）指出类比方法、实验概括等方法是系统科学与复杂系统科学中常见的几种传统研究方法。随着研究对象的复杂化及计算机技术的飞速发展，以模型理论为基础，计算机技术为平台的计算机模拟方法在探索复杂系统，尤其是它的动力学机理方面似乎更胜一筹。肖潇（2014）指出系统建模主要包括五方面的内容：一是分析现实系统，对需要模拟的现实系统进行深入分析，找出其中与所要研究问题相关的主要方面内容，考虑系统的实现流程；二是选择合适的建模工具，对于经济与社会系统仿真，可以建立复杂系统模型；三是对系统的运行特征与动态结果进行预测；四是进行过程控制，对系统运行进行动态调整与控制，并运用控制理论设计出最优控制规则；五是对结果的检验，通过现实发生的情况对系统建模的结果进行校验。

通过对众创空间及 CAS 理论的相关研究发现，众创空间具备提供多种创业创新服务要素的能力。创新模式由政府、创新企业、高校或科研机构、创投机构等多主体适应"互联网+"的背景及双创生态系统合作实现。这与复杂适应性系统有较好的匹配度，众创空间是开放式多主体的综合生态系统，在为创业者提供创新场地的同时，还能够多方面配套提供综合创业增值服务。

2.4.2 系统动力学理论

系统动力学是分析研究信息反馈系统的学科，通过将系统科学理论与计算机仿真相结合，对系统进行研究。系统动力学是美国麻省理工学院 Forrester（福瑞斯特）教授在 1958 年首次提出的，并在 20 世纪 50 年代末发展成为一门独立的学科。20 世纪 60 年代，Forrester 教授出版了《城市动力学》，运用系统动力学的方法从宏观层次研究城市的兴衰问题，使系统动力学的应用范围和影响力逐步扩大。系统动力学最初主要用于工业企业的研究中，随后，逐渐应用于管理学、经济学等领域，是系统科学的重要分支。王其藩在 1995 年研究系统科学和管理学，促进了系统动力学在国内的发展。

系统动力学以计算机仿真技术为载体，以反馈控制理论为基础，对各领域的系统进行定量和定性的动态行为研究，因此，系统动力学被看作系统科学的重要分支。系统动力学认为，系统的行为模式与特征主要取决于其内部的动态机构与反馈机制。能够解决单纯用运筹学等难以解决的带有信息反馈性质的复杂的系统问题。系统动力学的模型主要围绕两个核心名词，即系统与反馈。系统动力学模型中的变量是由状态变量、速率变量及辅助变量组成的。其建模仿真是通过绘图工具实现的，一般包括方框图、因果关系图、流图，其中方框图一般用来划定系统边界，因果关系图用来简要表明各状态变量及各辅助变量的因果关系，流图是在因果关系图的基础上，将各状态变量、辅助变量及速率变量赋值，是将各要素的因果关系明确地定量化，一般来说是建模最重要的部分。

系统动力学的最终目的不是求出目标的最优解，而是通过对现实世界中关系和信息的分析，建立仿真模型，对模型进行数学公式的计算，最终得到优化系统行为的方式。研究的基本思路是以定性分析为先导，定量分析为支持，先对系统中变量之间的关系进行因果结构反馈分析，并构建相应的流图进行定性分析。根据研究问题建立相应的基本流率入树模型，建立起定量模型与概念模型一体化的动力学模型进行定量分析。系统动力学建模通常需要经历三个过程：首先，确定目的及边界，且边界主要是依据目的进行取舍的，而后提出动态假设，也就是因果关系图等；其次，方程的设定，也就是为系统动力学流图中各变量设置初始值及关系式，然后进行测试，也就是模型的检验，一般包括极限条件下检验、现实性检验及敏感性检验等；最后，政策设计评估，也就是对模拟结果进行分析并提出问题解决方案。而一个模型的建立，一定是基于对现实的模拟，系统动力学建模也是如此，首先根据现实进行模型设定；其次根据模型模拟结果对比和指导现实；最后回到模型，对模型进行修正，如此往复。

（1）因果回路图（causal loop diagram，CLD）是系统反馈的重要工具，用来描述变量之间的逻辑关系，主要包括变量、因果链、极性、反馈回路。正因果链表示如果 X 增加（减少），那么 Y 增加（减少）到高于（低于）原来所应有的量。负因果链表示如果 X 增加（减少），那么 Y 减少（增加）到低于（高于）原来所应有的量。

正因果回路表示 X 增加（减少）引起 Y 增加（减少），Y 增加（减少）反过来导致 X 增加（减少）。负因果回路表示 X 增加（减少）引起 Y 减少（增加），Y 增加（减少）反过来导致 X 减少（增加）。

（2）存量流量图（stock flow diagram，SFD）是系统动力学中的一个核心概念，与 CLD 有同样的重要程度，SFD 是在 CLD 的基础上建立变量的数学关系，主要包括状态变量、速率变量、辅助变量和常量。存量是累积量，相当于数学意义上的积分，它积累了流入量和流出量的差，表明系统的状态。流量是速率量，相当于数学意义上的导数，它表明存量变化的速率。

另外，系统动力学具有以下特点：擅长处理周期性的问题；擅长处理长期性的问题；在数据不足的情况下依然可以进行研究；擅长梳理非线性、高级及时变的问题；经常被用来进行情景分析。

2.4.3 博弈论

博弈论来源于博弈者的战略思考，也称为对策论。博弈论最早起源于数学学科。1994 年冯·诺依曼和摩根斯坦在《博弈论与经济行为》一书中首先提出了博弈论这一概念，介绍了博弈论的概念与分类，分析了一些典型博弈模型，并在该书中使用数学方法进行建模，本书也被视为博弈论发展的里程碑，完善了系统的博弈理论。20 世纪 40 年代以后，博弈论的应用领域拓展到了经济领域。

1950 年，纳什在美国科学院的每月公报上提出了纳什均衡的概念，将合作博弈中的"最小最大原理"应用到了非合作博弈中，并证明了在任何有限的非合作博弈中都至少可以找到一个纳什均衡，为非合作博弈奠定了一般理论基础。20世纪80年代后期，博弈论进入了蓬勃发展的繁荣时期，在众多学者的推动下，博弈论不再仅是经济学的分支，而且成为科学研究的一种方法，在管理学、社会学、生态学、军事学、犯罪学和国际政治等领域均有应用。

博弈论旨在分析并解决矛盾或冲突，是在决策者具有相互冲突目标或相互影响条件下的一种策略选择理论。博弈论的组成要素包括参与人（players）、行动（actions）、策略（strategies）、信息（information）、效用（utility）和均衡（balance）等，其中最基本的就是参与人、策略和效用。参与人指博弈问题中的决策者，针对不同问题，参与人可以使个体、组织、公司或政府；策略也称信息结构、策略集，在博弈中每个参与人都有各自的策略和行动集合。效用也称偏好、支付函数，指量化的参与人利益。一个完整的博弈包括五个方面：博弈参与人、博弈的信息、行为或策略集合、博弈的次序和参与人受益。

根据不同的分类标准，博弈论有以下几种类型。

（1）根据参与人是否合作，博弈可分为合作博弈和非合作博弈。如果参与人在博弈过程中可以达成一个具有约束力的协议，那么博弈就是合作博弈；反之，就是非合作博弈。

（2）根据博弈过程是否重复，博弈可分为重复博弈和非重复博弈。非重复博弈表示参与人在一次博弈完成之后不再有后续的行为；重复博弈指参与人之间重复进行博弈过程，参与人追求的是最大化多次博弈平均目标。

（3）根据参与人的收益与付出成本是否可以互换，博弈可分为零和博弈和非零和博弈。零和博弈指一个参与人所付出的成本是另一个参与人所获得的收益，即参与人双方的收益和成本是可以互换的。如果参与人双方的收益和成本不具有这样互换的特征，那就是非零和博弈。

（4）根据参与人的行动次序，博弈可分为静态博弈和动态博弈。静态博弈指两个参与人同时进行决策；动态博弈指参与人双方按照一定的先后顺序采取行动或进行决策。

（5）根据参与人的对其余参与者的特征、策略等了解情况不同，博弈可分为完全信息博弈和不完全信息博弈。完全信息指参与人对信息完全了解，对称信息指参与人对信息的了解情况是一样的，不对称信息是参与人对信息的了解情况不同。

（6）根据策略组合的不同，博弈可分为纯策略博弈和混合策略博弈。纯策略博弈指各个参与人的策略组合是固定的；混合策略指各个参与人的策略组合是由策略和行动概率构成的。

2.4.4 结构方程模型

在经济学实证研究中，线性因果关系建模方法是最常用来分析变量之间关系的方法之一，它主要包括回归分析（regression analysis）和结构方程模型。其中，回归分析是线性因果关系建模的基础；结构方程模型是迄今最复杂的线性因果建模方法。回归分析和结构方程模型是市场营销学、组织行为学、管理信息系统等领域常见的研究方法，其各自的有效性在以往的研究中得到了广泛的验证。

回归分析是确定两种或两种以上变量间相互依赖的定量关系的一种统计分析方法，它基于观测数据建立变量间适当的依赖关系，以分析数据内在规律，并可用于预报、控制等问题。它适用于变量无测量误差且服从多元正态分布的情况。使用回归分析的好处良多，具体如下：它表明自变量和因变量之间的显著关系；它表明多个自变量对一个因变量的影响强度。相对于结构方程模型分析，回归分析更适合用来研究模型中具体的作用机制，同时，回归分析技术应用更为成熟，程序更为严谨，操作过程可控且更为方便。

结构方程模型广泛地应用在社会科学探索各方面，其所判定的成效比回归分析更确切，是一种可以分析含有测量误差的变量之间的关系的统计剖析方法。模型中既包含有可观测的显在变量，也可能包含无法直接观测的潜在变量。相对于回归分析，结构方程模型能够解决当研究所需要的变量难以准确方便测定的问题，容许自变量和因变量存在测量误差，能处理多个因变量。同时，由于同一研究中其他共存因子及其统计会互相影响（包括因子关系和因子内部结构），结构方程模型能够容许更大弹性的测量模型。

基于对回归分析与结构方程模型的比较分析，针对本书所选择的调查问卷收集数据的方式，由于存在测量误差等，本书选择结构方程模型方法。整个的结构方程模型基本上包括两个模型：一是测量模型；二是结构模型。每一个潜变量和其所相应的测量指标组成一个测量模型；结构模型指各个潜变量相互的关系。通常来说，因子分析即测量模型，最典型的包含探索性因子分析和验证性因子分析；路径分析即结构模型，其运算原理大体为选择通过极大似然估计法和加权最小二乘法来估计参数。一般而言，针对测量模型部分，先需要对模型中各项观测指标的彼此联系采取探索性分析。探索性因子分析的方针是选定因子数量和架构，只是经过数据特性分类，可能会出现与原理相悖的事实，但在因素提取和选定布局上探索性因子分析具有相当的运行性。采取探索性因子分析方法：一是能够联合因子分析从数据方面商量一下最初所形成的模型的真实性；二是为结构模型的分析寻找相应的依据。紧接着 Jöreskog（1969）发现探索性因子分析的不足之处，于是引入了假说验证机理——验证性因子分析。研究人员可以由现有的专业知识和经验确定哪些因素是相关的；各个观测变量分别受哪些因子的影响。针对结构模型部分，遗传学家 Sweall Wright（斯内尔·怀特）在阐述遗传学中所包含的因果关系时提出路径分析法，其中路径图对于模型的构思、修正及含义的表达更加方便、直观。

2.5 本章小结

本章主要对本书研究所涉及的相关概念和相关理论进行综述。首先是创新创业的相关理论，包括创新创业理论、动机理论、协同学理论和在孵企业的相关理论；其次是知识的相关概念、理论，主要包括知识服务理论、知识共享理论和知识需求理论；再次是生态系统的相关理论，主要包括创新生态系统理论，知识生态系统理论和协同进化理论；最后是研究方法涉及的相关理论，主要包括 CAS 理论、系统动力学理论、博弈论和结构方程模型。

第3章 众创空间生态系统研究

众创空间是以创新为核心，创业为途径，以低成本、便利化、全要素、开放式综合创业服务平台为载体，实现创新与创业、线上与线下、孵化与投资相结合的全生态系统。创新作为众创空间生态系统的核心，对于推动创客创业发挥着重要的作用。众创空间生态系统研究，近几年受到学术界和产业界极大关注，这一研究是在创新生态系统和知识生态系统研究的基础上，针对众创空间这种新型模式的深入研究。本章基于案例分析构建了众创空间创新生态系统，随后运用不同的理论方法分析其运行机制、动态演化过程和协同进化过程。

3.1 众创空间案例及生态系统分析

3.1.1 众创空间案例分析

我国的众创空间作为新型的创新创业服务平台，宗旨是为创业者提供各种类型的服务，以助力其创业活动，其作用和功能大体一致，只是服务的侧重点各有偏重。引用具体的且有代表性的众创空间案例进行介绍和分析可以帮助读者更清晰地了解众创空间的运作模式和发展路径。

光谷创业咖啡是一个典型的众创空间发展案例，其成立于 2013 年，是科技部认定的国家级首批创新型孵化器，也是领先的创投平台。功能主要定义为构建创新创业、天使投资生态环境，是融合了创业交流、创业培训、创业孵化、创业投资四位一体的众创空间。它突破了现行孵化器、加速器的传统模式，旨在构建一个环境更好、成本更低的创业投资平台，拥有天使投资基金作支撑，孵化和孕育创新型企业，支持和转化科技成果，实现创新创业的产业化。截至 2017 年 12 月，光谷创业咖啡创投集团在武汉共设 7 个众创空间，入驻团队 100 余家。其中明星创业团队有恋爱笔记、车来了、星河博纳、块块互动、咕噜网、怡龙谷、时刻、读游科技、白领公寓、人人互动、外卖兔、尚车优品、三聚客、极客传媒等。这些团队许多已拿到投资，如车来了、块块互动、恋爱笔记、读游科技等。光谷创业咖啡为许多初创企业提供了便利，并协助它们取得了成长和发展。

据企业负责人介绍，初创企业面临的问题很多，如缺乏创业经验、难以打通市场、缺少资金支持等，但最大的问题是融资困难。针对缺乏经验、缺少市场的问题，众创空间可以提供免费培训或者中介服务进行一定程度的改善，但资金问题难以得到有效解决。生态系统中的创新企业资金来源主要有三个：①自有资金，其中多数初创团队的自有资金数量不超过50万元；②政府政策扶持资金，在众创空间内挂牌入驻的企业若符合政策要求，可以申请到3万~5万元的政府补贴；③风险投资，风险投资的范围很广，多的可达到5000万元，价值高的企业可获得多轮融资，但风险投资获得困难，原因在于初创企业面临较高的风险性，以及风险投资与创新企业之间的信息不对称和行业壁垒。

具体来说，光谷创业咖啡的交流平台以咖啡馆为载体，定期举办天使路演、创业门诊、创业大赛、创业服务峰会等主题活动，汇集创业者、创业导师、投资者的创业交流和信息交互平台。另外还能为企业提供基础办公设施服务；财务、税务、法律、政策等咨询服务；知识产权、科技项目、优惠政策等申报服务；帮助创业团队梳理商业模式、整合公司资源，提供有价值的后续融资等增值服务。入驻光谷创业咖啡的企业可以获得多方位的优势。

第一是节省成本。入驻可享受政府相关租金补贴、代账补贴等一系列优惠政策。免费提供办公室、会议室、网络等，全方位降低创业的日常成本。

第二是投融资。在众创空间里可以近距离接触资本。天使有约、创业路演等活动频繁举办，提供与天使投资人面对面交流的机会，减少双方的融资成本。在光谷创业咖啡入孵的公司中，有成功获得融资千万元的学生团队，有估值过亿元的高价值项目，方便创业者进行经验的交流学习。

第三是免费培训。入驻众创空间的团队不定时会被邀请参加财务、税务、法律、政策商业模式梳理等培训，帮助创业团队快速成长。

第四是项目申报。能使创业者第一时间掌握最新扶持政策，如政府创业基金补贴等，避免错过申报时间。

第五是省心。一系列完善的服务使缺乏创业经验的创业者专心创业，不受琐事的烦扰。大到公、检、文、卫等部门检查，小到修窗换锁，创业咖啡可以提供全部服务，创业者唯一需要做的就是聚焦自己的创业项目。

第六是创友多。入驻众创空间的创业伙伴众多，一百余家创业团队在此聚集，交流技术难点，互换资源，拓展人脉。

3.1.2 众创空间生态系统构建

众创空间不同于传统的孵化器、科技园区和创客空间，是互联网与现代信息技术双螺旋式的互相驱动发展下新型的创新创业服务模式。黄欢

（2018）认为，"众"作为主体，特指面向一切创新创业的大众，通过各创新创业主体的共同参与"聚合"而产生"聚变"效应。"创"特指内容，包含一切创新创业活动，确保创新创业协同发展。"空间"既包含工作经营场所等物理空间，也包含网络社区、互联网交流平台等虚拟空间。以下几个方面表现了它的中心思维。

首先，众创空间是全民参与的普惠创新，主体是大众。大众能够主动创新，且追求开源共享创新的文化精神。个体的创新机会均等而且创新组织具有很强的动态性，多个创新主体之间并不是高度紧密联系的利益共同体，而是一种基于创意或利益协作的弱关系。Hippel（2005）提出创新机会的民主化，而众创模式则为创造这种机会提供了可能。众创模式的本质特征就是人人都有创新的机会，其所带来的长尾效应正是众创模式与传统创新模式的显著区别特征。创新资源的平等性同样使得大众有机会获取创新资源和实施创新。众创空间实现了创意灵感的捕捉与产品化，是知识与实践体验的结合体及其衍生物，是具体实践与创新理念的结合体。

其次，众创空间是以互联网为载体的开放共享式平台。互联网技术的发展使得来自不同领域的具有不同特长的大众共同参与跨学科性的创新活动。众创空间能够消除时间和空间障碍，不同领域创新者的知识交流与创意分享，会催生跨界思维，产生全新智慧。众创空间依靠线上与线下的结合以能够实施互动共享的社交平台为宗旨面向大众创新创业者，为他们提供工作空间和资源信息。

再次，众创空间的主要优势是低成本、便利化。众创空间面向公众开放，仅部分服务收费或采取会员制的形式，大大减少了以往模式下的机会成本和风险，使得创业者能够在低成本的环境中成长。虽然有时需要在创新开始阶段耗费一定的成本，但大多是可控的。众创空间充分利用已有区域条件提供创新所需设备和场地，并同时提供法律服务、工商注册、补贴申请等一站式相关服务。

最后，众创空间形成了新型的创新创业生态系统。众创空间区别于传统科技园区，数量更多，角色更丰富；也区别于传统孵化器，门槛更低，范围更大，提供服务更方便。它是创业者理想的创新实地，还是一个能够为他们提供全方位创业服务的生态体系。众创空间的特色价值在于其所能够提供的辅助创业创新的服务。不同形式的众创空间采取不同的方式，为创业者提供不同程度的价值服务。虽然不同的众创空间模式和性质不一样，但都具有较强的全资源和要素融合能力，能够积极整合人才、技术等要素，为创新创业提供全方位的一条龙服务。

第3章 众创空间生态系统研究

由众创空间的内涵可知众创空间是一个 CAS，Holland（2000）在 *Emergence: From Chaos to Order* 一书中提到的 CAS 中所特有的机制，即包含标识、积木块和内部模型。标识是能够区别主体并在生成聚集体和边界过程中起着普遍作用的一个机制。众创空间生态系统的每个创新主体都具有自己的独特标识，如政府的支持力度、企业的资金实力、科研机构的研究能力等，而银企合作、兴趣联盟也是标识，它们按照共同的目标或兴趣而自发结合形成。众创空间生态系统中的资金、信息等硬要素和人才、流程、机制、技术等软要素构成积木块。将表示已有规则的原有积木块重新组合就会形成新问题的规则及解决方法。不同层次的主体都有复杂的内部机制，可以从低层次积木块的规律推导出高层次积木块的规律以调整结构适应环境发展。在模块化管理的时代，不同层次不同模块机制的非线性交互作用是众创空间系统内部实现涌现现象的关键环节。

以创业公社·中关村国际创客中心众创空间为例，它是一个典型的将各积木块高效整合的创新创业平台。创投基金公司利用企业、科研机构研究的大数据共同构建以"孵化＋投行＋投资"为模式的创业平台，利用人才、资源和互联网地理信息系统（geographic information system，GIS）技术提供社会环境和生态环境下的创新创业服务。创业公社借助微观机制，利用网络空间和资源共享空间使得资金链与创业市场紧紧捆绑在一起。此外，充分透明的工作空间和交流空间让创业者、投资者的信息传递更加公正公开，减少恶意寻租等虚假行为的出现，让创客全力集中于创意，高效达成人才集聚、资源集聚、服务集聚、信息集聚。创业公社与传统孵化器最大的差别就在于连接，如人与人的连接、人与空间的连接、人与服务的连接，还有人与环境的连接。由此构建如图 3.1 所示的众创空间生态

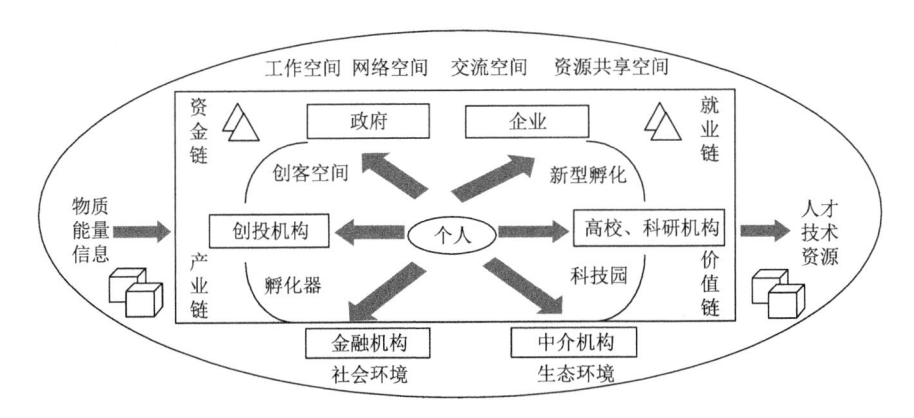

图 3.1 众创空间生态系统示意图

系统示意图呈现各创新主体、要素和环境之间的联系。各要素之间通过相互影响、相互作用、相互依赖，共同打造资金链、就业链、产业链、价值链，形成多种不同的状态组合，共同维护创新创业生态系统的稳定。

从图 3.1 中可以看出，在众创空间生态系统中，参与主体包括个人、创投机构、政府、企业、高校、科研机构、金融机构和中介机构，环境因素包括社会环境、生态环境、工作空间、网络空间、交流空间和资源共享空间。参与主体和环境及参与主体之间存在着物质、能量、信息、人才、技术和资源等交互沟通，并且基于不同主体之间的交互方式形成了资金链、产业链、就业链和价值链。

3.1.3 众创空间生态系统的内在机制

众创空间是新型的创新创业生态系统，参与主体、环境是众创空间生态系统的基本组成元素，参与主体和环境及参与主体之间的交互作用形成了众创空间生态系统的基本功能。作为一个复杂系统，众创空间生态系统存在多种机制，剖析系统内在机制，有助于全面且深入认识众创空间系统内部机理。本书中主要关注三种内在机制，即保持众创空间活力的运行机制，促进系统发展、动态变化的动态演化机制，以及知识驱动创新发展的系统协同进化机制。这三种机制作为系统内在机制互为依托且密切关联，但又有不同的侧重，三种机制的示意图如图 3.2 所示，简要说明如下。

图 3.2 众创空间生态系统内在机制示意图

第一，运行机制。众创空间生态系统集聚各种创业创新服务要素，包括个人、政府、互联网企业、高校、科研机构、创投机构、中介机构等多元主体，并融合了双创生态环境，与复杂适应系统的内涵和特性有很好的契合度。从复杂适应系统的角度认识众创空间的特征能够很好地了解众创空间生态系统的结构、特性与运行机制。众创空间生态系统运行机制是保持众创空间活力的重要保障，是促进众创空间效用最大化实现的保障。本书将从复杂适应系统视角分析众创空间生态系统运行机制，研究发现在不同阶段的价值链上，众创空间提供不同的创业服务机制，通过高效的运行机制达到促进创新创业的系统功效。其中存在四个核心机制：信用保障机制、组织协调机制、价值创造机制、互动反馈机制。

第二，动态演化机制。众创空间生态系统并不是一个静态的系统，随着参与主体状态的不断变化，系统状态也会随之改变，众创空间生态系统的动态演化同样也是众创空间生态系统内在机制的重要组成部分。众创空间生态系统作为一个典型的开放型创新生态体系，有外部知识内部化（内向开放）及内部知识外部化（外向开放）的特点，将众创空间生态系统的复杂性特征与知识相结合，可以明确知识在众创空间生态系统中的核心地位，且有必要以知识为核心进行众创空间生态系统的分析。系统动力学以反馈控制理论为根基，通过计算机仿真技术，定量地研究复杂系统的动态行为。因此，基于系统动力学理论，可以分析知识在众创空间绩效、声誉等方面的作用，最终得到众创空间创新生态系统中的产业链和价值链的动态演化机制。

第三，协同进化机制。作为创新创业生态系统，众创空间生态系统内部创新活动的开展离不开知识的流动与交互，知识是系统保持创新的关键要素。知识主体之间的紧密联系、相互作用，影响着众创空间生态系统的稳定性，并决定着众创空间生态系统的发展进化。因此，知识主体协同进化机制也是一种重要的系统内在机制，是促进众创空间持续创新的重要机制。本书基于 DICE 模型，从知识分布、知识互动、知识竞争和知识演化四个角度分析众创空间知识生态系统中知识利用、增值、流转及其进化的规律，更好地揭示知识生态系统中的协同进化过程。

上述三项机制的详细分析将在本章后续小节进行介绍。3.2 节将在 CAS 理论及相关研究的基础上明确众创空间的含义及其核心思想，阐述众创空间作为复杂适应系统，具有的多样性、非线性、主动适应性及涌现等复杂性特征，构建基于价值链的包含信用保障机制、组织协调机制、价值创造机制、互动反馈机制四个核心机制在内的众创空间系统运行机制。

3.3 节基于 3.2 节中提出的运行机制,将众创空间生态系统的复杂性特征与知识相结合,明确知识在众创空间生态系统中的核心地位,重点关注众创空间生态系统中内部的参与个体及其关联,并使用系统动力学的方法从众创空间绩效、众创空间声誉和初创企业的成功率三个角度构造三个反馈环,分析众创空间创新生态系统中的产业链和价值链的动态演化机制。3.4 节在 3.3 节的基础上,从生态学的视角构建包含知识主体、知识客体和知识环境的众创空间知识生态系统,并基于 DICE 模型分析众创空间知识生态系统的知识分布、知识互动、知识竞争和知识演化,并进一步类比生物生态系统中的进化过程,探究众创空间知识生态系统协同进化的过程。

3.2 CAS 视角下的众创空间创新生态系统运行机制研究

3.2.1 CAS

CAS 理论由 Holland 于 1994 年提出,是指动态系统中的根据一定规则所实施非线性相互作用的适应主体能够迅速适应周围的环境、及时学习并创造性地发现和解决问题。任锦鸾和顾培亮(2002)把创新系统认定为一个 CAS。陈禹(2001)从系统的角度指出 CAS 理论的核心之处在于不断"学习"和"成长"的适应主体能够与内外界环境相互作用去认识和描述复杂系统。CAS 理论虽然目前处于初创和不断完善总结阶段,但其基本思想在经济、管理、生态等领域都得到了广泛应用。

侯晓(2017)指出,通过众创空间及 CAS 理论的相关研究发现,众创空间利用互联网思维集聚各种创业创新服务要素,这种模式创新由个人、政府、企业、高校、科研机构、创投机构、中介机构等多主体适应"互联网+"和新常态的背景及复杂的双创生态环境参与的创新系统来一同实现。这同 CAS 的内涵和特性有很好的契合度。从 CAS 的视角看,众创空间是基于互联网精神的、开放式的、由多主体共同参与的综合创业创新生态系统,不仅能为创业者提供创新空间,还能提供一种全面配套、不断改进提升的综合创业服务能力。

3.2.2 众创空间生态系统复杂性特征分析

从 CAS 的角度认识众创空间的特征能够很好地了解该系统的结构。为了便于理论分析,昝廷全(1991)在系统经济学的研究中认为系统由经济元组成,诸经济元之间和子系统之间存在着相互联系和相互作用。基于此,可以将众创空间形式化地定义为

$$S = (A, B) \qquad (3.1)$$

其中，A 为系统的硬部即元集合，包括各参与主体、流等基本点要素；B 为系统的软部，即元集合之间的联系与作用，包括聚集、涌现、非线性、主动适应性等关系，能够用来刻画其性质、条件与规律。

1. 流、聚集和多样性

流是指个体与环境之间的一直伴随系统演化过程的物质流、信息流和能量流。众创空间生态系统中的流是指系统内部和外部环境之间及个人、政府、企业、高校和科研机构、创投机构、中介机构等多个主体之间所进行的物质、信息、能量的交换。众创空间以创新创意为核心加快系统的演化，在其运营过程中，物质流、资金流、信息流、人员流的相互关系和协调一致的程度直接影响到众创空间在创新生态圈的竞争优势。聚集指个体经"黏合"所形成的聚集体，通过相互作用而涌现复杂的行为。多主体为了合理配置资源形成聚集体，共同应对外界环境的变化。在 CAS 系统中，当众创生态系统中的任一主体跨入一个新的领域时，都协同其他主体相互作用来调整自己，这样就产生了多样性。

2. 非线性和主动适应性

非线性是指个体及它们的特征属性发生变化时并非满足简单的线性关系，尤其存在于同系统或环境的来回相互作用中。主体存在"活性"，它们有方向、主动地朝着自己的合理状态参与其中，适时反馈彼此的行动，并及时改进自己的行为。这些都会使得众创空间在发展过程中不断丰富多彩化。Arthur（1999）认为 CAS 中个体之间有时甚至小到难以观察的、随机的相互作用经由正反馈作用会放大产生无法衡量的戏剧性结果。为了观察主体和环境的非线性作用对众创空间的影响，构造如下函数关系形式：

$$H(S, E) \propto G \times f(\alpha \cdot Sa, \beta \cdot Eb) \qquad (3.2)$$

其中，S 为众创空间主体；E 为内外部环境；$H(S, E)$ 为众创空间主体和内外部环境耦合作用衍生的参量；G 为一种综合参量；α、β 分别为 S、E 的系数；a、b 分别为 S、E 所包含要素的个数。

引入众创空间创新向量 Y，建立如图 3.3 所示的直角坐标系简单描绘众创空间的发展路径。总体来看，随着时间 H 的增加，众创空间呈现长期波动性的稳步增长。图 3.3 中虚线表示众创空间在演化过程中可能会出现衰退现象。例如，系统不能适应环境变化而出现紊乱或"涨落因子"没有出现，使众创空间发展出现"动态停滞"。目前，在众创空间方面存在监管缺失，需求主体、资金供给主体、监管主体等之间的非线性作用可能会使诱发一系列问题，再结合 2016 年政府红利、市场红利、地产红利等多重因素，因此需要政府额外关注各主体之间的非线性作用，完善众创空间发展与监管政策，促进众创空间与时俱进，持续健康发展。

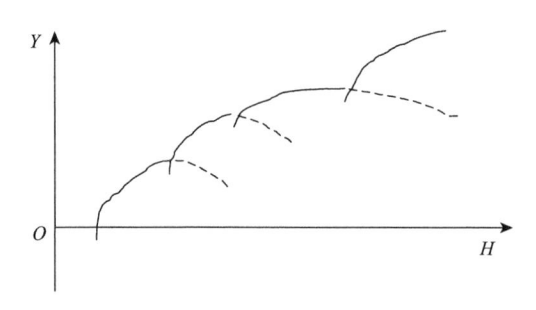

图 3.3　众创空间非线性发展路径图

3. 涌现和环境复杂性

目前宏观经济、法律制度、创新文化、信用合作等环境为众创空间提供了创新的平台和空间，并随时间变更而动态革新，但随机不确定的变化方向增加了众创空间创新生态系统的复杂性。CAS 理论中的关键特征——"涌现"，是指各主体经过不断学习和适应环境变化而导致宏观系统发生结构和性能上的突变，并产生了质的飞跃。McKelvey（1999）认为 CAS 拥有不确定环境下较强的生存、成长与创新的能力，可以发生自组织、涌现等行为。涌现性表现在如图 3.4 所示的众创空间发展的不同阶段。可以看出，在众创空间的初创阶段缺少涌现性，随着其不断发展，涌现性在稳定阶段达到最强，增长率趋于最大。另外，众创空间的独特之处在于它是多技术方向不断试错的创业服务平台，体现在其发展阶段必将经历迂回状态，唯有不断创新收放自如才能推动节节胜利。与此同时，全球进入

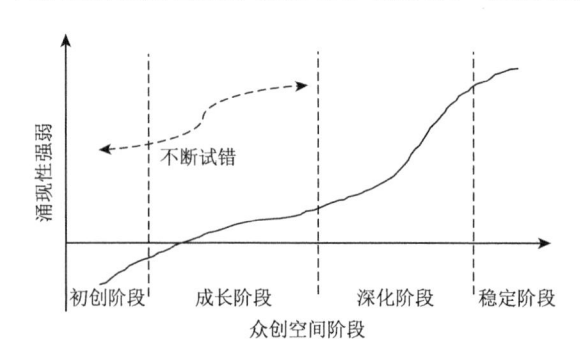

图 3.4　众创空间涌现性与发展阶段的关系

"积木式创新"时代,它涵盖两方面的含义——既指创新活动中要素的横向组合,也指每个发展阶段的纵向组合,必将引起新一波创新浪潮。

3.2.3 众创空间系统运行机制分析

机制表示众有机体之间的关系、功能及相互联系。在整个众创空间生态系统中,创新机制是各创新主体在复杂外界环境中协调各要素关系以更好地发挥作用的具体运行方式。由于众创空间的多主体性、主动适应性、环境复杂性,需要一定的创新机制为众创空间的效用最大化实现提供保障。众创空间运行的基本要素是大众、物资、资金、信息等,基于前述的众创空间生态系统,我们构建了如图 3.5 所示的基于价值链的众创空间生态系统运行机制,可以发现在不同阶段的价值链上,众创空间提供不同的创业服务机制,通过高效的运行机制达成促进创新创业的系统功效。其中存在四个核心机制:信用保障机制、组织协调机制、价值创造机制、互动反馈机制。

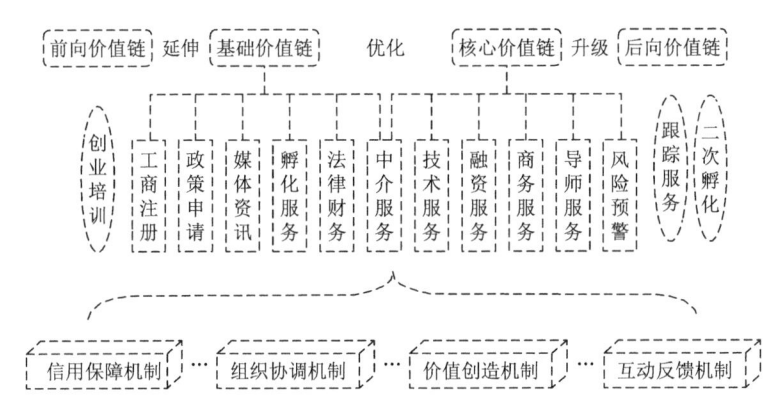

图 3.5 基于价值链的众创空间生态系统运行机制

(1)信用保障机制。众创空间包含了为众多主体提供线上服务和活动的工作模式,这是建立在各主体信用保障基础之上的。基于大数据技术、社交网络,众创空间更加关注反映信用情况的"软信息",这在一定程度上保障线上众创空间活动的开展,如进行工商注册、政策申请时都要保证真实信息,挖掘出信用风险和欺诈风险的信息,进而促进创新活动的有序进行。

(2)组织协调机制。不同主体间相互关系的有效协调是众创空间成功开展的基础条件。个人、政府、企业、金融机构等之间的互动交流能够碰撞产生更好的创新产品和服务。各参与主体产生相互合作的内在动机,可以优势互补增强创新供给能力,而且表现出显著的规模效应,即系统中参与的主体越多，随即互动反馈的内容越多，会产生非线性膨胀效应，促使每一种要素迸发创造更大的价值。

（3）价值创造机制。在"看不见的手"的驱使下，各创新主体都以实现价值最大化作为行为导向。各主体的类型与性质不同，因而其所追求的价值目标也存在差异。众创空间模式拥有低成本和高效率两大护航，能够产生高质量的创新成果，从而层层递进，推动各参与主体获取相应的价值。众创空间是一种全流程开放的创新模式，其核心在于广泛整合运用组织内外各类主体所拥有的创新资源，创业创新活动能够创造多元的收益，如绩效收益、能力收益等。

（4）互动反馈机制。众创空间的参与主体在宏观经济、法律制度、信用合作环境下进行创新创业服务活动，并与环境进行物质、能量的交换，借助人才、技术等资源的流动和对环境的适应，形成了一个完善的运行系统。正负反馈机制是系统实现调整控制的内在机制，可以进行二次孵化及跟踪服务，能使众创空间系统处于稳定状态。

此外，还存在确保众创空间持续生态活力的系统代谢机制、维护众创空间资源整合效率的网络嵌套机制、助推众创空间生命周期运行的动态提升机制等，共同发挥众创空间生态系统在"双创"中的关键作用。

3.3 基于系统动力学的众创空间创新生态系统动态演化研究

3.3.1 以知识为核心的众创空间创新生态系统

1. 众创空间创新生态系统的参与主体关联分析

众创空间创新生态系统是指在众创空间范围内，创新创业活动的参与主体、创新创业所需各种要素资源及创新创业活动依托的背景构成的整体，也是各个参与主体与资源和环境相互作用的开放式创新生态系统。各种资源在整个系统内流动，将参与主体与参与主体、参与主体与资源和参与主体与环境之间密切联系起来，实现创新创业活动过程。

众创空间创新生态系统中主要行为个体有：众创空间、创客、初创企业、高校、科研机构、政府、中介机构等。为了充分理解众创空间创新生态系统的内涵，我们必须理清每一个行为个体在众创空间内的定位。众创空间通过内部创业导师对创客的培训及众创空间对初创企业的孵化，实现由想法到创新，由创新到创业的一站式服务。创客入驻众创空间的目的有以下几个：同有想法的创客进行思想的碰撞，获取个人不易获取的设备

（3D打印机等）及工作地点等。高校是指同众创空间密切联系的周边大学，它们为众创空间提供了源源不断的创新动力。科研机构是指除高校之外的研究机构，如各地的研究所及实验室等。科研机构的目的同高校有点相像但又不完全一样，其更加侧重于经费的获得及实验成果的落地。政府作为众创空间创新生态系统的监督者，更多的是扮演一个裁判员的角色。中介机构是指向初创企业提供各种中介服务的企业。中介机构可以分为技术中介机构和金融中介机构。我们依据供给和需求及政策制度支持作为分类标准进行分类。依据上述对众创空间参与主体的分析和划分，构建众创空间参与主体关联关系图，如图3.6所示。

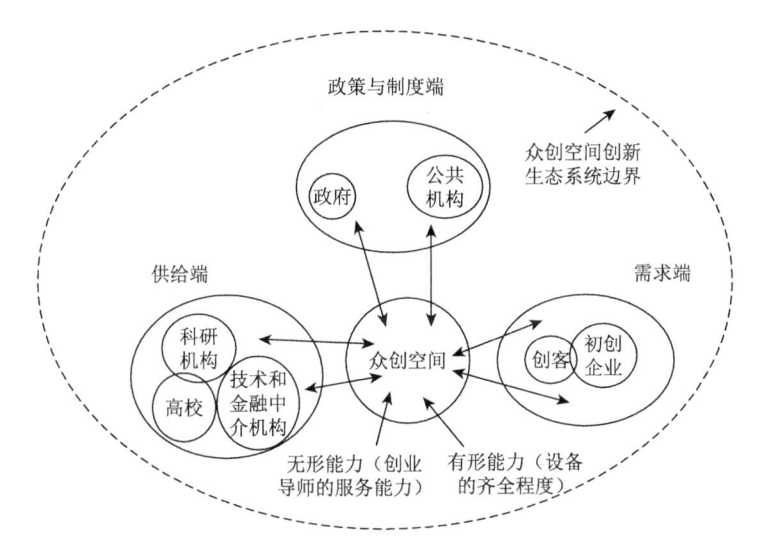

图 3.6 众创空间参与主体关联关系图

2. 以知识为核心的众创空间创新生态系统分析

依据前文所述，众创空间创新生态体系作为一个典型的开放型创新生态体系，具有外部知识内部化（内向开放）及内部知识外部化（外向开放）的特点。众创空间的创新活动主要集中在两方面：一是从外部获取知识资源，在众创空间内部进行整合知识的集成式创新；二是与众创空间中的其他组织进行知识交互的合作式创新，因此，知识是创新中的重要度量因素。我们将以知识为核心进行众创空间创新生态系统的分析，主要通过传统的开放式创新生态系统和众创空间创新生态系统相结合的方式展开研究。

Chesbrough（2006）提出了以企业为核心的开放式创新生态系统，其核心思想为有价值的创意可以从企业内部和外部同时获得。Chesbrough

（2006）将开放式创新分为位势、过程和路径。位势代表了现阶段存在的资源与知识。位势是指企业所特有的，将自身同其他企业所区别开的、异质性的、难以模仿等的资源与知识。位势包含两部分：企业内部的知识和企业外部的创新源。企业外部的创新源包括竞争者、供应商、科研机构、技术中介、政府、其他企业等。过程是指知识的流动。路径是指知识与资源的升级。知识通过位势、过程和路径最终转化为新的知识。

我们根据以知识为核心的企业创新生态系统和众创空间创新生态系统的结合，进行以知识为核心的众创空间创新生态系统分析，将创新生态系统表示为 $D = \langle P, W, S, T \rangle$，其中，$P$ 为位势；W 为系统内特定的创客对象，是知识服务的客体对象；S 为知识服务手段和能力；T 为知识流动的过程。

在众创空间创新生态系统中存在以下定义。

定义 3.1：位势 P，代表众创空间创新生态系统中现有的知识。众创空间内部的现有知识主要分布在众创空间创新生态系统的参与主体之中。知识包括内部知识（internal knowledge，IK）和外部知识（external knowledge，EK）。内部知识是众创空间和众创空间内部的创客及初创企业所具备的知识，是指在一定时间众创空间内部拥有的知识的总量。它既包括众创空间本身拥有的知识（创新创业服务知识），也包括众创空间内部孵化项目的知识，用 IK 来表示；外部知识是供给端及政策端及外部创客及初创企业所具备的知识，是指准备进入该众创空间的创客或者初创企业本身所固有的知识及供给端和政策端中存在的知识，用 EK 来表示。因此，位势 $P = \{IK, EK\}$。

定义 3.2：过程和路径，即知识的流动、增量与升级过程。知识的流动可以分为两个部分：一方面，众创空间内部创业者对内部知识资源的梳理与规划；另一方面，外部知识在众创空间内部的配置与传播。在众创空间内部知识的增长主要通过众创空间内部的创业导师或者外部的机构将自身的知识转移到创客，继而产生创新知识的过程。$T := P(a)S(t)W(b)$，表明系统基于知识服务 $S(t)$ 实现知识 $P(a)$ 向 $W(b)$ 对象转移的过程。

基于位势与过程和路径的定义，我们提出知识服务的定义。

定义 3.3：知识服务 S，它可以根据知识的转移方式分为知识判断（judgement of knowledge，JK）、知识选择（choice of knowledge，CK）和知识转移（transfer of knowledge，TK）三部分。知识判断、知识选择和知识转移是指众创空间依靠内部知识和外部知识帮助创客或初创企业解决问题的能力，这些主要存在于众创空间的服务人员之中，如创业导师等。

因此，知识服务可以形式化表示为 $S = \{JK, CK, TK\}$。其中，知识判断是指帮助创客或者初创企业识别在创新中存在问题的能力，可以描述为 $JK(a, b) := \exists(a,b), [(a \in P) \cup (b \in W) \cap (a \to b)]$，表示判断知识 a 是否能帮助创客 b 解决问题。

知识选择是指根据识别出的问题，通过知识判断得到知识范围，并在其中寻找恰当的知识以解决问题的能力，可表示为 $CK(a,b) := \exists(a,b), [a | (a \in P) \cup (b \in W) \cap (JK(a,b) = ture)]$，表示如果 JK 为真则选择该知识 a。

知识转移是指选择出的知识通过路径和过程转移给相应的创客或者初创企业的能力，可以表示为 $TK(a,b) := \exists(a,b), [a | (a \in P) \cup (b \in W) \cup (CK(a, b) \neq \phi)]$，表示如果 CK 不为空，则进行知识转移。

定义 3.4：知识服务能力（knowledge service ability，KSA）是通过知识判断、知识选择和知识转移，帮助初创企业解决创新过程中遇到的问题，提高众创空间绩效的能力。知识服务能力可以对内部知识产生一定影响，促进内部知识的内生增长。

我们依据位势、过程和路径及知识服务构建以知识为核心的众创空间创新生态系统，如图 3.7 所示。

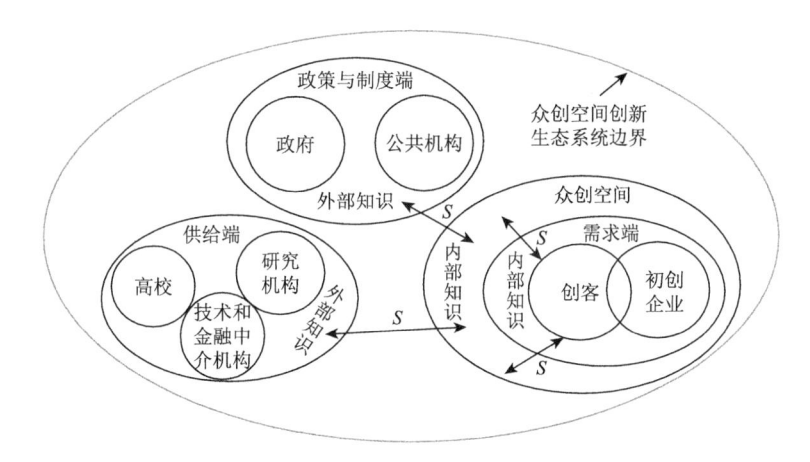

图 3.7 以知识为核心的众创空间创新生态系统图

在图 3.7 中，众创空间创新生态系统中的需求端、供给端和政策与制度端通过位势进行交流，需求端首先根据创客和初创企业的情况，通过知识判断在位势中选择合适的知识；其次通过知识选择，找出可以解决问题的最适合的知识；最后通过知识转移，将知识在整个需求端进行传递。此外，需求端的内部知识可以通过知识服务实现内部知识的自增长，供给端和政策与制度端的外部知识可以通过知识服务实现向需求端的转移。

3.3.2 基于系统动力学的众创空间创新生态系统建模

1. 因果关系分析

我们以内部知识作为众创空间创新生态系统之中众创空间创新能力的代表,并将内部知识、外部知识作为系统流位变量,这两个变量完全描述了众创空间创新生态系统中创新能力的转化情况。它们满足流位变量的最小集合和独立性的原则。依据以知识为核心的众创空间创新生态系统图,从众创空间绩效、众创空间声誉和初创企业的成功率三个角度分析知识服务对内部知识和外部知识产生的影响,我们构造了三个反馈环:两个正反馈环和一个负反馈环。

首先,众创空间里的创新创业服务人员基于原有内部知识,通过知识判断、知识选择和知识转移,帮助初创企业解决了创新中遇到的问题,提高了众创空间的绩效。众创空间的绩效提升带动了众创空间的租金和股权收入,同时也使得政府的补助提高。众创空间会将提高的收益按照一定的比例投入知识资本之中,如引进更多的创业导师、购买 3D 打印机等。知识资本投入的增加使得内部知识实现了自我增长。因为在此过程中,知识服务能力通过影响众创空间的绩效进一步对内部知识产生了影响,实现了内部知识的内生增长因此称为绩效正反馈环,可以表示为 $L_p^+(IK) = \{JK(IK), CK(IK), TK(IK)\}$,其中,+ 为正反馈;$p$ 为绩效(performance)。

其次,众创空间里的创新创业服务人员基于原有内部知识,通过知识判断、知识选择和知识转移,帮助初创企业解决了创新之中遇到的问题,提高了众创空间的声誉。众创空间的声誉的提升会吸引更多初创企业和创客的加入,引起入孵率的提升。这部分新加入的创客和初创企业会将他们自身的知识带入众创空间的内部知识之中,这会导致内部知识的增加和外部知识的减少。因为在此过程中,众创空间通过影响声誉实现了内部知识的外生增长和外部知识的减少,因此称为声誉正反馈环,可以表示为 $L_r^+(IK,EK) = \{JK(IK, EK), CK(IK,EK), TK(IK,EK)\}$,其中,+ 为正反馈;$r$ 为声誉(reputation)。

最后,众创空间里的创新创业服务人员基于原有内部知识,通过知识判断、知识选择和知识转移,提高了初创企业的孵化成功率。当初创企业成功进行了多轮融资便会进入更加成熟的企业阶段并搬离众创空间,此时众创空间的出孵数会增大。随着这部分初创企业的出孵,存在于这部分初创企业和创客身上的知识将会从众创空间之中流失,导致内部知识的减少和外部知识的增加。因为在此过程中，众创空间通过影响初创企业的成功率实现了内部知识的减少和外部知识的外生增长，因此称为成功率负反馈环，可以表示为 L_s^-(IK,EK) = {JK(IK,EK),CK(IK,EK),TK(IK,EK)}，其中，-为负反馈，s 为成功率（success rate）。

我们将知识判断、知识选择和知识转移统称为众创空间的知识服务能力，并按照上述的分析，将正反馈环一、正反馈环二和负反馈环一纳入因果关系图中，进行因果关系图的构建，如图 3.8 所示。

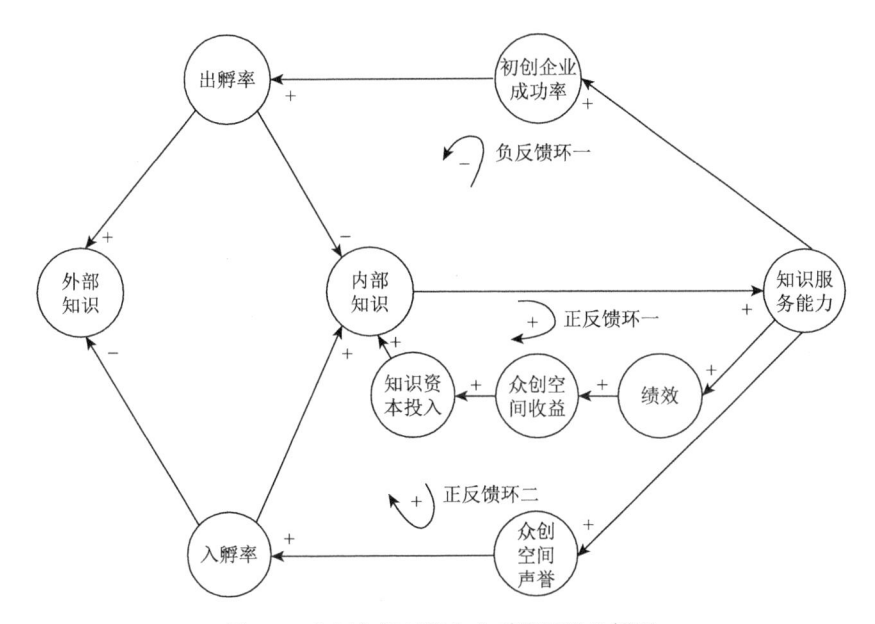

图 3.8 众创空间创新生态系统因果分析图

2. 建立系统动力学模型

基于上一部分因果分析图，利用 Vensim PLE 建立系统动力学模型。模型中存在状态变量、速率变量、辅助变量及外生变量。本书中主要用到状态变量、速率变量和辅助变量。根据上一部分的因果分析，我们可以确定状态变量存在 2 个，包括内部知识和外部知识，状态变量的类型等同于前文提到的位势。速率变量表示的是状态变量在单位时间内的变化量。通过状态变量和因果分析图，我们可以确定 5 个速率变量：内部知识内生增长速率（internal knowledge internal increasing rate，IKIIR）、内部知识外生增长速率（internal knowledge external increasing rate，IKEIR）、内部知识减少速率（internal knowledge decreasing rate，IKDR）、外部知识外生增长速率（external knowledge external increasing rate，EKEIR）、外部知识减少速率（external knowledge decreasing rate，EKDR）。辅助变量是指顺着因果分析图，寻找到的链接状态变量和速率变量的起辅助作用的变量。本模型中设置较多的辅助变量：知识服务能力、众创空间绩效（crowd innovation space performance，CISP）、众创空间声誉（crowd innovation space reputation，CISR）、初创企业成功率（enterprise success rate，ESR）、众创空间收益（crowd innovation space earning，CISE）、众创空间内部收益（crowd innovation space internal earning，CISIE）、政府投入（government investment，GI）、知识资本投入（knowledge capital input，KCI）、企业入孵数（enterprise incubating number，EIN）、企业出孵数（enterprise outing number，EON）、企业出孵率（enterprise outing rate，EOR）等。模型中部分变量无法达到精确的结果，只能结合相关文献和数学计算方法进行估算，模型中的主要变量数学方程式如表 3.1 所示。

表 3.1　主要变量的数学方程式

变量类型	反馈环	变量名称	模型方程	
状态变量	$L_p^+(IK)$ $L_r^+(IK,EK)$ $L_s^-(IK,EK)$	内部知识	$IK = IK(t_0) + \int_{t_0}^{t} IKIIR(t) + IKEIR(t) - IKDR(t)$	式（3.3）
	$L_r^+(IK,EK)$ $L_s^-(IK,EK)$	外部知识	$EK = EK(t_0) + \int_{t_0}^{t} EKEIR(t) - EKDR(t)dt$	式（3.4）
辅助变量	$L_p^+(IK)$ $L_r^+(IK,EK)$ $L_s^-(IK,EK)$	知识服务能力	$KSA(t) = KSA(t_0) + KSAC$	式（3.5）
	$L_p^+(IK)$	众创空间绩效	$CISP = 100/[1 + 50 \times EXP(-0.01 \times KSA)]$	式（3.6）
		众创空间内部收益	$CISIE = CISP$	式（3.7）
		政府投入	$GI = 100 \times IF\ THEN\ ELSE[CISP > 90,\ IF\ THEN\ ELSE(CISP > 60, 0.5, 1)]$	式（3.8）
		众创空间收益	$CISE = CISIE + GI$	式（3.9）
		知识资本投入	$KCI = CISE + KCIR$	式（3.10）
	$L_r^+(IK,EK)$	众创空间声誉	$CISR = CISP$	式（3.11）
		企业入孵数	$EIN = CISR \times 0.01$	式（3.12）
	$L_s^-(IK,EK)$	初创企业成功率	$ESR = 4\% + KSA \times 0.0001$	式（3.13）
		企业出孵数	$EON = ESR \times 100$	式（3.14）
		企业出孵率	$EOR = EON/EIN \times 100\%$	式（3.15）

续表

变量类型	反馈环	变量名称	模型方程	
速率变量	L_p^+(IK)	内部知识内生增长速率	IKIIR = KCI	式（3.16）
	L_r^+(IK,EK)	内部知识外生增长速率	IKEIR = EIN×入孵企业内部知识	式（3.17）
		外部知识减少速率	EKDR = EIN×入孵企业内部知识 = IKEIR	式（3.18）
	L_s^-(IK,EK)	外部知识外生增长速率	EKEIR = EON×出孵企业内部知识 = IKDR	式（3.19）
		内部知识减少速率	IKDR = EON×出孵企业内部知识	式（3.20）

表 3.1 展示了模型中的变量及计算公式，下面对表格的数学方程式进行简要说明。

1）状态标量

系统动力学建模和因果分析可知，内部知识由内部知识内生增长速率、内部知识外生增长速率和内部知识减少速率共同决定。同理可得，外部知识由外部知识外生增长速率和外部知识减少速率共同决定。因此，内部知识和外部知识可以由表 3.1 中的式（3.3）与式（3.4）分别表示。

2）绩效正反馈环涉及的辅助变量

知识服务能力受到知识服务能力系数（knowledge service ability coefficient，KSAC）的影响，t 时刻的知识服务能力是由 t_0 时刻的知识服务能力和知识服务能力系数的和构成的。知识服务能力系数是 t_0 时刻内部知识与外部知识的总和。除了在绩效正反馈环中，知识服务能力也是声誉正反馈环和成功率负反馈环中的辅助变量。因此，知识服务能力可由表 3.1 中的式（3.5）表示。

众创空间绩效受到知识服务能力的影响，且呈现正相关关系。在现阶段各地印发的众创空间绩效考评试行办法中，基本都采取百分制，如石家庄等地。因此我们将模型的众创空间绩效范围设置在 0～100。众创空间的绩效函数应该满足：当知识服务能力趋于 0 时，众创空间绩效值趋于 0；当知识服务能力越大时，众创空间绩效值应该越大。因此，得到表 3.1 中的式（3.6）。

众创空间内部收益由两部分构成：一部分是众创空间工位出租收入；另一部分则是众创空间股权投资收入。这两部分同众创空间绩效都有正相关关系。我们以众创空间绩效来替代众创空间内部收益。因此，众创空间内部收益可以由表 3.1 中的式（3.7）来表示。

众创空间具有极强的社会公益效应。当众创空间绩效较大时，政府会加大对该众创空间的投入；当众创空间的绩效较小时，政府会减少投入或者不投入。政府投入一般不是离散的而是固定值，因此我们用条件函数表示 [式 (3.8)]。

由我们的图3.9可知众创空间收益由两部分构成：政府收入和众创空间内部收益。因此众创空间收益等于两者之和，得到式 (3.9)。

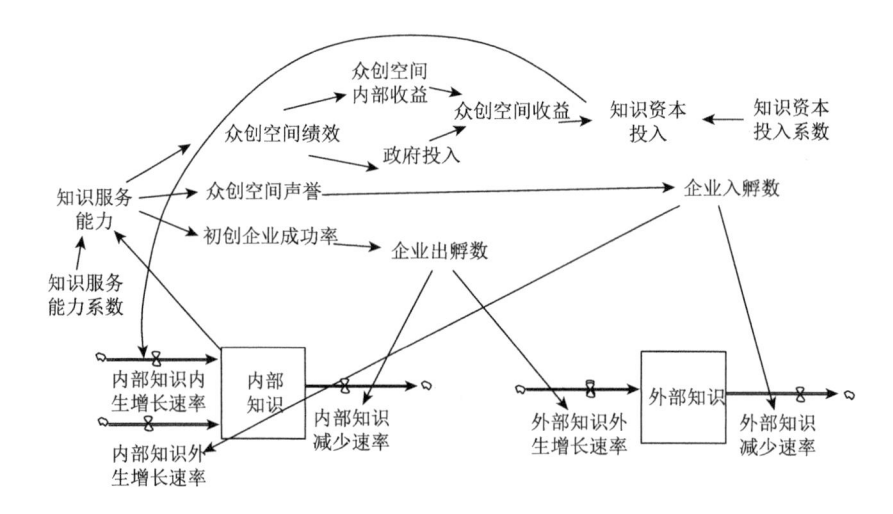

图3.9 基于系统动力学的众创空间创新生态系统建模

由图3.9可知，知识资本投入由众创空间收益和知识资本投入系数（knowledge capital input rate，KCIR）两者共同决定，两者是乘积的关系。因此，知识资本投入可以由表3.1中的式 (3.10) 来表示。

3) 声誉正反馈环涉及的辅助变量

众创空间声誉同众创空间绩效相似，都受到众创空间知识服务能力的影响，且呈现正相关关系。由于现阶段不存在研究众创空间声誉的相关文献，考虑到众创空间声誉和众创空间绩效的相似关系，我们可以使两者暂时相同。因此，众创空间声誉可以由表3.1中的式 (3.11) 来表示。

企业入孵数由众创空间声誉决定。众创空间声誉越高便越会吸引外部创客和初创企业的加入。因此，企业入孵数可以由表3.1中的式 (3.12) 来表示。

4) 成功率负反馈环涉及的辅助变量

初创企业成功率同样受到知识服务能力的影响，且呈正相关关系。因为国内对总体创业的成功率无统一说法，一个公认的看法是不足5%，略高于4%。因此我们取4%。初创企业的成功率可以由表3.1中的式 (3.13) 来表示。

企业出孵数由初创企业成功率决定。为了简化模型我们暂时先不考虑初创企业失败的情形,我们简单地认为企业会一直留在众创空间内,直至成功。因此,企业出孵数和企业出孵率可以分别由表 3.1 中的式(3.14)和式(3.15)来表示。

5)速率变量

内部知识内生增长速率是指通过应用众创空间内部知识使得内部知识内生增长的速率。系统动力学建模和因果分析可知,众创空间内部知识内生增长速率是由知识资本投入决定的。因此,内部知识内生增长速率可以表示为表 3.1 中的式(3.16)。

内部知识外生增长速率是指通过吸引外部创客和初创企业进入众创空间,使得内部知识外部增长的速率。同理,内部知识外生增长速率只受到企业入孵数和入孵企业内部知识的影响。因此,内部知识外生增长速率可以由表 3.1 中的式(3.17)来表示。

外部知识减少速率是指创客和初创企业离开外部,进入众创空间导致的外部知识的减少速率。同理,外部知识减少速率与内部知识外生增长速率相同,受到企业入孵数和入孵企业内部知识的影响。因此,外部知识减少速率可以由表 3.1 中的式(3.18)来表示。

外部知识外生增长速率是指离开众创空间的创客和初创企业带给外部知识增加的速率。外部知识外生增长速率与内部知识减少速率相同,都是由企业出孵数和各出孵企业内部知识决定的。因此,外部知识外生增长速率可以由表 3.1 中的式(3.19)来表示。

内部知识减少速率由众创空间内部创客和初创企业离开众创空间所导致的众创空间内部知识的减少速率。内部知识减少速率受到企业出孵数及各出孵企业内部知识的影响[式(3.20)]。除上述变量公式设置以外,模型的初始变量的设置情况如表 3.2 所示。

表 3.2 初始变量设置表

参数	初始值	参数	初始值
内部知识	500	入孵企业知识	0~1 的随机分布
外部知识	500	出孵企业知识	1~2 的随机分布
知识服务能力系数	0~0.5 的随机分布	步长	1 个月
知识资本投入系数	0~1 的随机分布	仿真周期	60 个月

根据图 3.8 和模型变量的设立,进行系统动力学的众创空间创新生态系统构建,如图 3.9 所示。

3. 基于系统动力学的众创空间创新生态系统建模有效性检验

基于系统动力学的有效性检验主要是对模型反映众创空间创新生态系统的能力进行评估。有效性检验主要有历史检验和理论检验两种方法。历史检验主要是通过拟合历史数据来进行模型和客观世界的吻合度的判断。理论检验则主要适用于历史数据较少的情况，主要从模型边界、模型关系的合理性及量纲的一致性等方面进行检验。由于众创空间概念在2015年刚刚提出，众创空间创新生态系统相关数据十分匮乏，本书主要从理论检验的角度判断模型和理论的有效性。选取仿真周期的6个重要时间节点，取相应数据，如表3.3所示。

表3.3 重要仿真变量时点表

时点重要变量	节点 0	12	24	36	48	60	变化情况
内部知识	500.0	513.0	532.0	556.0	708.0	1021.0	递增
外部知识	500.0	549.0	597.0	643.0	686.0	715.0	递增
政府投入	0	0	0	50.0	100.0	100.0	递增
众创空间收益	52.2	54.9	58.5	163.1	285.2	298.6	递增
知识资本投入	5.2	5.5	5.8	16.3	28.5	29.8	递增
企业入孵数	4.0	4.1	4.2	4.4	4.6	4.8	递增
企业出孵数	4.0	4.0	4.0	4.1	4.1	4.2	递增

根据6个时间节点重要变量的变化情况我们可以得到以下结论：在基于系统动力学的众创空间创新生态系统中，随着时间的推移，内部知识和外部知识会自发地增长。伴随着创新知识的增加，众创空间收益逐步增长。在众创空间前期，政府投入是构成众创空间收益的重要组成部分。由于众创空间创新服务能力的增强，对外部企业的吸引力增强，使得企业入孵数增长。忽略入孵企业对众创空间内总企业数目的影响，企业出孵数也在稳步增长，但增长幅度较慢。该模型符合现实世界中"双创"带来的入驻众创空间企业内的数目增多的事实，同时也符合总体创业成功率不高，出孵率低的现实情况。模型的演化同创新生态系统的理论预期相符，模型有效。

3.3.3 基于系统动力学的众创空间创新生态系统动态演化情景分析

本部分中选取了正反馈环中的知识资本投入系数和政府投入两个辅

助变量,通过改变两个变量的取值分别建模,来研究辅助变量的改变对状态变量的影响。研究表明,知识资本投入和政府投入的增加对众创空间绩效有正向影响。而且它们位于反馈环的起始环节,可以对反馈环产生长期影响,而其余辅助变量无法从初期就对反馈环的运作产生影响。

1. 改变知识资本投入系数

在保持其他变量的情况下,提高众创空间的知识资本投入系数,代表众创空间收益中更大的一部分将投入众创空间内部知识增长中去,这将使得内部知识内部增长率显著提高,同时由于众创空间内部知识的增加会使得众创空间绩效增长,继而带动众创空间内部知识外生增长增大。但是由于内部知识的增长会使得企业入孵数增大,这会使得外部知识减少;内部知识的增长带来的企业出孵数的增大,会使得外部知识增加。因此对外部知识的具体影响结果不确定。在对理论进行预期之后,本书分别设置知识资本投入系数的三种情景(condition)取值: condition1 = 0.1、condition2 = 0.15、condition3 = 0.2。对不同的知识资本投入系数分别建模,如图 3.10 所示。

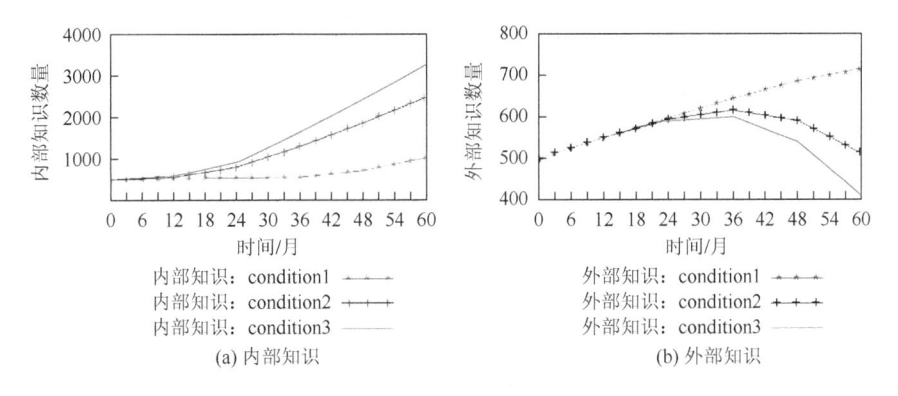

图 3.10 不同知识资本投入系数下众创空间创新生态系统知识演化图

通过对内部知识和外部知识两个众创空间创新生态系统知识演化图进行直观观察,发现结果符合我们的理论预期,可以进一步说明我们模型的有效性。从图 3.10 中我们可以直观观察到,伴随着知识资本投入的增长,内部知识的增长变快,外部知识的增长变缓直至减少。我们取第 60 个月的时点进行观察。从 condition1 到 condition2,内部知识从 1021 到 2478,上涨了 143%;从 condition2 到 condition3,内部知识从 2478 到 3270,上涨了 32%。内部知识的增长伴随着知识资本的投入增大,边际知识产出递减,这符合经典的稻田条件。通过对外部知识的观察可知,外部知识同样满足这个条件。尽管伴随着知识资本的投入,更多外部知识进入内部知识中,但是由于存在内部知识的内生增长,总知识依然稳步上升。

2. 改变政府投入

保持其他变量的情况下,提高政府投入,这代表在同等的绩效情况下,高政府投入的众创空间收益一定大于或者等于低政府投入的众创空间。政府投入将影响众创空间收益,进而在知识资本投入系数不变的情况下影响众创空间内部知识的增长速率。提高政府收入的效果应该同提高知识资本投入的效果有异曲同工之用。因此,此处我们将不讨论内部知识和外部知识的具体增长而考虑不同的政府投入下众创空间内生增长率和众创空间绩效稳态变化。本书将政府最大投资分别设置为三种情景: condition1 = 100,condition2 = 200,condition3 = 300。对不同的政府投入进行建模,如图 3.11 所示。

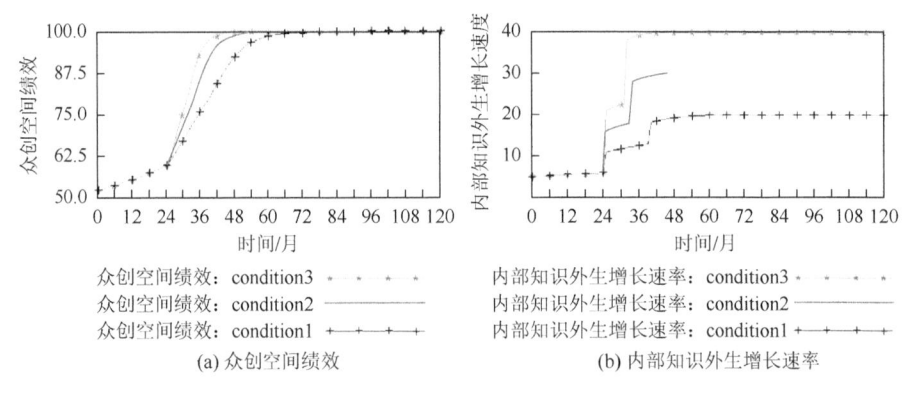

图 3.11 不同政府投资下众创空间创新生态系统知识演化图

通过对众创空间绩效和内部知识外生增长率这两个众创空间创新生态系统知识演化图的直观观察,发现不存在异常众创空间绩效和异常内部知识外生增长速率,符合理论预期,可以说明模型的有效性。提高政府投入,我们从众创空间绩效图中可以观察到,政府投入越大,众创空间绩效达到稳态值的速度越快。但是对于到达稳态的速度而言,政府投入存在边际报酬递减。提高政府投入,我们从众创空间内部知识外生增长速率可知,政府投入可以提高众创空间内部知识外生增长率,随着政府投入的提升同样也可以缩短内部知识外生增长到达稳态的时间。

3.4 基于DICE模型的众创空间知识生态系统协同进化研究

3.4.1 众创空间知识生态系统

1. 知识生态系统的内涵

知识系统的许多特征与生态系统都相似，知识系统中也有知识金字塔、进化现象和知识演替。陈清硕（1992）将知识客体和人组成的复合系统称为知识生态系统。知识生态系统就是知识、人和科技等形成的一个生态系统，在这个系统中，知识作为一种资源，处于复杂的运动过程中。从生态学理论和知识管理理论的角度分析，我们认为知识生态系统是在一定的时空范围内，由知识资源（知识客体）、人（知识主体）和知识环境组成的一种开放的、动态的系统。知识生态系统是一个动态的系统，其内部不断存在着知识主体与知识客体之间的相互作用。

2. 众创空间知识生态系统的构成

传统的生态系统包括生物部分与非生物部分。类似地，众创空间知识生态系统也可以划分为知识部分与非知识部分。知识部分特指知识客体，非知识部分包括知识主体和知识生态环境。徐谦（2006）认为，知识生态系统由三大元素构成：知识、人和知识环境。知识是知识生态系统的客体，人是知识生态系统的主体，而知识环境是知识生态系统的关键。

1）众创空间知识生态系统的客体——知识

知识是众创空间知识生态系统中的客体，也是核心组成部分之一。知识是指以一切形式表现的人类正确的认识及对已有的正确认识的合理运用与组合。从知识能否清晰地表述和有效转移来看，我们可以把知识分为显性知识（explicit knowledge）和隐性知识（implicit knowledge）。迈克尔·波兰尼从哲学领域提出了隐性知识的概念。他认为知识有两种形式：以书面文字、图表和数学公式加以表述的是显性知识；未被表述的知识，像我们在做某事的行动中所拥有的知识是隐性知识。在众创空间知识生态系统中，起着关键决定作用的是隐性知识。充分挖掘隐性知识并合理利用，可以有效提高众创空间的运作效率。在知识生态系统中，知识用 K 来表示。

2）众创空间知识生态系统的主体——知识主体

人是众创空间知识生态系统的主体。在知识经济时代，知识的载体有很多，但人是知识最重要的载体。人可以传递显性知识，同时也是隐性知识的唯一载体。因此,人在知识生态系统中是不可替代的一部分。知识生态系统中的人不仅是生态学中单纯的生物个体,还是具有科学文化知识基础的知识主体。知识生态系统中的知识个体具有获取、存储、加工和传递知识的基本行为,是系统的领导者。

综上,我们给出众创空间知识主体的定义。

定义 3.5:众创空间知识主体是众创空间知识生态系统最基本的构成单位,是指众创空间的团队中具有知识背景的每个成员,同时可以吸收新知识,转化旧知识的人。用 KA 来表示。

众创空间知识生态系统中知识主体的类别如表 3.4 所示。

表 3.4 众创空间知识生态系统中知识主体类别

主体类别	作用
创新企业成员	主要为创业人员,可以提供创新技术,开发创新产品
众创空间孵化平台成员	包括创业场地的管理人员、培训等增值服务的工作人员等
科研机构人员	主要为科技创业者以及为创新企业提供指导的专业人士,可以提供新的知识和技术,为创业企业提供员工

众创空间知识生态系统中的知识主体有 2 个属性,储备能力(reserve)和消耗能力(consumption)。

定义 3.6:储备能力是知识主体内部自有的知识资源储备量,用 R 来表示。

定义 3.7:消耗能力是指主体在一个周期结束时损耗的知识资源量,用 C 来表示。

众创空间知识主体有以下 2 种活动:资源吸收(resource absorption)和资源损耗(resource depletion)。

定义 3.8:资源吸收是指知识环境中出现新的知识资源时,知识主体会吸收新的资源,更新自身储备能力,用 RA 来表示。

定义 3.9:资源损耗是每经过一个周期,知识主体的储备能力减少消耗能力的数值,用 RD 来表示。

因此,知识主体 KA 可以表示为 KA = $\{R, C, SC, RA, RD\}$。

自然生态系统的生物成分除了可以划分为生产者、消费者和分解者之外,还可以按照数量划分为个体、种群和群落。一定数量的个体可以形成种群,而一定数量的种群又可以形成群落。

定义 3.10:众创空间知识种群(knowledge population)是知识个体的集

合，由众创空间内部具有相同目标或相似知识基础的创客组成，用 KP 来表示，为

$$KP = \{KA_1, KA_2, KA_3, \cdots\}$$

定义 3.11：众创空间知识群落（knowledge community）是不同功能的知识种群的集合，由同属于同一家众创空间但是创业方向各不相同的创客团队构成，用 KC 来表示，为

$$KC = \{KP_1, KP_2, KP_3, \cdots\}$$

知识个体、知识种群和知识群落构成了众创空间知识生态系统的基本骨架，其关系如图 3.12 所示。

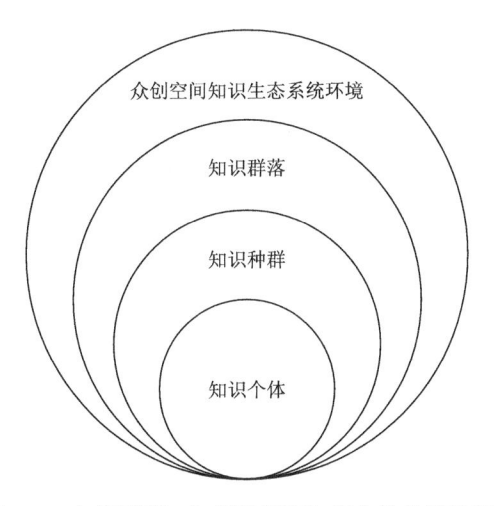

图 3.12　知识群落、知识种群和知识个体关系示意图

3）众创空间知识生态系统的关键——知识环境

在自然生态系统中，生态环境是指为生态系统内部的生物成分提供生存基础的非生物部分。相似地，我们给出众创空间知识环境的定义。

定义 3.12：知识环境是为众创空间的知识个体、种群和群落提供知识资源的非知识部分，是众创空间知识生态系统重要的物质基础和文化基础，知识环境的状况是决定知识生态系统能否可持续发展的重要因素。知识环境用 E 来表示。

知识环境包括外部知识环境（external knowledge environment）和内部知识环境（internal knowledge environment）。

定义 3.13：外部知识环境主要包括社会经济的发展水平、技术发展现状、国家的规章政策及文化大环境等，如图 3.13 所示。外部知识环境用 EE 来表示。

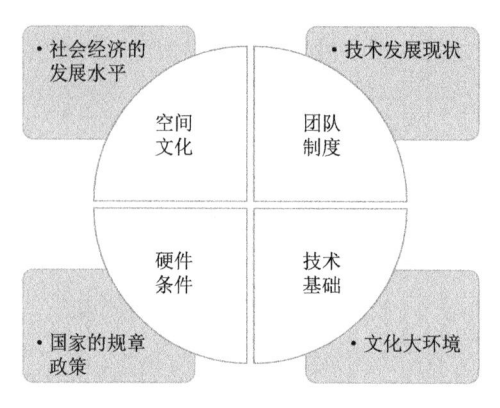

图 3.13 知识环境示意图

定义 3.14：内部知识环境包括空间文化、团队制度、硬件条件和技术基础，如图 3.13 所示。内部知识环境用 IE 来表示。

因此，知识环境可以表示为 $E = \{EE, IE\}$。图 3.13 为知识环境示意图。

在众创空间知识环境的支撑下，知识生态系统内部的知识主体、知识种群和知识群落可以形成完整的、交互的知识生态链和知识生态网络。在知识生态系统中，不同层级的知识主体的功能是不同的。知识个体的主要任务是依据自身及团队的需要进行针对性的知识交换；知识种群的主要任务是整合种群内部的知识，对不同的知识进行合理的分类，确保种群内部的知识对于创客团队的目标而言是较为完整的。知识群落的主要任务是协调部署和巩固种群之间的知识分布，协助不同知识种群完成各自的创业目标。在众创空间知识生态系统中，知识主体会与外部知识环境和内部知识环境不断地进行信息的交互。一方面，知识环境向知识主体提供了创新创业所必需的知识资源基础；另一方面，知识主体又可以通过知识创造，不断完善知识环境。众创空间知识生态环境的质量会影响其内部各个团队的发展潜力。

基于上述定义，我们给出众创空间知识生态系统的定义。

定义 3.15：众创空间知识生态系统（knowledge ecosystem，KE）是由众创空间知识客体（K），众创空间知识主体（KA）和众创空间知识环境（E）形成的开放动态的系统。众创空间知识生态系统可以表示为 $KE = \{K, KA, E\}$，其构成如图 3.14 所示。

3. 众创空间知识生态系统的演化

在现代管理学科的发展中，生态学中提出的诸多经典理论常常被用于现代管理领域之中。陈灯能根据对生态学理论的归纳，提出了 DICE

图 3.14 众创空间知识生态系统示意图

模式，DICE 模式定义了生态系统中四种生态关系：分布（distribution）、互动（interaction）、竞争（competition）和演化（evolution）。这四种生态关系在相互作用和影响之下，构成了完整的生态系统。我们将生态学 DICE 模式应用到众创空间知识生态系统的演化分析中，众创空间的知识管理问题则被划分为知识分布、知识互动、知识竞争、知识演化四个方面。图 3.15 为众创空间知识生态系统的 DICE 演化过程图。

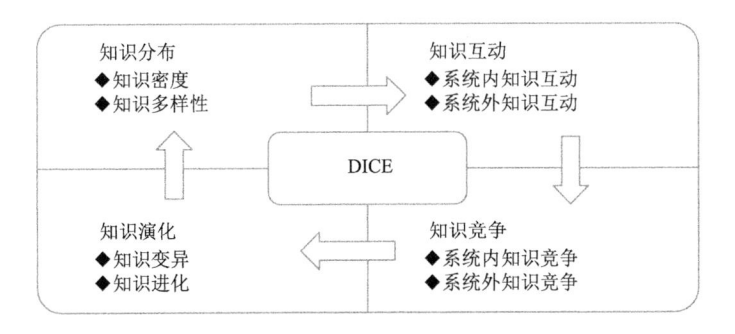

图 3.15 众创空间知识生态系统的 DICE 演化过程图

1）知识分布

在自然生态系统中，分布特指系统中生物成分的分布。其中，生物种群的分布状况会对生态系统产生多方面的影响，包括生态系统稳定性、生物个体存活率等。在稳定的生态系统中，存在着相对稳定的种群分布状态，这个分布状态随着外在环境的变化而动态调整。种群密度和物种多样性是衡量生态学中生物分布状况的两个重要指标。类似地，我们在众创空间知识生态系统的知识分布中引入知识密度和知识多样性的概念。

知识密度作为衡量知识分布的指标，可以表示知识生态系统中知识个体、知识种群和知识群落对显性知识及隐性知识的掌握情况。在众创空间知识生态系统中，创客团队内部的每个知识个体都拥有在其专长领域内的特定知识，包括协调沟通、财务管理、产品研发、产品加工等方面。而每个创客团队在其项目领域所拥有的专业知识的储备情况，就是生物种群的知识密度了。一般而言，知识密度越高，知识生态系统中各主体对于知识的掌握情况越好。

知识多样性可以用来衡量众创空间知识生态系统内知识覆盖的范围。在众创空间知识生态系统中，每个知识种群在知识分布方面都有着独特的结构。知识多样性是影响知识种群和知识群落竞争力的重要因素。

2）知识互动

自然生态系统中的生物个体、种群和群落彼此之间都可以进行互动交流，除此之外，个体、种群和群落还可以与外部环境进行互动。众创空间知识生态系统的互动可以分为两类：一是系统内知识互动；二是系统外知识互动。

系统内知识互动包括知识个体层面、知识种群层面、知识群落层面及跨层面的知识互动。种群内部知识个体之间的互动行为，会促进知识的流动与循环，显性知识和隐性知识可以得到更好的分享和传播。知识种群层面的互动主要涉及业务活动方面，不同功能的种群之间通过交流互动不仅可以促进各种群更加有效地完成其各自的项目任务，不同领域的知识之间的碰撞还会为创意的产生带来新的契机。

系统外知识互动包括众创空间知识生态系统内的知识个体、知识种群和知识群落与知识环境之间的互动。这里的知识环境主要是社会经济背景、技术水平、国家的规章政策等外部知识环境。系统外知识互动是生态系统内的个体、种群和群落获取新知识和更新知识储备的重要途径。随着系统的动态调整，系统内不断产生的知识需求会促使知识个体、知识种群和知识群落与系统外的其他的众创空间、高校等知识生态系统进行交流，从而使得各知识生态系统可以取长补短、相互借鉴、有的放矢。

3）知识竞争

在自然生态系统中，各生物种群会为了资源而进行竞争。系统内部的种群和群落会遵循系统的运作规律，进行良性竞争，这种竞争是有利于系统的稳定运作与进化的。不同系统为了争夺自然资源会进行矛盾式竞争，这种竞争的结果往往是两败俱伤或者优胜劣汰。众创空间知识生态系统中的知识竞争可以分为系统内知识竞争和系统外知识竞争。

系统内知识竞争通常都是良性竞争，多发生在知识种群和知识群落层面。竞争双方会以知识生态系统的整体发展为起点，使得参与竞争的种群和群落都可以在竞争中得到发展，从而推动整个生态系统的发展。系统内知识竞争可以营造出更加开放的知识环境，有利于系统内的知识在竞争中得到甄选。高级的知识会在系统内知识竞争中将低级的知识淘汰。因此，系统内知识竞争会使得众创空间知识生态系统中参与竞争的个体、种群和群落的利益最大化。

系统外知识竞争指不同的知识生态系统对知识资源的争夺，如专利权等。参与竞争的众创空间知识生态系统为了实现自身目的，会损害其他生态系统的权益。知识竞争提升到生态系统层面会放大竞争结果对系统内的个体、种群和群落的影响，损害知识共享与循环。在系统外知识竞争中失败的知识生态系统不仅会在竞争过程中受到重创，其运作也会在竞争结束后的一段时间内深受影响。

4）知识演化

生物变异和生物进化使得自然生态系统不断升级，在众创空间知识生态系统中同样存在着知识变异和知识进化。知识变异和知识进化是知识生态系统运作环节中最为关键的一步，是维持生态系统竞争优势的重要因素，也是实现创新创业活动的根本途径。

知识变异是指知识个体、种群和群落在进行知识互动的过程中，知识储备由量变到质变的转化。知识变异的发生受到多方面的影响，知识生态系统的某个部分或某个环节发生变化，都可能引起知识变异。例如，在知识竞争中得以保留的高级知识，会与现有知识的生态位发生重叠，现有知识会遵循竞争排斥法则，根据高级知识进行相应演化。

知识进化是知识变异的一种特殊情况。知识变异的结果有多种可能，而知识进化是指知识通过变异与知识生态系统中知识主体的创新创业活动变得更加契合的过程。

知识进化是一个较为漫长的过程，是知识重新审视、组合等，最后通过系统内部的甄选机制，才能将进化的知识留下，通过知识分享和互动形成一个循环，进化过的知识再受到外部刺激还有可能继续进行演化。知识生态系统内的知识主体可以通过一些特定的活动来加速这一过程，如加快知识互动与竞争、积极吸取新知识和新技术、借助外部力量提升知识质量等。

3.4.2 众创空间知识生态系统协同进化模型

1. 知识主体共同进化概述

1）知识主体协同进化的概念

在生态学理论中，生物的种间关系多种多样，但主要的相互作用可以概括为正相互作用和负相互作用。同样地，众创空间知识生态系统的知识主体之间的相互关系可以归纳为两大类：正相互作用和负相互作用。在生态学研究中，生物共生是自然生态系统进化的前提。引入众创空间知识生态系统中，得到的结论为知识主体的共同进化要建立在知识共生（knowledge symbiosis，KS）的基础之上。依据生态学中的观点，我们给出知识共生和知识主体协同进化（co-evolution，CE）的定义。

定义 3.16：知识共生知识主体 (A, B) 间的一种关系，其中一个主体的存在直接受到另外一个主体的影响，表示为 $KS(A, B)$。

根据知识共生的定义，可以给出知识主体协同进化的定义。

定义 3.17：知识主体协同进化存在知识共生关系的知识主体间的共同进化，表示为 $CE(A, B)$，当主体的知识储备超过一定数值时达到协同进化的条件，可以产生新的主体，且新产生的主体与原主体的属性相同。

只有当知识主体之间存在共生关系时，协同进化才会发生。将定义 3.12 与知识共生和知识主体协同进化相结合，我们可以把众创空间知识生态系统表示为 $KE = \{K, KA, E, KS, CE\}$。

2）知识主体协同进化的类型

自然生态学的种群关系对于自然生态系统的生存与发展进化具有重要的作用，这些种群关系主要包含有利、有害或无利无害三种关系，具体引申为互利共生（双方有利）、中性（双方无利无害）、共栖（偏利）、捕食、寄生、偏害和竞争（双方有害）七种关系。其中物种之间的捕食、寄生、偏害和竞争关系都表现为负相关作用。

众创空间知识生态系统中的每一个知识主体之间都具有或多或少的相互关系，这些知识主体紧密联系，相互作用，影响着知识生态系统的稳定性，并决定着知识生态系统的发展进化，这一模式与自然生态系统中生物之间的相互作用类似。

借鉴生态学种间关系原理的相关定义，本书以众创空间知识系统为出发点，界定知识主体的协同进化的主要类型有两种：合作型协同进化与竞争型协同进化。合作型协同进化主要包括知识主体互利共生或偏利共生等正相关作用形式，竞争型协同进化主要包括竞争或兼并等负相关作用形式，当研究对象为同一家众创空间内部所形成的知识生态系统时，各知识主体围绕同一目标开展创新创业活动，为达成共有的愿景团结协作，知识主体间的负相关作用表现相对较弱，进化类型主要表现为合作型协同进化。下文的模型构建及仿真验证同样以合作型协同进化为主。

2. 知识主体协同进化模型的构建

1）构建 Logistic 方程

Logistic 方程是比利时学者 Verhulst 于 1838 年首先提出的，后来在 1920 年又被 Pearl 和 Reed 重新称作 Verhulst-Pearl 方程，是用来描述生物种群在有限空间和资源稀缺条件下成长的经典模型。众创空间知识生态系统与自然生态系统中生物的共生及系统的进化类似，因此，众创空间知识生态系统的动态演化过程可以用 Logistic 方程来描述。

假定知识生态系统内部各知识主体相互独立，忽略个体的竞争因素，同时，以知识主体的数量作为知识主体相互作用的可视化量化因子。知识主体的数量的变化代表知识主体之间的协同进化过程。系统知识主体的数量增长与其所处的知识生态环境相互作用的 Logistic 方程如下：

$$\frac{\mathrm{d}Y}{\mathrm{d}t} = \alpha Y(1-Y) \tag{3.21}$$

在式（3.21）中，设 1 为众创空间知识生态系统中知识主体数量的最大值，表示该众创空间知识生态系统所拥有的知识主体的最大规模；Y 为知识主体的数量，随着时间的推移而变化，$0<Y\leqslant 1$；$(1-Y)$ 为减速系数，它的值随着时间的推移而变化，表示知识主体数量的一种限制，因为知识主体的数量不可能无限制增加，所以 $0<Y\leqslant 1$，$0\leqslant (1-Y)<1$；α 为增益系数，表示在理想状态下，主体的增长速率，$\alpha>0$。该模型表明，众创空间知识生态系统的协同进化机制是非线性，并且存在正反馈机制和负反馈机制。

下面对式（3.21）进行分析计算。

（1）将式（3.21）变形为

$$\left(\frac{1}{Y} + \frac{1}{1-Y}\right)\mathrm{d}Y = \alpha \mathrm{d}t \tag{3.22}$$

（2）对式（3.22）两边求积分得

$$\int \frac{1}{Y}\mathrm{d}Y + \int \frac{1}{1-Y}\mathrm{d}Y = \int \alpha \mathrm{d}t$$

$$\ln Y - \ln(1-Y) = \alpha t + C \text{ 或 } \ln\left(\frac{Y}{1-Y}\right) = \alpha t + C$$

即

$$\frac{Y}{1-Y} = e^{\alpha t + C} \quad (3.23)$$

（3）令 $t=0$，$Y=Y_0$，得到 $e^C = \dfrac{Y_0}{1-Y_0}$，故求解方程得到

$$Y(t) = \frac{1}{1 + \dfrac{1-Y_0}{Y_0} \times e^{-\alpha t}} \quad (3.24)$$

即 $Y = \dfrac{1}{1+Ce^{-\alpha t}}$，式中，$C = \dfrac{1-Y_0}{Y_0}$。

将得出的数值代入原方程，得到 Y 关于 t 的函数：

$$Y = \frac{1}{1+Ce^{-\alpha t}} \quad (3.25)$$

式中，C 为常数项，由知识主体进化的初始条件决定。

式（3.25）是众创空间知识生态系统中知识主体数量的状态演化方程，是用来描述众创空间知识生态系统协同进化过程中知识主体数量的动态演化轨迹，其曲线被称为状态演化曲线。

（4）对式（3.20）求导得到成长加速度方程：

$$\frac{d^2Y}{dt^2} = \partial Y(1-Y) + \partial Y(-1)Y(t) - \partial^2 Y(1-Y)(1-2Y) \quad (3.26)$$

式（3.26）表示在任意 t 时刻，众创空间知识生态系统内部知识主体数量增加的加速度。令 $\dfrac{d^2Y}{dt^2} = 0$ 得出成长速度方程曲线的拐点。根据之前假设 $0 < Y \leqslant 1$，求解得到当 $Y = \dfrac{1}{2}$ 时，曲线出现拐点，代入式（3.23）和式（3.24）得 $t_p = \dfrac{\ln C}{\alpha}$，此时 $\dfrac{dY}{dt}\bigg|_{t_p} = \dfrac{\alpha}{4}$。

（5）对式（3.26）再次进行求导，得到成长加速度的变化曲线方程：

$$\frac{d^3Y}{dt^3} = \partial^3 Y(1-Y)[1-(3+\sqrt{3})Y][1-(3-\sqrt{3})Y] \quad (3.27)$$

令 $\dfrac{d^3Y}{dt^3} = 0$ 得到

$$Y_1 = \frac{1}{3+\sqrt{3}}, \quad Y_2 = \frac{1}{3-\sqrt{3}}$$

(6) 将求得的解代入式（3.25）得到

$$t_1 = \frac{\ln C - \ln(2+\sqrt{3})}{\alpha}, \quad t_2 = \frac{\ln C + \ln(2+\sqrt{3})}{\alpha}$$

此时，$\left.\dfrac{\mathrm{d}Y}{\mathrm{d}t}\right|_{t_1} = \left.\dfrac{\mathrm{d}Y}{\mathrm{d}t}\right|_{t_2} = \dfrac{\alpha}{6}$。

因此，在知识主体成长速度曲线上的两个拐点为 $\left(t_1, \dfrac{\alpha}{6}\right)$、$\left(t_2, \dfrac{\alpha}{6}\right)$，这两个时刻分别对应的主体数量为 $\left(t_1, \dfrac{1}{3+\sqrt{3}}\right)$，$\left(t_2, \dfrac{1}{3-\sqrt{3}}\right)$，当 $t \to +\infty$ 时，$Y \to 1$，$\dfrac{\mathrm{d}Y}{\mathrm{d}t} \to 0$。

综合上述推导结果，根据曲线的特征点可以绘出企业知识生态系统状态演化方程曲线[图3.16（a）]和成长速度方程曲线[图3.16（b）]。图3.16（a）所示状态演化曲线形状似一个平缓的"S"形，故Logistic曲线又被称为"S"形曲线。

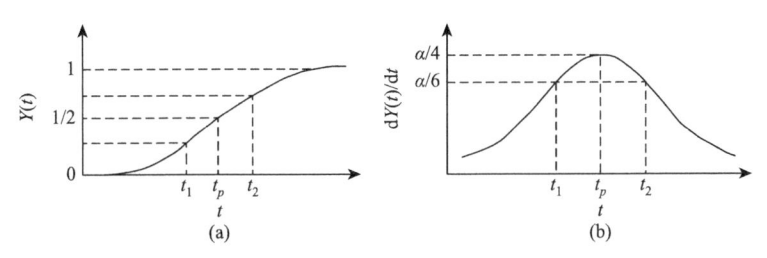

图 3.16　企业知识生态系统状态演化方程曲线和成长速度方程曲线

2）Logistic方程对知识主体协同进化的解释

众创空间知识生态系统中知识主体的数量是随着时间按"S"形曲线增长的，在 $t \to +\infty$ 时，知识主体的数量 Y 趋于最大值并保持稳定，其增长过程可以分为四个阶段。

第一阶段 $(0 < t < t_1)$ 起步期，在这一阶段，$\dfrac{\mathrm{d}Y}{\mathrm{d}t} > 0$，$\dfrac{\mathrm{d}^2 Y}{\mathrm{d}t^2} > 0$，$\dfrac{\mathrm{d}^3 Y}{\mathrm{d}t^3} > 0$，知识主体数量的成长速度与加速度均递增，知识主体数量呈知识性增加。成长加速度在拐点 $\left(t_1, \dfrac{\alpha}{6}\right)$ 处达到最大，此时知识主体数量增加的速度最大。此时，理论上知识主体的数量达到饱和水平的 $\dfrac{1}{3+\sqrt{3}}$，约为21%。一个众创空间知识生态系统处于发展的初期，新知识主体刚刚出现，人们对各种知识主体的了解都处于起步阶段，资源条件有限，知识的产出效率较低，知识主体的增长速度受到抑制，同时随着时间的推移，系统内外环境逐渐稳定，知识的产出速度呈现快速增加的趋势。

第二阶段 $(t_1 \leq t < t_p)$ 成长期，在这一阶段，$\dfrac{\mathrm{d}Y}{\mathrm{d}t}>0$，$\dfrac{\mathrm{d}^2Y}{\mathrm{d}t^2}>0$，$\dfrac{\mathrm{d}^3Y}{\mathrm{d}t^3}>0$，知识主体数量成长速度继续增加，但加速度逐渐减小，在这一阶段，众创空间知识生态系统内部的知识主体数量增加和质量提升，知识高速产出，知识主体良好地适应系统内外的环境，资源利用效率增加，众创空间知识生态系统实现整体进化为更高层次，知识创新的出现更使得知识的利用效率提高，同时该阶段知识主体的增长量将制约着企业知识生态系统的最终规模。

第三阶段 $(t_p \leq t < t_2)$ 成熟期，该阶段 $\dfrac{\mathrm{d}Y}{\mathrm{d}t}>0$，$\dfrac{\mathrm{d}^2Y}{\mathrm{d}t^2}>0$，$\dfrac{\mathrm{d}^3Y}{\mathrm{d}t^3}>0$，众创空间知识主体数量持续增加，但成长速度递减，增长的动力明显减弱。$t_2=\dfrac{a}{6}$ 为成熟点，此时知识主体数量的成长速度达到饱和水平的 $\dfrac{1}{3-\sqrt{3}}$ （知识主体增长速度曲线下降拐点），约为79%，众创空间知识生态系统的内部结构已经达到稳定。

第四阶段 $(t_2 \leq t < +\infty)$ 衰退期，该阶段 $\dfrac{\mathrm{d}Y}{\mathrm{d}t}<0$，$\dfrac{\mathrm{d}^2Y}{\mathrm{d}t^2}<0$，$\dfrac{\mathrm{d}^3Y}{\mathrm{d}t^3}<0$，此阶段企业知识系统内部知识主体数量的增长变得越来越慢，越来越接近知识主体数量的最大值，直至几乎停止。这时，众创空间知识生态系统将演化为新的更高级的企业知识生态系统，并且将孕育新的知识主体，探索新的发展轨道。

3.4.3 众创空间知识生态系统协同进化的仿真检验

由于众创空间知识生态系统的演化过程涉及的因素很多，本书假定众创空间知识生态系统演化的体现就是知识资源和知识主体得到了更好的配置。因此，本节以系统主体竞争占有知识资源的过程为标的来仿真以对上文中提出的众创空间知识生态系统协同进化模型加以验证。

1. 仿真环境的假定

用 30×30 的网格区域来表示知识环境，在此基础上进行建模。每个网格在特定时间只能存在一个知识主体。假定系统中只存在一种知识资源。在仿真实验开始之前，先向网格区域中添加一定数量的知识资源，仿真实验开始之后，每经过 t 时间，按照 3% 的概率向未有主体存在的空白网格中添加主体。

2. 系统主体的属性和活动

为了便于仿真演化，在知识主体的属性方面，假设每个主体的知识储备量为 0~20 的随机数，每个主体的消耗能力为 0~5 的随机数。

在知识主体的活动方面，假设主体的知识储备能力超过 50 后，即满足自我拷贝条件；假设网格区域中出现新的知识资源时，遵循就近原则主体会靠近知识资源并且吸收，更新自身储备能力，网格内不再存在资源；假设资源损耗的数值为 1。

3. 仿真运行结论分析

初始设置的仿真模拟参数如表 3.5 所示。

表 3.5　仿真模拟参数表

仿真参数	参数设定
仿真环境	30×30 网格区域
主体数量 N	50 个
储备能力 R	0~20 的随机数
消耗能力 C	0~5 的随机数
协同进化条件 CE	50
资源损耗 RA	1

50 个众创空间知识生态系统主体随机分布在 30×30 的网格区域中，每个箭头表示一个主体。通过 NetLogo 编程来实现主体对知识资源的竞争占有过程，程序运行结束后，得到初始状态，500t（ticks 的简写）仿真周期后，1000t 仿真周期后的主体及其各自知识储量的分布示意图，分别如图 3.17~图 3.19 所示。500t 仿真周期后和 1000t 仿真周期后主体数量与知识资源的数量变化如图 3.20~图 3.23 所示。

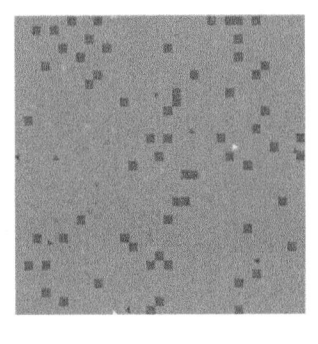

图 3.17　初始主体分布图

图 3.18　500t 后主体分布图

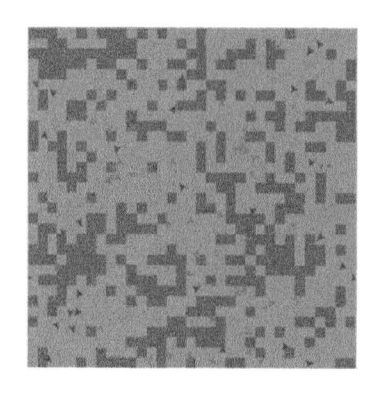

图 3.19　1000t 后主体分布图 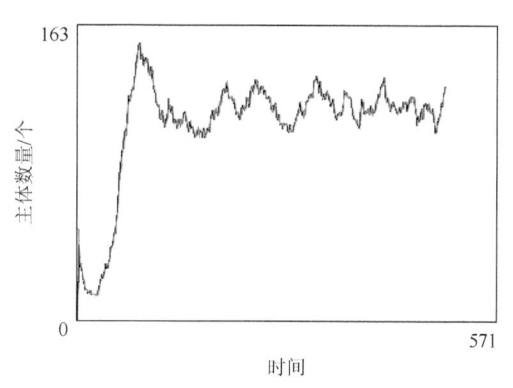　　　　图 3.20　500t 周期主体数量变化

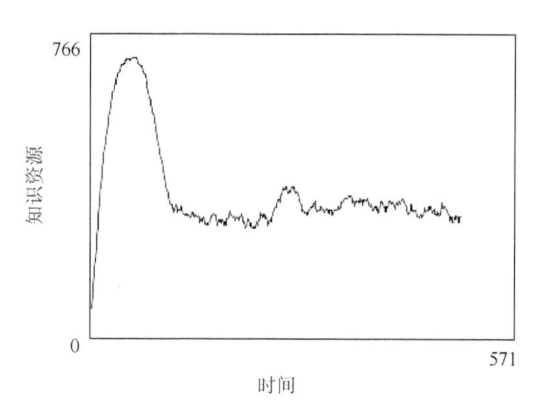

图 3.21　500t 周期知识资源数量变化

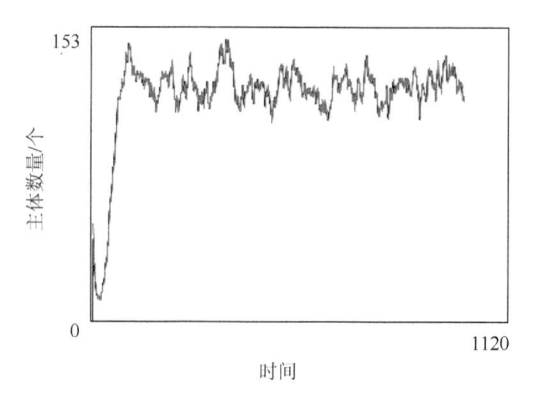

图 3.22　1000t 周期主体数量变化

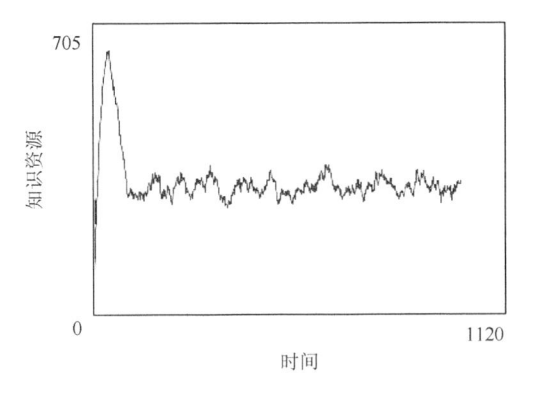

图 3.23 1000t 周期知识资源数量变化

观察图 3.18 和图 3.20 可知,与图 3.17 相比,当 500t 仿真周期结束后,随着知识主体对生态系统环境中知识资源的竞争,主体数量有了明显增加,是初始主体数量的 4 倍。这一变化说明当环境中的知识资源储备充裕时,大多数的主体都能成长并协同进化产生新的系统主体。由图 3.20 可知,当 500t 仿真周期结束后,系统中的知识资源也有所增加,是初始知识数量的 6 倍。

从图 3.19、图 3.22 中可以得到,当 1000t 仿真时期结束后,知识主体的数量较 500t 仿真周期相比并没有太多的变化,这说明了环境中存在的知识主体素质得到改善,整体系统变得更加稳定。由图 3.23 可知,当 1000t 仿真周期结束后,系统中的知识资源数量与 500t 仿真周期相比也没有太大的差别。

同时,从图 3.20 和图 3.22 中可以看出,众创空间知识主体数量的变化曲线与 Logistic 方程的曲线是基本一致的。综合分析得出,众创空间知识生态系统知识主体能够从环境中获取足够的知识资源,对于知识主体的生存成长是至关重要的。这一过程从侧面说明了知识管理各个流程贯穿始终。主体对知识环境中知识资源的获取要依赖知识管理才能体现。系统环境层面,各主体之间、主体与环境之间都会发生规则性的交互、竞争资源。这种机制的存在使得优胜劣汰成为可能,生存能力相对较弱的主体逐渐消亡,适应性较强的主体得以生存发展。这种物竞天择的机制最终实现了知识资源的最佳配置,系统的适应生存能力增加,实现了众创空间知识生态系统的进化跃迁。

3.5 本章建议

根据研究结论,提出以下建议。

（1）凝聚众创精神，加强主体之间互助学习；健全法律体系，营造良好创新创业环境；积聚创业资源，提升软硬件综合实力；寻求创新差异，丰富生态圈创造活力；打造核心载体，共筑产学研协同创新；拓宽政府支持，建立多层次财政担保业态；最主要的是要完善运行机制，依靠强大的信息网络整合服务资源，打通产业价值链上、下游的协作瓶颈，敢于创新以推动高水平众创空间建设，优化众创空间生态环境来提升众创空间生态系统绩效。

（2）政府应积极加强对众创空间引导性资金的投入。由模型的情景分析可知，政府投入可以有效提高众创空间的创新能力并提高众创空间成型速度，但是存在边际产出递减。因此政府应该在提高众创空间的创新能力和避免资金浪费方面做好权衡。

（3）众创空间应加大知识资本的投入。这里的知识资本投入主要指两方面：一方面是众创空间内部的知识资本投入，如雇佣更多创业导师，拓展众创空间内办公空间、平台网络空间、互动社交空间及资源共享空间；另一方面是众创空间外部的知识资本投入，如加强众创空间的结网能力，加强同高校及上下游企业关联，实现从知识到创新再到创业的一站式服务。

3.6 本章小结

本章首先通过对光谷创业咖啡进行简单的案例分析，构建了众创空间生态系统，然后分别运用 CAS 理论分析众创空间创新生态系统的运行机制，运用系统动力学分析众创空间创新生态系统的动态演化机制，运用 DICE 模型分析众创空间创新生态系统的协同进化机制。总结如下。

首先，在 CAS 理论及相关研究的基础上明确了众创空间的含义及其核心思想，阐述了众创空间具有的多样性、非线性、主动适应性及涌现等复杂性特征，并归纳提出各创新主体、要素和环境之间相互联系、相互作用的众创空间生态系统，最后构建基于价值链的包含信用保障机制、组织协调机制、价值创造机制、互动反馈机制四个核心机制在内的众创空间系统运行机制。

其次，探讨了众创空间创新生态系统的论文研究现状，发现缺乏系统化、理论化、模型化等方面的研究。本章通过对众创空间创新生态系统的分析，从知识视角出发对其进行系统动力学建模，分析其动态演化过程。

本章通过改变模型中的知识资本投入系数、政府投入等变量进行情景分析。

最后，阐释了众创空间知识生态系统的构成要素、特征及 DICE 演化过程，基于协同进化理论分析了众创空间知识生态系统中知识主体的合作型协同演化，并利用仿真实验对演化过程进行模拟，为通过知识管理视角研究众创空间提供了理论框架。

第4章 基于知识共享的众创空间参与满意度研究

众创空间的探索和研究伊始,大部分是对其含义及性质等基本概念的讨论,而后随着探究的深入,参与动机及创新成果转化问题成为学者关注的主题,然而对于这方面众创空间相关的探究微乎其微。本章针对众创空间,通过实证研究探讨基于参与动机的众创空间知识共享质量、创意实现与满意度之间的相关关系。在拓宽众创空间研究方向的同时,有助于众创空间的战略定位和平台设计,为提高用户参与强度和众创空间建设提供有价值的建议,帮助平台正常运营、保持竞争力。因此本书在对众创空间相关研究进行回顾的基础上,以理论分析和实际调查为切入点,确定了影响参与者参与的关键因素,并最终选择实证查证变量的组成和对满意度的作用及功能机理。

4.1 众创空间参与动机相关研究

创业者的创新创业行径是循序渐进的,先把创业者的独特特质作为基础,在创业环境中不断挖掘创业机会,经由整合优化资源、发挥创新创意,最终完成和探索其价值所在,创业者不断发展扩大为全体大众,而众创空间就是在这样新的大环境下迸发产生的特色化平台。从大众参与到认知最后到行为结果产生是一个完整的运作流程,每个过程都是必不可少的,需要紧抓核心特征综合分析研究。所以,关于参与众创空间这种新型的创新模式所面临的机遇与风险,非常需要我们来探索,而这种创新方式内施展核心机制的群体——大众参与者,他们的参与动机的研究也是众创空间相关研究中非常重要的课题。

大众愿意参与众创的动机研究主要涉及心理需求、激励机制、新知习得性与社交愿景四个层面。从心理需求层面而言,Sternberg 和 Mio(2009)的研究表明,持有智力资源禀赋且有创造力的人往往善于自我激励,即更愿意听从内心的激励而非外部物质奖励;从激励机制层面而言,Organisciak(2010)通过案例研究和问卷调查发现,参与者加入大众创新创业社区的主要动机是获取经济报酬;从新知习得性层面而言,Brabham

(2010)在对众包网站的参与成员进行调查后发现,学习新知识和技能是其参与大众创新任务的首要原因;从社交愿景层面而言,Brabham(2010)的研究明确指出了促进共同合作、打发无聊时间、认识新朋友和接触新社会等与社交愿景相关的大众创业创新参与动机。Hippel(2005)基于案例分析总结了大众参与创新的动因,主要包括利用大众智慧、降低生产成本、利用技术进步和专门知识、激励生产者参与、提高适应个性化需求灵活度、减少信息不对称、提高产品质量、利于大众传播。

本章就是需要在这样的条件背景下,加上知识管理的新角度,探索这种新型方式的知识创造内在机理,以此为众创空间的蓬勃创新增加一份理论和实践。本章试图选择整个生态系统过程链条的视角,即从大众参与到认知最后到行为结果产生的整个过程,探究内在关联与本质,在现有研究的基础上从参与动机、知识共享质量、创意实现、满意度四个方面的因素出发构建具有参考意义的影响路径模型。

4.2 优化路径模型构建

4.2.1 模型构建及研究变量定义

本节在前人的研究基础上,提出如图4.1所示的众创空间平台参与动机因素模型,大众参与众创空间的动机因素包含目标型动机、自我效能感、自我归属感及激励型动机四种,其中目标型动机包含创业意愿和创业可行性两个维度;自我效能感包含创新能力、风险容忍、机会识别、关系协调和组织承诺五个维度;自我归属感包含能力提升、信息性、信任和娱乐性

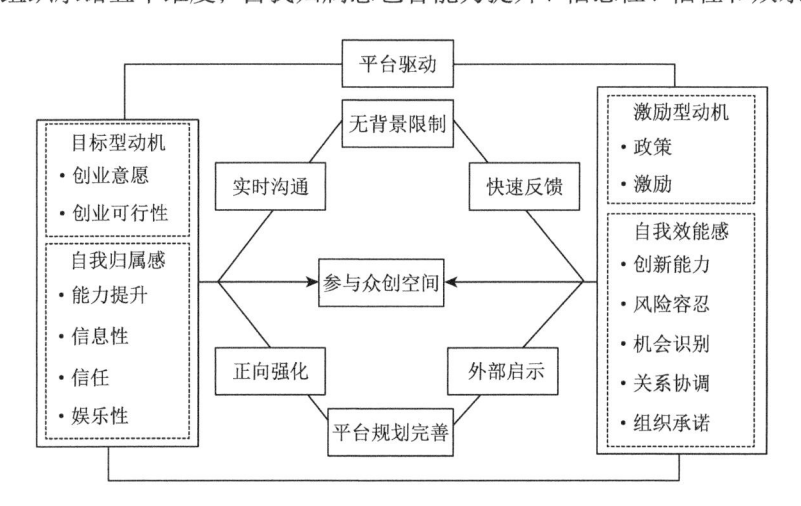

图4.1 众创空间平台参与动机因素模型

四个维度；激励型动机包括政策和激励两个维度。众创空间平台参与动机因素模型能够为优化平台建设、细化大众群体等方面提供理论依据，进而更好地促进众创空间良性运行。

众创空间平台参与动机因素模型为后期路径模型的构建提供了参与动机因素层面的前提基础，较为详细地揭示了大众参与众创空间的四种动机。在此基础上，提出最终如图 4.2 所示的基于参与动机的众创空间知识共享质量、创意实现与满意度模型。本书所研究的各潜变量定义如下。

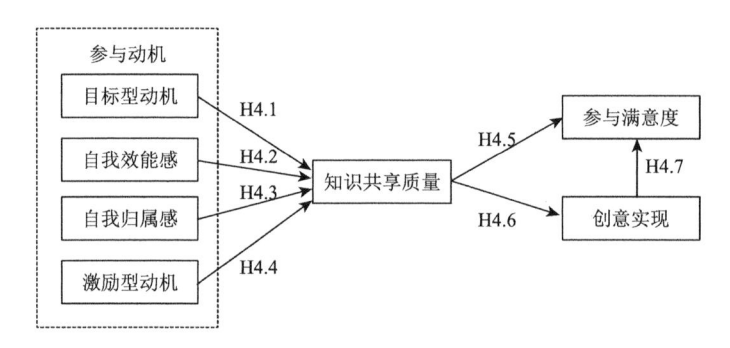

图 4.2 基于参与动机的众创空间知识共享质量、创意实现与满意度模型

（1）创业动机（目标型动机）是大众参与创新创业活动的内在动力，创业动机越明确及强烈，即创业目标越明确及强烈，那么潜在创业者参与众创空间的想法意愿就越强烈。目标型动机在这里特指创客的创新创业动机。创业动机是创客参与众创空间的引擎力，正是这类引擎力的存在将具备创意头脑和创新技能的大众变成实际创业者成为可能。

（2）自我效能感：与创业行径关联起来，即为创新创业自我效能感，表现为创业者隐藏在内部的自我信念，对其实力的评估，对预期成效的感知，所以创业自我效能感可以用来预测和解释参与众创空间的行为，成为解释和探求参与行为的有力工具。

（3）自我归属感：特指为了获取众创空间其他参与者的接受和认可而主动参与的心理动因。

（4）激励型动机是"激发人的行为动机"，指个人受外界影响或外力作用下的动机，这里指个人参加众创空间并非基于对活动本身的兴趣，而是根据行径之外的鞭策（如外在的激励）促成的。

（5）知识共享质量：这里特指在众创空间中创客所共享信息的价值或有用性。

（6）创意实现：将抽象、难以表述的创意转变成真正具有实实在在经济价值并且可以规模化生产的实物产品,并能够最终获得产品价值的提升和达到物质与精神的极大满足。

(7)参与满意度:定义为创客将先前的期望同在参与众创空间后对其效果的感知心理进行比较之后所达到的感觉状态。

4.2.2 模型假设

1. 参与动机

通过文献总结并结合众创空间的内涵特点,提炼出具有代表性的4种参与动机:目标型动机、自我效能感、自我归属感及激励型动机。在现有文献中,从参与动机对知识共享质量影响角度出发的研究很少,但知识共享质量能很好地体现参与众创空间的贡献度,研究参与动机对它的影响十分重要。

Shapero 和 Sokol(1982)认为,创业者的目标型动机就是创业者的内在意愿和开展创业活动的主动性。创业动机越明确及强烈,潜在创业者参与众创空间活动的意愿就越强烈,而且在创业过程中将会投入更大的精力和更持续的努力。Adler 和 Kwon(2002)认为大众如果带有自己非常强烈的创业想法,那么它在面对取之不尽的知识、不断增强的知识共享效率、持续变化的工具平台等条件时,能够更加充分地提升其创新点的高度和创新的实力。其实这就是众创空间对"Aim-Chance-Ability"的详细运用。Baum 等(2001)和 Baun 等(2001)提及大众参与创业方面活动的内在驱动力为创业动机,主要表现为在发明创造过程中追寻预期创业的强烈愿景和目标。郭璇(2015)研究指出,众创空间为参与者提供的优质信息及参与者之间相互交流的优质信息会促使创意更加完善,迸发新的创新灵感;同时,对创意有着共同兴趣的成员通过共享高质量的信息,能够很好地为其他成员的创意做出决策支持。所以当大众处于目标型动机参与众创空间时,无论是信息资源搜集者还是提供者,他们所要求的信息都是高质量的,因此提出如下假设。

H4.1:目标型动机对知识共享质量有正向促进作用。

庄可(2005)指出,自我效能感是个体的主观感受或认知,即对自身的一种"行不行"或"我能行"的自我信念。美国社会心理学家 Bandura(1977)基于自我效能感的认知视角指出了在非常情境下,评价、信念和动作对个人推断的作用。学者 Boyd 和 Vozikis(1994)证实,有强烈的创业自我效能感的企业家的决定是实施创新创业行径一个很好的机遇。Forbes(2005)指出,自我效能感与特定的应用领域有关,因为个体的能力和技能要求,所以不同的地区也是不同的。学者 Kolvereid 和 Isaksen

（2006）把之前 Bandura（1977）分析研究的自我效能感同创业范畴联系到一起，同时把两者行径关联，将其重新定义为创业自我效能感，表示创业者潜在的信心，对其能力的评估，对预期效果的感知，所以创业自我效能感可以用来预测和解释创业行径，成为解释和探求创业行径的有力工具。学者 Barbosa 等（2007）通过研究证实，创业自我效能感较高的个体，他们的创业倾向更高，在现实情况下，有机会成为真正的创业者。尚青（2015）指出，自信的初创者不仅相信自己能够正确把握创业机会、建立相关资源关系网，还依然确信能够在面临不确定的环境时卓有成效地创新创业，具有强大的意志力和决心。众创空间所建立的平台的创意交流的创作想法能够让成员互相支持创作，当成员创作获得在众创空间诚信的创业支持时，形成的较高水平依附机会会使成员更加积极地维护平台并向他人寻求帮助以增强互动，进一步增强人们交换知识的深度和广度，不断创新，构造杰出的创业创新生态圈。据此，依据文献归纳及相关研究，本书提出如下假设。

H4.2：自我效能感对知识共享质量有正向促进作用。

归属感（sense of belonging）起初由美国的心理学家亚伯拉罕·马斯洛指出，他认为归属是指一个人或一组物品或状态的身份，以及这种联系的水平。Roberts（1998）认为，归属感比较强的人擅长于耗费更多的时间和精力来介入行径。Wilkinson（1998）将归属感的增长归功于用户主观的介入。从社会学的视角来看，众创空间也是小社会，有着自己特点的小组织。这里的自我归属感特指为了获取众创空间其他参与者的接受和认可而主动参与的心理动因。参与知识贡献以提高个人归属感是创客进行信息共享的主要原因，创客间相互认可对知识共享的质量和数量有明显促进作用。Teo 等（2003）强调如果参与者存在一定强度的归属感，那么他就可能有非常强烈的意愿再次参与到社区活动中。孙雪和任树怀（2016）通过研究指出，拥有共同归属感的不同文化、知识、工作背景的人们，基于众创空间提供的"场"才能促使知识在人与人之间螺旋增长。其本质体现为跨行业、跨学科、跨文化的知识转移、共享与创造。在众创空间中，相当多的大众将基于其自身情况认定众创空间为一个共同兴趣爱好者的聚集宝地，脱离了企业或者经营组织中人员的等级条例，因此在这种不同寻常的环境之下，相反却更能使得人们消除心中的思考顾虑，隔断人与人之间不相互信任、相互包容的屏障，从而以更好的姿态、更开放的思维同大众共享自己长期以来的经验和新成果。自我归属感能够促进参与者的群体规范，提供更高质量的信息和知识。因此提出如下假设。

H4.3：自我归属感对知识共享质量有正向促进作用。

张芳芳（2012）认为激励型方法是主体通过明确目标和意愿，一同鞭策知识共享主体的行径，以此发挥全部的能量满足知识共享大众的高品质需求，让知识储藏的财富显现出来，满足所明确的目标同单独个体目标的最优契合的规则桎梏。Sulaiman 和 Burke（2009）选择案例研究的方法剖析获得知识共享质量的驱策。常静等（2009）认为创新创业者通过生产知识可以获得直接的收益，如金钱，也可以获得某些间接的收益，如创意实现后带给他们的名气，而名气可以带来工作升迁的机会等未来收益，这也是赞成大众行为及其创新能力的结果，暗示大众所做出的贡献，起到明显的激励作用。樊婷（2012）基于对众包社区的研究探索激励机制的内涵，认为奖励可以是各种式样的，物质和非物质的、有形的和无形的。张娜（2015）认为政府和科技部对大众创业者参与众创空间知识共享的行为要予以适当的激励，让参与者得到适当的经济补偿，并愿意保持供给这一行为，也就是说，政策等方面的鞭策对分享知识的效果和分享质量的提升起着很大的功用。基于此提出如下假设。

H4.4：激励型动机对知识共享质量有积极促进作用。

2. 知识共享质量

Lin 等（2007）验证了社区信息质量对于成员满意度的积极作用，认为较高的信息质量会在很大程度上满足成员个人的需要，提高个人对社区的满意度。Dixon（2000）认为知识共享是成员之间知识共享的各种途径，如知识库、研讨会、小组交流等，而 Lahti 和 Beyerlein（2000）认为，不同类型的知识共享的方式应该不同：显性知识可以在纸上或科学性的方式进行，那么隐性知识是可以经过互动合作，如导师制、模拟提升等，可以比较强有力地增强大众参与者的满意度。李双寿等（2015）参照清华大学 i.Center，发现众创空间所提供的导师制、跨学科协调团队、技术服务人才等引导的高质量的信息知识交流可以明显增进大众参加众创空间的热情，面对面学习交流，同时能够把不一样的发明结果、所创造的个人优秀事迹、不同行动组织的奇闻喜事传承下来，用来积聚众创空间的特色文化，完成大众的介入愿望和合意度。因此提出如下假设。

H4.5：知识共享质量能显著提升参与者满意度。

Isaksen 和 Lauer（2010）认为在互动参与过程中，大众参与者把自己最擅长的创新特色较好地展示出来，会引导其他人分享与创新创业主题相关的知识，提升知识共享的功效和质量，并且伴随着鼓励和引导，大众群体创造力会相应地提高。Im 和 Workman（2004）认为有的企业建立创新社区，邀请产品发明者参与产品开发与优化,重要原因是他们具有创造力,而这种创造力可以产生区别化,因而新产品在品质、成本等层次具有独特创新点,最终能实现产品开发。王玉梅和王宪涛(2009)研究说明知识共享的有利之处在于能够推动实现发明创造的绩效和价值,而且得出的结论是采取博弈的方式可以加快促进知识共享形成真正的具有高科技能力的实物结果。知识共享质量是人的创意转化成创意产业不可缺少的资源条件,再加上高科技技术和健全的制造业条件,能够实现创意产业化和获得创意价值。廖燕玲等(2010)认为,知识质量所包含的满足程度大部分指的是提升核心生产力、转换行为形式、减少试错浪费和新产品的孕育,并创设了评估机制。该系统是基于三个维度:创新程度、成就贡献的科研成果、知识质量的判断。吕力等(2015)发现创客在参与众创空间时能够通过互动分享高质量的知识,提升群体创造力,更有利于实现创意项目,推动产业发展。因此提出如下假设。

H4.6:知识共享质量能显著促进创意实现。

3. 创意实现

胡磊和高迎(2014)认为一个平台只有在正确运用信息技术来留住当前的参与者,给他们提供高品质的产品和服务,达到相应的目标时,才能真正地达到参与者的合意心理。大众是否会参加众创空间提供的各项服务受众多因素影响:大众感知到的创意是否容易实现、功能是否齐全、服务是否满意等;众创空间是否满足了交友需求、知识获取需求或者娱乐等;大众参与众创空间后,是否有一定的外部激励、是否得到满足。曹如中等(2010)提议,基于波特价值链基础,创意的产业化是将创意作为中心轴,把难以描述的创意变成真正具有经济价值的、能够规模化生产的产品,最终获得价值的提升和物质与精神的极大满足。因此,当众创空间能够为参与者提供高质量的信息与优质创新的服务,且能够将发明创造的产品产业化时,他对该平台的参与程度及满意程度就会大大提升。因此提出如下假设。

H4.7:创意实现能显著提升参与者满意度。

4.3 实证分析

4.3.1 问卷设计、样本选取与数据回收

针对 4.2.1 节构建的基于参与动机的众创空间知识共享质量、创意实现与满意度的路径模型,本节将对模型设计调查问卷,同时选择问卷的测量量表,在问卷前测与修改的基础上,正式进行问卷的发放与数据的回收。

1. 问卷设计与量表选择

调查问卷包含两个方面：一是被测者的相关情况；二是问卷的主体部分。被测者相关情况的部分包括性别、年龄、教育背景、从事行业、了解众创空间的途径五个方面；主体部分的调查主要是从参与动机、知识共享质量、创意实现、满意度四个大方面进行。

Churchill（1979）归纳了问卷设计的步骤，为开发问卷的测量条目制定标准程序。第一，在研究相关理论及文献分析的基础上，需要界定研究建构的操作化定义及测量项目；第二，对所研究建构及测量条目进行小组焦点讨论，与学术界和企业界充分研讨，并进行专家效度的验证及实操的检验；第三，对研究建构及问题采取探索性研究，对相关题项不断改进；第四，选定调查问卷。本书所采用的测量量表分为4个部分：参与动机量表（包括目标型动机、自我效能感、自我归属感、激励型动机）、知识共享质量量表、创意实现量表、参与满意度量表。所选基础量表已被多项实证探索所采纳，包含良好的信效度，其具体来源如表4.1所示。其中，目标型动机量表测度项包含创业意愿、创业可行性、目标三个方向；自我效能感量表测度项包含创新效能、风险容忍、机会识别、关系协调、组织承诺五个方向；自我归属感包含信息性、能力提升、信任、娱乐性、自我发现五个方向；激励型动机包含政策和激励两个方向；知识共享知识质量量表测度项包含准确性、可利用性、复杂性、经济性、适应性、时间性六个方向；创意实现量表测度项包含研发、传输、产出三个方向；参与满意度量表测度项包含自我收益、服务质量、满足度三个方向。结合原量表的测量结构及本书的具体测量内容，选择其中因子载荷值较高的测量条目，适当优化叙述方式，结合众创空间对其原量表做了适当修改，题项计分全部为正向计分，并采用利克特（Likert）五级量表。之所以没有采用七分制主要是考虑到本书对影响因素的研究只需要了解被调查者的基本态度，对问题的区分度要求并不严格，为了防止过分区分而导致被调查者填写存在随机性的问题，本书采用了标准的五分制形式。量表中"5"为"非常同意"；"4"为"比较同意"；"3"为"不清楚"；"2"为"比较不同意"；"1"为"非常不同意"。

表 4.1　量表参考来源

量表	细分	参考来源
参与动机量表	目标型动机	Begley 等（2010）
	自我效能感	Lucas 和 Cooper（2005）

续表

量表	细分	参考来源
参与动机量表	自我归属感	Dholakia 和 Bagozzi（2004）
	激励型动机	Brabham（2008）
知识共享质量量表		Reich（2005），廖燕玲等（2010）
创意实现量表		曹如中等（2010），宋志红等（2010）
参与满意度量表		Bhattacherjee（2001）

2. 问卷的前测与修改

做最后的调查问卷研究前夕，需要采用小样本调查方法，通过对小样本的调查研究，对问卷所设想的问题项不断查验和更改，进而增加问卷调查的真实性和准确性，也为做结构方程模型分析时准备有效的数据和依据。由于对众创空间的相关假设建立在先前研究的基础之上，为了检验问卷的有效性，在正式调查之前对样本进行了小范围的预调查，所以根据反馈情况对问卷修正，并研讨问卷的有效性。

本书在 2016 年 9 月至 10 月进行小样本调查，历经一个月时间。调研区域主要集中在中关村科技大街某几个众创空间（主要依靠当地的负责人和工作的同事协助），通过观测 CITC（校正的项总计相关性，corrected item-total correlation）值和变量的可靠性分析，从而变化需要具体的项目，换成调查对象更容易理解的相似测度项，并告知调查对象，进行必要的解释，使调查对象能够正确地理解其准确含义，以免造成偏差。最后确定所更新的问卷题项，以最后的问卷题项正式发放新问卷。

3. 问卷的发放与回收

在问卷正式形成之后，就要开始实施问卷发放和回收工作，其中包括以下设计内容：选定调查对象、确定抽样方法、决定抽样数量。从一些文献调研的实际情况来看，大量面向企业创业者或潜在创业人员进行随机抽样，而且抽样的样本量也比较大，这使得问卷调查比较困难实施，而且也很难确定有效问卷的收回率及问卷调研数据的质量，所以国内外研究者所开展的同类实证研究大多数也未能做到采用随机抽样的方法，而主要采用了便利抽样的方式，并取得了一定的研究效果。从理论上来说，调研的样本规模越大，研究结果就越有可靠性和有效性。但是一般受到调研实际条件的限制，样本规模不可能都能达到理想的状况。鉴于实际的调研条件，一般来说，如果要保证有一个稳定的结构方程模型分析结果，需要一个中等大小的样本量，以受试样本超过 200 份为宜。学者 Schumacker 和 Lomax（1996）给出了参考建议，他们在对大量的结构方程模型研究做出对比分析后，发现样本规模控制在 200～500 份，研究效果比较好，从而容易在理论模型整体适配度与样本规模上取得平衡。总而言之，本书所设定模型较好地契合结构方程模型的基本条件，能够达到拟合，仅仅可能会存在拟合的结果因样本的数量不定而有些许限定的情况。

基于以上分析，本书拟选取北京市众创空间参与者作为调研对象，样本规模控制在 300 份左右。正式调查采取纸质问卷和电子问卷两种形式进行，为确保问卷的填写与效果，纸质问卷由众创空间相关负责人向参与者进行分发填写；电子问卷通过众创空间相关负责人发送到各群组及所涉网站上，以滚雪球的方式进行填写，并通过问卷之星网站进行自动回收筛选。最终发放问卷 300 份，由于纸质问卷 17 份有遗漏问题，9 份问卷的某些题目项的选择都为一种选项，因此线上线下共拿到问卷 282 份，有效问卷 256 份，问卷有效率 90.78%，符合统计分析的要求。问卷包含两个主要的判定条件：一是是否按照要求填写问卷的全部问题；二是是否问卷的大部分题目选择同一选项。表 4.2 为有效问卷样本数据的描述性统计分析。

表 4.2 样本基本特征描述

统计变量		频数	百分比
性别	男	187	73%
	女	69	27%
教育背景	高中及以下	18	7%
	本科	181	70.7%
	硕士研究生	43	16.8%
	博士研究生及以上	14	5.5%
年龄段	18～25 岁	65	25.4%
	26～35 岁	131	51.2%
	36～45 岁	51	19.9%
	45 岁以上	9	3.5%
行业	学生	53	20.7%
	通信·计算机·互联网	62	24.2%
	制造业	34	13.3%
	教育·培训·科研	26	10.2%

续表

统计变量		频数	百分比
行业	商业·金融业	49	19.1%
	服务行业（医疗、文娱等）	21	8.2%
	其他	11	4.3%
了解途径	网络	103	40.2%
	他人推荐	84	32.8%
	宣传	39	15.3%
	其他	30	11.7%

基于表 4.2 的样本基本特征描述可以看出：在本次调查中，男性比女性多，占总样本数的 73%；调查对象的年龄多在 26～35 岁，说明参与众创空间的多是年轻创客，但它却并不仅仅是年轻人的专利，也有一些 35 岁以上创客在参与，同时考虑到问卷发放的局限性（大多在中关村科技街），总的来说，参与者的年龄跨度还是很大的；本次调查对象呈现高学历分布，本科及以上学历占总体样本的 93%，职业分布以通信·计算机·互联网、商业·金融业及学生为主，了解途径以网络和他人推荐为主。样本集中于高学历群体，这与本次调查研究的问卷发放范围有一定联系，但是也不能否认，调查数据在一定程度上也显示出参与众创空间的是高学历的群体，这也符合当下的实际情况，高学历更能接受新鲜事物且时间较充裕，合情合理能够成为众创空间的主要参与者。一般来说，样本符合普遍性和随机性原则。而从测量变量的描述性统计结果来看，各参与动机变量的均值均大于 3.5，说明动机因素的选取契合大众的参与心理，样本用户的参与动机赋分都很高。用户的自我效能感动机最高，然后依次是目标型动机、激励型动机，最后是自我归属感。该结果体现了结合特性，参与者大多数还仅停留在旁听和潜水状态，并未升级为众创空间的贡献者，互动程度低于参与水平。

4.3.2 结构方程因子分析

针对本书所选择的调查问卷收集数据的方式，由于存在测量误差等，本书选择结构方程模型方法。本节将进行结构方程因子分析，最典型的包含探索性因子分析和验证性因子分析。

1. 探索性因子分析

用于验证是否决定可以通过探索性因子分析进行 KMO（Kaiser-Meyer-

Olkin）度量和巴特莱特球形检验。KMO值用来显示测量指标间所具有的偏相关性，这个值越大，那么就表明其相关指标越多，即共同因子越多，所以最后因子分析的展现效果也就越好；巴特莱特球形检验显著，表明含一个共同的因素存在，因子分析是可以采用的。一般KMO值大于0.6即可，Sig.值为0.000，表示检验结果显著。利用主成分法对因子进行提取，因子获得的最终个数以累积贡献率大于80%作为识别准则。借助SPSS 19.0检验是否能进行因子分析，由检验结果可知，KMO统计量为0.816大于0.6，相关系数显著性检验Sig. = 0.000＜0.001，解释为原始变量之间含有比较大的相关性，能够证明可以实施因子分析计划。进一步经由SPSS相关性查验，矩阵中各观测指标的相关系数大多在0.3以上，在0.01程度（双侧）上明显有关。最后按照主成分分析法去提取因子，得到7个主成分，如表4.3所示，可以看出累计贡献率达到82.906%。

表4.3 主成分分析提取公共因子结果

成分	初始特征值			旋转平方和载入		
	合计	方差的百分比	累计百分比	合计	方差的百分比	累计百分比
1	10.376%	27.304%	27.304%	6.088%	16.021%	16.021%
2	6.343%	16.693%	43.997%	4.974%	13.089%	29.110%
3	4.661%	12.265%	56.263%	4.802%	12.637%	41.747%
4	3.863%	10.165%	66.428%	4.128%	10.862%	52.609%
5	2.537%	6.675%	73.103%	4.022%	10.583%	63.193%
6	2.089%	5.498%	78.601%	3.798%	9.995%	73.187%
7	1.636%	4.305%	82.906%	3.693%	9.719%	82.906%

由主成分分析得到的因子是没有直观解释的。为了更清楚地看到主要因子与测度项之间的对应关系，对提取的7个主成分构建因子载荷矩阵，选用方差极大旋转法作用于相应的因子载荷，得到如表4.4所示的旋转成分矩阵。

表4.4 旋转成分矩阵

因子	成分1	成分2	成分3	成分4	成分5	成分6	成分7
A01	−0.025	0.928	0.074	0.008	−0.021	0.121	0.011
A02	0.108	0.858	−0.169	−0.059	0.004	−0.139	−0.094
A03	−0.058	0.906	0.035	−0.025	−0.075	0.107	−0.016
A04	0.018	0.937	0.024	0.020	−0.031	0.087	0.030

续表

因子	成分1	成分2	成分3	成分4	成分5	成分6	成分7
A05	0.020	0.960	0.067	0.053	0.002	0.104	0.019
A06	0.146	0.820	−0.109	−0.042	0.077	−0.135	−0.118
B01	0.872	0.002	0.250	0.011	0.047	0.138	−0.021
B02	0.831	0.033	0.143	0.054	−0.005	0.024	−0.035
B03	0.732	−0.008	0.034	−0.144	0.099	−0.049	−0.038
B04	0.890	0.035	0.200	−0.013	0.101	0.039	−0.041
B05	0.855	0.061	0.115	0.170	0.128	0.321	−0.104
B06	0.727	0.055	0.100	0.162	0.098	0.301	−0.121
B07	0.830	0.054	0.073	0.180	0.057	0.327	−0.098
B08	0.784	0.033	0.099	0.128	0.083	0.284	−0.076
C01	0.084	−0.007	0.879	0.183	−0.052	−0.157	0.172
C02	0.302	−0.015	0.826	0.247	0.115	0.113	−0.014
C03	0.220	0.055	0.723	0.102	0.076	0.217	0.102
C04	0.319	−0.033	0.824	0.259	0.143	0.085	0.026
C05	0.093	−0.026	0.902	0.171	−0.021	−0.141	0.186
C06	0.048	−0.064	0.699	0.324	0.285	0.142	0.320
D01	−0.080	−0.015	0.165	0.134	0.168	0.065	0.915
D02	−0.118	−0.012	0.118	0.118	0.072	0.057	0.884
D03	−0.054	−0.078	0.105	0.076	0.128	−0.012	0.872
D04	−0.152	−0.031	0.126	0.160	0.086	0.039	0.892
E01	0.213	−0.030	0.411	0.811	0.027	−0.032	−0.018
E02	0.217	−0.049	0.433	0.807	0.070	−0.056	0.023
E03	0.027	−0.038	0.044	0.646	0.591	0.062	0.045
E04	0.146	0.158	0.037	0.761	0.027	0.257	0.134
E05	−0.072	−0.066	0.307	0.810	0.206	0.000	0.290
E06	−0.076	−0.079	0.276	0.782	0.202	−0.028	0.294
F01	0.292	0.008	0.029	0.050	0.213	0.853	0.018
F02	0.165	0.065	0.042	0.013	0.077	0.904	0.099
F03	0.262	0.017	−0.019	0.032	0.147	0.820	−0.028
F04	0.194	0.051	0.045	0.040	0.097	0.900	0.075
G01	0.158	−0.073	0.050	0.091	0.863	0.088	0.160
G02	0.115	−0.003	0.118	0.107	0.898	0.175	0.170
G03	0.088	0.027	0.074	0.120	0.931	0.127	0.060
G04	0.110	0.017	0.064	0.094	0.912	0.116	0.082

综上，探索性因子最先证明了结构方程模型建立的正确性，而且得到的数据表示出观测变量间的关联，即矩阵中各公因子的相似性。成分 1 代表了自我效能感，成分 2 代表了目标型动机，成分 3 代表了自我归属感，成分 4 代表了知识共享质量，成分 5 代表了参与满意度，成分 6 代表了创意实现，成分 7 代表了激励型动机，从而为验证性因子分析中模型构建保存了可靠的依据。

2. 验证性因子分析

使用 Lisrel 及 Simplis 语言进行验证性因子分析，选择拟合指数判断模型和数据的拟合程度。结构方程模型需要重视模型整体的契合度，即需要比较分析假设模型与问卷数据的协方差矩阵的不同之处。由于卡方值对多元正态性较为灵敏，极易受到样本数量的影响，需要查验其适配度的结果。对模型进行更正，最后通过数据研究得到模型，主要适配性指标结果如表 4.5 所示。

表 4.5 模型适配度检验结果

适配指标	χ^2/df	RMSEA	GFI	NFI	NNFI	IFI	CFI
检验结果	1.44	0.062	0.86	0.91	0.96	0.97	0.97
适配标准	<3	<0.08	>0.8	>0.9	>0.9	>0.9	>0.95
是否符合	是	是	是	是	是	是	是

首先该模型的正加权最小二乘卡方为 941.55（$p=0.00$），有 652 个自由度。近似误差均方根估计（root mean square error of approximation，RMSEA）=0.062 小于 0.08，拟合优度指数（goodness of fit，GFI）=0.86，基准拟合优度指数（normed fit index，NFI）=0.91，非基准拟合优度指数（no-normed fit index，NNFI）=0.96，比较适合指标（comparative fit index，CFI）=0.97，增量拟合指数（incremental fit index，IFI）=0.97，都大于 0.8，拟合优度较好，所以满足要求。效度反映了问卷的准确性和高效性。效度越高，衡量结果的真实性越高，也就越能够表达出问卷的真实性。经常使用的有效性目标包括内容效度和结构效度，内容效度查验代表性和一致性的问卷，每一个测度项在语义上对应所属因子；结构效度是测量结果展示的架构与实测值之间的相互关系。因为本书的测量量表大多选自学者研究过的成熟量表，部分自己提出的量表也都是在查阅大量相关文献的基础上总结出来的，且经过了预测试检验，因此，本书的量表具有很好的内容效度。接下来，本书将测量量表的结构效度。

1）聚合效度检验

聚合效度指的是问卷的题目所包含的测量值相互之间具有高度的相关性，且测量项中相同的题目能够定位到同一个因素上。平均抽取方差（average variance extracted，AVE）和组合信度（composite reliability，CR）是用来衡量基于潜在变量的每个问题的标准化的因素负荷，要求标准化因子负荷量大于 0.5、组合信度大于 0.8，AVE 要大于 0.5，即因子可以诠释测度项中 50% 以上的信息，则表明本探测量表潜变量是具备不错的聚合效度：

$$CR = \left(\sum \lambda_k\right)^2 \Big/ \left(\left(\sum \lambda_k\right)^2 + \sum Var(\varepsilon_k)\right)$$

$$AVE = \left(\sum \lambda_k^2\right) \Big/ \left(\sum \lambda_k^2 + \sum Var(\varepsilon_k)\right)$$

表 4.6 为模型的聚合效度查验结果。

表 4.6 测量模型的聚合效度

测度项	因子	因子载荷	t 值	AVE	CR	Cronbach's α
目标型动机	A01	0.72	12.89	0.568	0.886	0.954
	A02	0.61	10.42			
	A03	0.81	16.30			
	A04	0.85	16.43			
	A05	0.84	16.21			
	A06	0.66	11.55			
自我归属感	B01	0.82	15.94	0.683	0.944	0.947
	B02	0.73	13.53			
	B03	0.56	9.69			
	B04	0.81	15.43			
	B05	0.98	21.62			
	B06	0.84	16.47			
	B07	0.94	20.12			
	B08	0.86	17.31			
自我效能感	C01	0.98	21.71	0.652	0.916	0.937
	C02	0.74	13.80			
	C03	0.62	10.85			
	C04	0.75	14.10			
	C05	0.99	21.92			
	C06	0.69	12.45			
激励型动机	D01	0.92	18.92	0.759	0.926	0.945
	D02	0.84	16.20			

续表

测度项	因子	因子载荷	t 值	AVE	CR	Cronbach's α
激励型动机	D03	0.81	15.40	0.759	0.926	0.945
	D04	0.91	18.46			
知识共享质量	E01	0.95	19.52	0.654	0.917	0.921
	E02	0.97	35.01			
	E03	0.64	12.48			
	E04	0.65	12.97			
	E05	0.81	19.57			
	E06	0.77	17.59			
创意实现	F01	0.84	18.10	0.754	0.925	0.941
	F02	0.89	18.59			
	F03	0.82	16.25			
	F04	0.92	19.48			
参与满意度	G01	0.81	19.38	0.828	0.950	0.954
	G02	0.88	17.26			
	G03	0.98	20.79			
	G04	0.96	20.09			

从表 4.6 可以看出，全部标准模范化的因子负荷大于 0.5 而且可以实现显著性水平（$p<0.05$ 或 $p<0.1$）。同时，AVE 均大于 0.5，即因子能解释测度项中 50%以上的信息。最后可以看出，CR 均大于 0.8。Cronbach's α 值越大，说明量表的内在共通性越高，超过 0.9 的系数是非常可信的，超过 0.7 则是可信的。可以看出在 SPSS 中 Cronbach's α 均大于 0.9，证明量表存在较高的内部一致性，总体上是可信的。总之，本书的样本数据完全适合实证研究的规定。

2）区别有效性检验

据文献说明，因子均抽取方差值的平方根需大于与其他因子之间的相关系数。测度项及其对应因子的荷载大于测度项和其他因素则表示存在具有区分效度。表 4.7 为测量模型的区别有效性验证结果。

表 4.7 测量模型的区别效度——描述统计与因子相关系数矩阵

变量	均值	方差	最小值	最大值	目标型动机	自我效能感	自我归属感	激励型动机	知识共享质量	创意实现	参与满意度
目标型动机	4.02	0.53	2.00	5.00	0.75						
自我效能感	3.71	0.97	1.00	5.00	0.21	0.83					

续表

变量	均值	方差	最小值	最大值	目标型动机	自我效能感	自我归属感	激励型动机	知识共享质量	创意实现	参与满意度
自我归属感	3.81	0.92	1.00	5.00	0.33	0.26	0.81				
激励型动机	4.05	0.72	2.00	5.00	0.31	0.07	0.10	0.87			
知识共享质量	3.45	0.32	1.00	5.00	0.37	0.08	0.12	0.37	0.81		
创意实现	4.28	0.71	2.00	5.00	0.59	0.13	0.20	0.19	0.16	0.87	
参与满意度	3.75	0.79	1.00	5.00	0.39	0.08	0.13	0.06	−0.09	0.39	0.91

结果表明，各因子间的相关系数小于平均方差的根，其中将因子能解释的平均方差的根代替原相关系数矩阵中对角线上的1，且通过对比每个测度项与因子的载荷大于因子之间相关系数，因此区别效度满足。

4.3.3 结构方程路径分析

本书选用结构方程路径分析法，使用LISREL语言进行模型的结构分析，图4.3为最终的模型直观图。

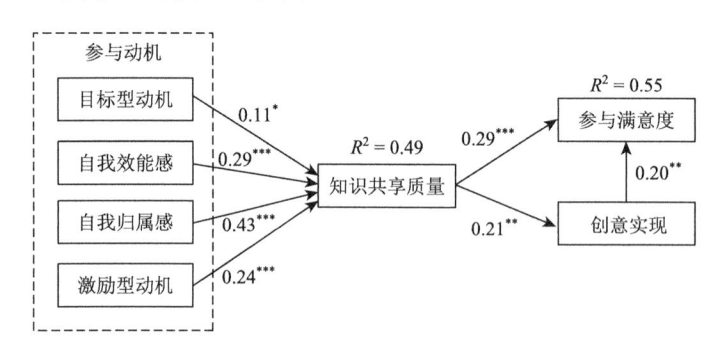

图4.3 基于参与动机的众创空间知识共享质量、创意实现与满意度模型
***为$p<0.001$，**为$p<0.005$，*为$p<0.05$

从图4.3可以清楚地看到各因子之间的相关系数及正负情况，因子与测度项间的相关系数即因子载荷，且测量项的参数在0.05的水平下都显著于指定的各因子。通过图4.3能够得到，目标型动机对知识共享质量的路径系数仅为0.11且在0.05的程度下并正向作用于知识共享质量；自我效能感、自我归属感、激励型动机在0.001的水平下明显作用于知识共享质量且有正

向作用，载荷系数分别为 0.29、0.43、0.24，和目标型动机一起共解释了知识共享质量的 49%；知识共享质量和创意实现对参与满意度的解释度达到 55%，路径系数分别为 0.29、0.20。经过探索性因子、验证性因子及结构方程等验证过程对模型进行的局部及全面的剖析最后得出以下一些论断。

第一，目标型动机、自我效能感、自我归属感、激励型动机对知识共享质量存在正向的影响，即如果要提高参与者的知识共享质量则需要从这四个参与动机着手，激发参加众创空间者的潜在动机，特别是要增强参与者的自我效能感、自我归属感，增强参与的自我信心，提高参与者之间的互动和认可感。当众创空间以参与者的归属感为核心时，其选择的分享实质、惺惺相惜的参与者、与他人进行的互动、参与未来发展和分享共同利益等因素会对参与者的归属感产生很强的作用。

第二，知识共享质量对创意实现有正向的影响。参与者在参与众创空间时所交流分享的高质量的信息和知识，涵盖知识的复杂程度、时间性、经济性、适应性等特点，这意味着知识共享对发挥创新策略的影响。大众期待着因为个人的创新而带来的内心需求，从而不断寻求各种创意，不断改进技术，并通过技术创新和经济发展将创意转化为实际生产力。

第三，参与者感知服务质量包括知识共享质量和创造力的实现，且都对满意度有显著的正向影响。参与者所感受到的喜悦，能够在众创空间的能力上得到提升或者说心理上的满足，那么这一定会让参与者心情愉快，他们的满意度将会更高，相反，如果达不到参与者期望的结果，比如没有分享得到需要的创新技术和知识或者没有达到创意实现的可能，则后来必然能影响到参与者对众创空间的满意度。

4.4 本章建议

根据前述研究，我们提出以下建议。

1）参与者行为角度的策略分析

众创空间要想保持繁荣和持续发展，一定数量的稳定、活跃的参与群体至关重要，这是持续运营的关键，也是盈利的基础。结合图 4.2 众创空间平台参与动机因素模型，可以看出要想吸引并留住成员参与并活跃于该平台，就要综合考量参与者的参与动机，在了解和把握创客需求的基础上，来满足需求，提高知识共享质量，并最终提升参与度。

作为大众参与者要注意社交礼仪并且要经常参与互动，维持着一定的参与水平和依赖性，要不断参加培训，抓住机遇，发挥优势。创客作为创新观点的发表者和采纳者，是知识共享质量的保证和获益者。众创空间的参与者可以借鉴本书的相关结论，明确和充分理解知识共享质量的重要性，有利于他们发表高质量的思想观点，并根据自身特点归纳出识别有用建议的方法。

2）众创空间平台改进的战略建议

从平台层面来说，众创空间应该建立更高效的平台，从参与动机因素模型可以看出四种动机及沟通、反馈是促进发起者参与众创空间的关键因素。因此，提出以下战略建议。

第一，设计众创空间创客吸纳机制，动态维持众创空间代谢活力。一方面，自我效能感和自我归属感是一种公共价值观，可以设置公众满意度指数对创客进行测评，提高他们的成就感，提升其预期收益。另一方面，设立必要的裁减准则和方法，保持众创空间相当水准的代谢程度，动态把握众创空间的创客代谢效应。

第二，优化平台。众创空间基于各式各样的新型孵化器创作出一个高效的创新创业生态系统，如第 3 章图 3.5 为基于价值链的众创空间生态系统运行机制，针对不同阶段的价值链，众创空间提供不同的创业服务机制给予全程式管家式服务，通过高效的运行机制达成促进创新创业的系统功效。

第三，针对性特色化发展。坚持走创新发展之路始终是国家发展的主旋律，众创空间要根据自身创造自己独特的定位，寻求公共文化延伸的特征与差异。打造独特品牌，支持品牌发展，品牌是集中打造多元精神文化延伸的标志，打造品牌与产品思维的众创空间能够使社会创业体系成为创业的显著标志。

3）社会范畴层面的管理思考

从社会层面上考虑，研究众创空间本身只是系统的一个环节，应全方位考虑将政府监管机构、涉及企业等主体纳入研究体系，才能提供更为安全和健康的环境。首先，政府当局在政策层面上应该制定更有效的法令法例。其次，企业需要重点关注并应用众创空间模式。最后，在众创空间发展背景下，政府、企业、高校、科研机构等建立跨区域、跨部门、跨系统的信息资源整合、网络沟通与合作创新，引导创新资源根据产业发展和市场配置的科学流程需求，推动创意产业向前和向后发展，增强辐射链创新溢出效应，促进联动和一体化发展创新。

4.5 本章小结

"凡事预则立，不预则废"，针对利率市场化和互联网金融等的多重影响所形成的起底时期,整个社会各个领域及时地进行创新创业变得越发急迫和紧要。互联网时代,为了保持和壮大众创空间参与群体、维持空间活力,优化众创空间平台,本书采用理论和实证相结合的研究方法,通过对众创空间信息的筛选、收集、归纳、总结,对与众创空间相关的关系展开研究,便于掌握大众需要,有的放矢地制定经营策略,保持和提高空间热度。本章的主要工作如下。

(1) 本书在查阅相关国内外文献资料的基础上,对众创空间参与者参与动机、知识共享质量、参与满意度等进行了综述,并选取了目标型动机、自我效能感、自我归属感、激励型动机等作为创客参与动机的测量变量,构建关系模型,并提出了相关假设。

(2) 以北京市科技街为例,在对现有测量项目进行修改的基础上,初步形成问卷,并通过前测、修改定稿。基于数据可获得性的限制,以小见大,问卷采取电子和纸质两种形式分发,总共回收有效问卷 256 份。

(3) 本书对人口统计特征进行了描述性统计整理;基于 SPSS 软件和 Lisrel 语言进行了结构方程模型分析,验证了相关的假设,大大提高了模型的准确性和效率性,为决策者提供了导向性依据,最终为众创空间的发展提供相关指导性的建议。

总之,本章验证了提出的影响路径模型,另外从参与者行为角度、众创空间改进、社会范畴等方面提出具有参考性的对策。本书的研究结果使得创业过程链条获得了合理的理论填充,使得整个创业过程链条,即从大众参与者特质到创业者认知最后到创业行为结果产生变得更加清晰和深刻,进一步丰富和深化了创新创业认知范畴的研究。

第 5 章　众创空间的知识服务能力及其影响因素

在我国科技部印发的《国家科技企业孵化器"十三五"发展规划》的通知中，明确了"众创空间—孵化器—加速器"的科技企业孵化链条，并确立了众创空间作为创新创业孵化链条的前端地位。本章试图深入探讨众创空间知识服务能力同在孵企业绩效间的关系，分析众创空间知识服务能力影响因素并构建影响因素模型。这一方面可以帮助众创空间寻找知识服务能力影响因素以进行自身知识服务能力的优化；另一方面可以帮助在孵企业寻找合适的众创空间以提高企业绩效，同时有助于政府对众创空间评价体系的建立，优化政策性资金配置。

5.1　众创空间知识服务相关研究

美国专业图书馆协会于 1997 年第一次提出了知识服务的概念。知识服务的概念自提出以来，逐渐应用到咨询机构、科研机构及孵化器和众创空间等知识密集型企业或组织中。国内外对众创空间知识服务比较统一的认知为：众创空间知识服务就是众创空间作为服务主体满足众创空间内服务客体知识需求的过程，或者更广义地理解一切为众创空间提供知识的服务。

目前国内在众创空间知识服务领域的研究十分匮乏，在众创空间知识服务领域比较有价值的论文仅有肖强和郭亚军（2017）这一篇。肖强和郭亚军（2017）对众创空间中的数字图书馆知识服务能力问题进行了研究，提出了互利互惠、结构最优、平衡效率和公平的三项原则，提出了扩大知识存量、推动知识共享、创新服务平台及促进知识创新四种方法。田颖等（2018）在知识资本的角度下，构建了知识资源匹配，知识资源吸收、转移和交互，知识增值三阶段模型，探讨知识资本对创新绩效的影响。我国的孵化器同众创空间在服务的对象和服务的模式等方面虽然存在一定的差异，但是仍有很大的参考价值。因此探究孵化器知识服务能力的研究现状可以对众创空间知识服务能力的研究提供很大的指导。吴文清等（2015）探讨了孵化器知识服务同创业项目收益的关系，发现了其正向相关关系，同时建立了基于学习因素、政府投入、创投收入的多阶段博弈模型。徐孝婷和程刚（2016）以国内外企业知识服务的文献为研究对象，探讨了国内现有企业知识服务研究方面存在的短板。通过对 185 篇外文期刊和 139 篇中文期刊的比较发现，现有的研究存在研究成果较少、方法偏定性、主题相对滞后及对中小企业知识密集型服务模式关注不够等问题。张海红和吴文清（2017）以孵化器知识结网能力和共享能力为核心，在孵化器运营机制梳理情况下，建立了基于实证的知识产生、扩散、链接模型，解释了在孵企业知识的超网络涌现状况，最后发现了孵化器处于网络核心之中，具有扩散和引领作用。

国外在众创空间知识服务领域的研究方面，主要集中于科研机构和以创客空间为代表的知识密集型服务业。从影响因素的角度，Cakula 等（2013）认为知识获取和知识转移对科技企业孵化器的知识服务影响较大。Cakula 等（2013）基于传统的信息流建模，证明了科技企业孵化器可以促进人与人、人与企业之间的交流，实现知识服务。从知识服务客体的角度，Pina 和 Tether（2016）统计了英国的 362 家知识密集型服务业企业或者组织的状况，确定了建筑和工程咨询、专业设计、软件和信息技术（information technology，IT）咨询三大分类，并通过实证分析，探究了知识服务的不同侧重点。从知识服务价值感知的角度，Mustak（2019）通过对三组孵化机构和在孵企业的调查，发现在孵企业对孵化机构的知识服务的价值感知主要集中在四个方面：功能性、经济性、关系性和战略性。同时，不同阶段的在孵企业对知识服务的需求侧重不同。国外对知识服务研究起步较早，但是由于不存在同众创空间完全一致的客体，其研究的重点主要在知识密集型服务业。众创空间中的知识服务功能同知识密集型服务业的知识服务功能有很大的相似性，都可以依据客户或者企业的知识需求进行匹配知识的提供。

陈斌（2018）通过对国内外众创空间及其知识服务能力及相关的孵化器知识服务能力的探讨，发现国内众创空间知识服务能力研究存在以下问题。

（1）众创空间知识服务能力研究匮乏。现阶段国内众创空间的研究主要集中在运行机制和生态的研究，未深入知识服务等内容。

（2）众创空间知识服务研究不成体系。国内对众创空间知识服务能力的研究仍处于探索的阶段，虽提出了扩大知识存量、推动知识共享、创新服务平台及促进知识创新等方法，但是不成体系，未从整个众创空间创新系统的角度进行考虑。

（3）众创空间知识服务研究缺乏实证。目前国内对众创空间的研究仍只停留在理论层面，没有深入实际，开展结合实际的众创空间知识服务能力的实证分析。

(4)国外知识服务研究侧重于知识密集型服务业，不存在同众创空间完全一样的组织客体。国外针对知识服务的研究开始得较早，也比较深入，在理论和实证方面均有很大的发展。但是由于国外众创空间的研究侧重于科研机构。这不存在同国内众创空间一样强大的结网能力，差异较大，无法原封不动地移植到国内，仅可作为参考。

(5)国内孵化器知识服务能力的研究理论和实践均有一定的发展，孵化器同众创空间服务模式也类似，但是由于众创空间和孵化器处于孵化链的不同阶段，众创空间是孵化器的前端，与孵化器在孵化对象和孵化阶段方面均有区别。孵化器关于知识服务中的结网能力及共享能力可以作为众创空间的参考，但是仍需要进行基于众创空间的实证分析才可以确定众创空间几个影响因素的具体效用。

纵观众创空间及其知识服务的相关研究讨论，已经取得了探索性成果。现有研究多集中在众创空间发展情况的阐述，内涵作用、商业模式、运行机制的探讨等，并逐渐开始注意到众创空间知识服务能力在促进企业绩效方面的作用。但是现阶段，一方面，缺乏针对众创空间知识服务影响因素的系统性研究；另一方面，缺乏针对众创空间知识服务能力的实证研究。

5.2 众创空间知识服务能力影响因素

5.2.1 众创空间知识服务构成要素分析

对众创空间知识服务能力影响因素的分析离不开对众创空间知识服务的分析。众创空间知识服务是以众创空间为主导的知识流动。分析众创空间为主导的知识流动，需要对众创空间创新生态系统进行分析。

1. 众创空间创新生态系统构建

结合第 2 章对 Cooke 等（1997）创新生态系统理论的讨论，可知在区域生态系统中，以知识为核心，可分为知识的生成与扩散子系统、知识的应用与利用子系统。第一个系统是研究的共同体，包括科研机构、中介机构、高校等。第二个系统是产业的共同体，包括客户、企业等。结合安永钢（2016）关于众创空间的相关理论的分析，将众创空间放置于区域创新生态系统中，构建以众创空间为核心的创新生态系统。

通过对图 5.1 进行分析可知，众创空间可以将把供给端和政策制度端的知识输向需求端。众创空间创新生态系统是一个典型的开放式创新生态系统，它具有外部知识内部化（内向开放）及内部知识外部化（外向开放）的特点，同时众创空间处于众创空间创新生态系统中的核心节点，具有强大的结网功能。由图 5.1 内的知识流动可知，众创空间知识服务的构成要素主要由四部分组成：众创空间知识服务的主体——众创空间，众创空间知识服务的客体——在孵企业，众创空间知识服务的外部知识源——政府、高校、科研机构、技术中介机构和金融中介机构等，众创空间知识服务的内容——知识。

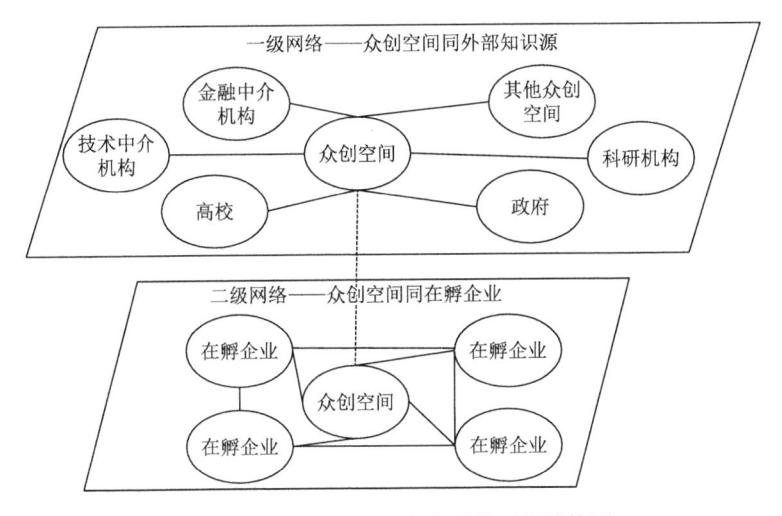

图 5.1　众创空间创新生态系统网络结构图

2. 众创空间知识服务的主体

众创空间是众创空间知识服务的提供者，是整个模型中最核心的部分。众创空间一方面同外部知识源进行交流和互动，将整理好的知识传递给在孵企业；另一方面收集在孵企业的需求和知识，并将其提供给外部知识源。众创空间创新生态系统的网络结构如图 5.1 所示。

一级网络是众创空间同外部知识源之间的网络，网络的核心节点为众创空间，其他节点为科研机构及各类中介机构等。二级网络是众创空间同在孵企业之间的网络，网络的核心节点为众创空间，其他节点为众创空间内部的在孵企业。众创空间一方面可以实现一级网络和二级网络各自内部的知识的流动；另一方面可以通过其强大的结网能力实现一级网络和二级网络之间的知识流动。

3. 众创空间知识服务的客体

在孵企业是众创空间知识服务的客体，是众创空间知识服务的服务对象。众创空间和内部在孵企业之间存在两种关系：孵化和合作。孵化关系中，众创空间向在孵企业提供在孵企业所需的服务，以保证在孵企业的顺利成长和孵化。与此同时，众创空间内的在孵企业会向众创空间支付一定的租金、服务费或者会员费等费用。在合作关系中，众创空间和在孵企业通过股权等方法成为利益共同体，共同实现一定的目标。依据对企业生命周期理论和企业知识需求的分析，同在孵企业相结合，构建如表 5.1 所示的在孵企业阶段分类特点表。

表 5.1 在孵企业阶段分类特点表

阶段	特点及任务	相应的风险
种子期	企业具有一定的创业想法，完成初步商业计划，最大的任务是在满足市场续期需求的情况下完成对产品原型的设计及开发	技术、创意风险
初创期	科技创业人员、机构将其种子期探索研究所形成的项目结果，通过创业来实现科技成果向产业化的转化	技术、管理、产品、市场风险
成长期	企业需要大量资金投入，由于广阔的市场前景，融资难度降低	经营、市场风险
成熟期	企业经营的业务水平、人才素质、设备技术及营销服务等均已到达最优，实现质变	市场风险
衰退期	由于技术更新或者等其他原因导致的整个行业没落	转型风险

众创空间内的在孵企业同传统孵化器内的在孵企业不同，主要集中在种子期和初创期，而传统孵化器内的在孵企业主要集中在初创期和成长期甚至于更后的阶段。众创空间内的在孵企业主要面临的风险有：创意、管理、产品、技术、市场等。种子期处于商业的初始阶段，产品尚未完全面向市场。创客一般为该行业的专业技术人才或者是该项目的拥有者。通过创新创业将自己的想法或者技术转化为产品，满足市场的需求。但是由于处于起始阶段，需要为其提供自身需要的法律法规、市场开拓、市场融资等相关知识。

初创期的在孵企业，已经脱离了没有成型产品的阶段。在孵企业的核心项目已经开发完成，已经处于或者正处于产业化的过程之中。处于本阶段的在孵企业了解自身的真实需求，并会依据自身需要的知识同众创空间进行积极的沟通，从而更好地解决创业中遇到的问题。同时，处于初创期的企业相互沟通的意愿非常强烈，愿意同众创空间内其他的在孵企业进行深入的沟通，众创空间一方面可以提供内部在孵企业间的沟通机会；另一方面也可以帮助在孵企业同外部的知识源进行交流。

4. 知识服务的外部知识源

众创空间知识服务的外部知识源主要由众创空间创新生态系统内的

其他参与主体构成，包括政府、高校、科研机构、中介机构等，如表 5.2 所示。众创空间通过内部创业导师对创客的培训及众创空间对在孵企业的孵化，实现由想法到创新，由创新到创业的一站式服务。高校是指同众创空间密切联系的周边高校，它们为众创空间提供源源不断的创新动力。科研机构是指除高校之外的研究机构，如分布在全国各处的研究所及实验室等。科研机构的目的同高校有点相像但又不完全一样。科研机构更加侧重于经费的获得及实验成果的落地。政府作为众创空间创新生态系统的监督者，更多的是扮演裁判员的角色。中介机构是指向在孵企业提供各种中介服务的机构。中介机构大体可以分为技术中介机构和金融中介机构，充当了技术和资金的中介。中介机构通过为在孵企业提供服务，一方面提升了在孵企业能力；另一方面可以获取自身收益。

表 5.2　外部知识源的价值输入输出表

主要行为个体	价值获取	价值输出
高校	社会声誉、经费支持、产业应用环境下的知识和情景	人才、基础研究与应用涉及的知识与技术、人文思想与管理方法、社会与产业服务功能
科研机构	社会声誉、经费支持、应用于商业化知识	基础研究与应用研究成果、技术创新、行业报告、解决方案
政府	经济增长、社会稳定、就业与民生保障	规则制定、政策完善和价值引导
中介机构	成员主体信息与中介信息、客户资源收益回报	专业服务、信息和渠道关系

5. 知识服务的内容

知识是众创空间知识服务当中最具价值的要素。众创空间知识服务当中的知识，从不同的角度而言，可以有不同的分类。依据知识的来源，可以将知识分为众创空间本身的知识、在孵企业内的知识、外部源的知识。依据具体的众创空间知识服务的知识内容，可以分为技术、组织、政策、市场及资金知识。依据第 2 章在孵企业知识需求的相关理论，结合知识的类别、包含的内容及知识的来源进行分类，绘制众创空间内在孵企业知识需求表（表 5.3）。

表 5.3　众创空间内在孵企业知识需求表

知识类别	所包含内容	知识来源
技术知识	企业相关领域的尖端信息技术	高校、科研机构
	相关产品的项目数据和实验数据	在孵企业
	针对行业专业问题的培训、指导	众创空间

续表

知识类别	所包含内容	知识来源
技术知识	在孵企业间的科技知识交流平台	众创空间
	技术研发的外部支持情况	众创空间
	技术研发所需的其他外部要素	众创空间
组织知识	企业成立所需具备的基础知识	众创空间、咨询中介机构
	企业知识管理方面的知识	众创空间、人才中介机构
	人才招聘和培养的知识	众创空间、人才中介机构
	跨领域间的相关知识沟通	众创空间、在孵企业
政策知识	一般行业的企业相关知识	众创空间、政府
	特殊行业的法律法规	众创空间、咨询中介机构
	特殊产业的优惠政策	众创空间、政府
市场知识	首次市场开发知识	众创空间、咨询中介机构
	展示、推销产品或者项目	众创空间、咨询中介机构
	建立相应的上下游关系	众创空间
资金知识	企业可以获得的资金来源的知识	众创空间、政府
	资金运作的知识	众创空间、金融中介机构
	为获取资金所必备的条件	众创空间

技术知识是指众创空间内在孵企业获取技术和转化技术所需的知识。该项知识主要由高校、科研机构和众创空间提供。组织知识是指企业成长全过程中涉及企业组织运行所需要的知识，包括组织架构、人才招聘等。组织知识由众创空间和相应的中介机构提供。政策知识是指针对不同行业的法律法规和政策优惠方面的知识。该项知识主要由众创空间、政府、咨询中介机构提供。市场知识是在孵企业进行市场首次开发、产品展示及建立产品上下游关系中所需的知识。该部分知识主要由众创空间相关的咨询中介机构提供。资金知识是指资金的获取来源和获取渠道、资金运作方面所需要的知识。该部分知识主要由众创空间、政府及金融中介机构等提供。

5.2.2 众创空间知识服务能力影响因素分析

众创空间知识服务的主要目标，是将众创空间创新生态系统内的知识，通过有效的方式传递给在孵企业。众创空间知识服务能力的强弱受到众创空间知识服务的影响。通过我们上述对众创空间知识服务构成要素的分析可知：众创空间知识服务能力的强弱主要受三条路线的影响。

（1）众创空间知识服务主体将主体的知识以一定的形式服务到客体。

(2）众创空间知识服务主体将外部源的知识以一定的形式服务到客体。

(3）众创空间知识服务主体将客体的知识通过一定的形式服务到其他客体。

在孵企业接收来自众创空间的知识，不断地进行知识的获取，使得在孵企业知识不断增长。在孵企业可以通过众创空间知识结网能力，同外部的知识源进行联系，使得在孵企业知识不断增长。在孵企业可以通过与众创空间内部在孵企业间的交流，进行彼此知识服务，使得在孵企业知识不断增长。我们将三种知识的流动路线同在孵企业的成长结合在一起，以知识流动为箭头，构建众创空间内在孵企业成长路径图。

图 5.2 中的单项箭头代表了企业的成长路径，双向箭头代表了知识的流动。众创空间内的在孵企业可以在众创空间内接受知识服务，促进其向下一个阶段进发。在孵企业向下一个阶段的进发过程，就是在孵企业成长的过程，代表了在孵企业绩效的提升。由上面的双向箭头可知，众创空间的知识服务主要有两种方式服务在孵企业：一是将众创空间自身的知识和外部知识源的知识以一定形式服务给在孵企业；二是将众创空间内在孵企业的知识以一定形式服务给其他在孵企业。

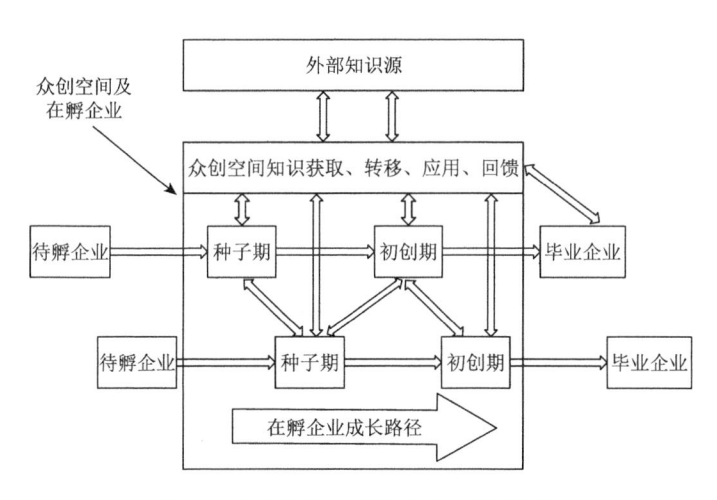

图 5.2　众创空间内在孵企业成长路径图

在相应的理论基础上，通过对图 5.2 的分析，归纳影响众创空间知识服务能力的两种模式。模式一，显式知识服务：众创空间通过对外部知识源和内部知识源的获取，判断在孵企业存在的问题，并提供相应的知识。模式二，隐式知识服务：众创空间通过自身形成的系统和奖励制度，使得众创空间内部在孵企业之间形成知识的流动，进而实现问题的解决。在隐式知识服务中,众创空间虽然不直接提供相应的知识,但其氛围和知识共享机制对于知识的传播起着至关重要的作用。

结合第 2 章中知识服务相关理论可知,在模式一,显式知识服务中,可以确定影响众创空间知识服务能力的因素有众创空间知识存量、众创空间知识结网能力和众创空间知识转移能力;在模式二,隐式知识服务中,可以确定众创空间知识服务能力的影响因素有众创空间内部知识共享能力和众创空间内部文化的相容性。通过众创空间知识服务能力,满足在孵企业的知识需求,继而影响到在孵企业绩效。因此,本书构建了众创空间知识服务能力影响因素图,如图 5.3 所示。

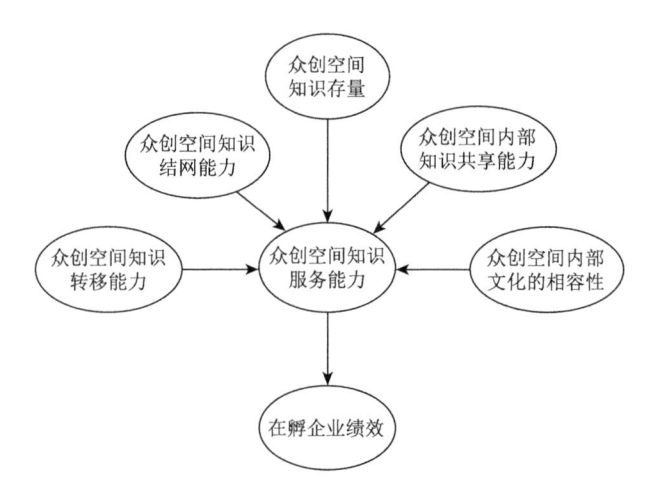

图 5.3 众创空间知识服务能力影响因素图

5.2.3 众创空间知识服务能力影响因素模型假设

1. 众创空间知识存量与众创空间知识服务能力

众创空间知识存量是指在规定的时间点下,在规定的众创空间内,依附于众创空间内工作人员、设备等中的知识的总量。

德鲁克和陈媛熙(2005)认为知识带来的创新可以为企业带来丰厚的收益,但是知识的积累需要非常长的前置时间,知识的积累要经历从流量到存量的过程,即知识存量。张少杰等(2007)对知识存量增长的途径进行了分析,列举了人力知识积累、组织知识积累和顾客知识积累三种方法。和暄(2014)将孵化器的知识存量应用于孵化器的知识服务模型之中,并通过定性和定量的方法进行了分析。在文献研读和众创空间分析的基础上,众创空间内部的知识存量主要由众创空间内员工数量、众创空间内员工知识水平及众创空间内员工知识领域的分布决定。当众创空间内员工数目越多、众创空间内员工知识水平越高及众创空间员工知识领域越均衡时，则众创空间知识存量越高，帮助企业解决遇到问题的可能性就越高。众创空间的员工数目越多，在孵企业可以接触到的服务人员就越多，则越大概率可以碰到具备解决相应企业问题能力的员工；众创空间内员工水平越高，对于具体在孵企业遇到问题的解决方案则更加透彻和长远；众创空间内员工知识领域越均衡，众创空间内在孵企业所需的技术、组织、市场知识、资金和政策知识则越可以得到满足。所以本章进行了如下假设。

H5.1：众创空间知识存量对众创空间知识服务能力有正向促进作用。

2. 众创空间知识结网能力与众创空间知识服务能力

众创空间知识结网能力体现在，众创空间可以形成两级网络：同外部知识源的一级网络及同在孵企业的二级网络。通过众创空间知识结网能力，二级网络可以将自己的技术、组织、市场、资金和政策知识传递给一级网络，帮助一级网络内的在孵企业解决面临的问题。众创空间知识结网能力在帮助在孵企业解决知识方面问题的同时，也提升了整个众创空间的知识服务能力。

Hansen 等（2000）关于科技孵化器结网能力的文章受到了很多人的关注，他认为科技孵化器最核心的功能就是结网能力。孙琦等（2009）从能力和资源的角度出发，认为网络本身就是一种资源，内部的参与者可以通过网络获得新的资源和能力。Aerts 等（2007）认为创客空间、孵化器等可以通过其结网能力来实现知识的转移，其结网能力对于在孵企业的不断成长和加速创新具有至关重要的意义。Cooke 等（2006）从内部运行的有效性的角度进行了讨论，他们认为，孵化器通过整合社会资源和外部环境，以此实现知识资源的整合。在文献研读和众创空间分析的基础上，就众创空间知识结网能力，本书主要分四个角度进行分解：众创空间提供的同政府部门的交流机会、众创空间提供的同高校的交流机会、众创空间提供的同科研机构的交流机会、众创空间提供的同各类中介机构的交流机会。在孵企业通过同政府部门的交流可以获得最新的政策制度和政策激励，在满足政府规划发展方向的同时，最大地发挥有利于自己的因素。在孵企业通过同高校进行交流既可以获得高水平科技人才的补充，又可以获得高校教师的最新理论和方法。在孵企业通过同科研机构进行交流既可以帮助科研机构实现最前端技术的落地，又可以通过咨询科研机构解决自己在生产当中遇到的问题。众创空间同中介机构的交流可以使其获得许多知识，如从投融资机构中获得资金运作的知识，从管理咨询机构中获得组织管理的知识等。所以本章进行如下假设。

H5.2：众创空间知识结网能力对众创空间知识服务能力有正向促进作用。

3. 众创空间知识转移能力与众创空间知识服务能力

众创空间知识转移能力是指众创空间帮助企业发现问题，匹配相应的知识并能够以恰当的方式方法进行在孵企业知识转移的能力。众创空间知识转移能力的开端是发现问题的能力，众创空间需要对在孵企业的需求有一个深刻的了解，对在孵企业所处的各个生命时期的需求进行细致的分析。众创空间知识转移能力的深化来自对发现问题的解决能力，众创空间需要将在孵企业遇到的问题同合适的解决方案进行匹配。众创空间知识转移能力的重点在于解决方案的转移。

Teece 等（1997）作为美国的技术和创新管理方面的专家，首次提出了知识转移的思想，他从国家的角度出发，认为可以通过知识和技术之间的国际转移，用知识转移的方式快速缩短各国之间的发展差距。Szulanski（1996）将知识的转移进行了具体的框架性的划分，并以五个过程对知识转移进行分解，分别为知识的获取、交流、应用、接受和同化五个阶段。知识的获取是从过去的经验和总结中进行知识的搜寻；知识的交流是以语言或者书面等不同的沟通交流的方式构建合理的、必要的沟通机制；知识的应用阶段是指将前两个阶段获取的知识应用到企业的具体实践之中；知识的接受阶段是企业和企业内的个人在知识的应用之中逐渐理解和应用知识的过程；知识的同化阶段是将已经理解和应用的知识逐渐内化，变成公司的内在惯例，继而长久地促进公司的运行。胡小龙和丁长青（2013）构建了企业孵化的知识转移模型，从供给方、接收方、属性及组织机构四个方面对企业孵化器内转移路径进行了分析。在文献研读和众创空间分析的基础上，本书主要从三个角度分析众创空间知识转移能力：发现在孵企业欠缺知识的能力、提出相应的解决方案的能力和实施解决方案的能力。首先，众创空间需要依靠自身的知识库和数据库，针对在孵企业所处的不同行业，在同在孵企业交流沟通的基础之上判断在孵企业遇到的问题及欠缺的知识。其次，众创空间可以依据在孵企业遇到的问题和欠缺的知识，通过自身努力寻找到相应的解决方案。这个解决方案既可以是众创空间通过内部的创业导师对在孵企业进行辅导，也可以是众创空间通过外部知识源同在孵企业进行联系。最后，众创空间需要以合适的方法实现知识转移。众创空间知识转移能力可以通过不断地服务企业，通过这一过程的螺旋上升，进而提升众创空间知识服务能力。所以本章进行如下假设。

H5.3：众创空间知识转移能力对众创空间知识服务能力有正向促进作用。

4. 众创空间内部知识共享能力与众创空间知识服务能力

众创空间内部知识共享能力主要是指在众创空间内部，在孵企业在众创空间一定的政策和行为的刺激下，实现知识共享的能力。由于在孵企业获得知识需要一定的成本，在孵企业在一般情况下很难自愿拿出企业的知识同其他在孵企业进行共享，存在一定的博弈困境。因此众创空间内部需要存在一定的激励共享机制。

Davenport 等（1998）从市场出发，将知识共享作为知识供给方和需求方利益交换的方式。Gherardi 和 Nicolini（2000）认为由于知识共享的过程在一定程度上而言就是价值转让的过程，知识共享需要进行价值补充或者预期收益差值的补偿，这些补偿可以分为预期经济补偿和预期社会补偿。Bartol 和 Srivastava（2002）发现知识共享激励机制对知识共享能力具有很大的影响，主要从经济激励和制度激励方面进行知识共享激励的讨论。在文献研读和众创空间分析的基础上，众创空间内部知识共享能力主要从三个角度进行分析：对众创空间内知识产权保护的程度、众创空间内在孵企业线下交流和众创空间内在孵企业线上交流。由于知识获取的成本性，知识和知识的分享意愿在一定程度上负相关。只有在对在孵企业的核心知识建立完善的知识产权保护制度的基础上，在孵企业才有足够的意愿进行其他知识的分享。丰富而且充分的线上和线下的交流渠道是众创空间区别于传统孵化器的一个重大特性。因此举办各式各样的在孵企业间的线下交流会和创业分享会，对于众创空间内在孵企业的知识分享的能力具有重大的影响。众创空间内部在孵企业间知识分享的过程就是在孵企业之间自发进行知识服务的过程。所以本章进行如下假设。

H5.4：众创空间内部知识共享能力对众创空间知识服务能力有正向促进作用。

5. 众创空间内部文化的相容性与众创空间知识服务能力

企业的文化是指组织在生产经营活动之中形成的、被组织成员广为认可的价值观，是企业内部的、潜在的价值规范。在传统的观点中认为同一个战略联盟中的企业的相容性主要由三个因素决定：一是企业的文化；二是企业的决策制度；三是企业的价值观。

刘光明（2002）认为企业文化可以分为制度层次文化和精神层次文化，它是组织在自身的生产经营活动中产生的，被组织的绝大多数员工接受。李林和朱俊昌（2010）在进行科技企业孵化的研究时，将在孵企业文化纳入指标体系，通过层次分析法（analytic hierarchy process，AHP），发现内部文化的相容性对孵化器软实力影响显著。在文献研读和众创空间分析的基础上，众创空间内部文化的相容性主要分三个角度进行分析：众创空间内部在孵企业的开放水平、众创空间内部在孵企业间文化的一致性、众创空间内部在孵企业间的互信水平。当众创空间内部在孵企业的开放水平越高时，在孵企业的知识共享贡献意愿越强，因此在孵企业间知识共享越强，众创空间知识服务能力越强。当众创空间内部在孵企业间文化的一致性越大时，在孵企业的类型和阶段趋同，因此相似性越强，可以相互借鉴和使用的知识范围越广。众创空间内部在孵企业间的互信水平越高，则在孵企业间的信息交易成本越低，越容易实现知识的共享，众创空间知识服务能力越强。所以本章进行如下假设。

H5.5：众创空间内部文化的相容性对众创空间知识服务能力有正向促进作用。

6. 众创空间知识服务能力与在孵企业绩效

众创空间区别于传统的孵化器，其"创"所代表的"创新性"，彰显了知识作为企业核心战略资源的重要性。知识在应用的过程中，不但不会减少反而会不断地进行增值。在众创空间进行知识服务的过程中，企业会不断地进行创新，促使众创空间将转移的知识不断地内化为自己的固有知识，降低获取知识的成本，提高在孵企业的绩效。

从知识服务的概念而言，Lee等（2003）认为，知识密集型企业的知识服务不同于普通服务，可以快速提高企业的创新绩效。从知识服务的特征而言，刘崇学（2004）认为知识服务将专家群体等多种知识结合起来，将理论同经验结合起来，发挥知识密集型服务的整体优势进行问题的解决。知识服务一方面是特别专业化的服务；另一方面则是特别集成化的服务。从知识服务的模式而言，李霞等（2007）认为知识服务是双方进行不断交互的过程，按照其交互的深浅而言，可以分为：自我服务、专家知识服务、自助服务。在文献研读和众创空间分析的基础上，众创空间主要通过模式一显式知识服务和模式二隐式知识服务实现众创空间知识服务，主要取决于众创空间知识存量、众创空间知识结网能力、众创空间知识转移能力、众创空间内部知识共享能力、众创空间内部文化的相容性五个因素。通过显式知识服务，在孵企业可以快速获得由众创空间进行转移而来的知识，同时通过隐式知识服务，在孵企业可以在潜移默化中进行内部的知识流转，产生长久、稳定的知识的进步。通过上述两种知识服务，在孵企业的问题得以解决，知识量得以上升，效率得以提高，获取知识的成本得以降低，最终利润不断上升。众创空间知识服务避免了企业早期单独发展的局限，继而使企业的绩效提升。所以本章进行如下假设。

H5.6：众创空间知识服务能力对在孵企业绩效有正向促进作用。

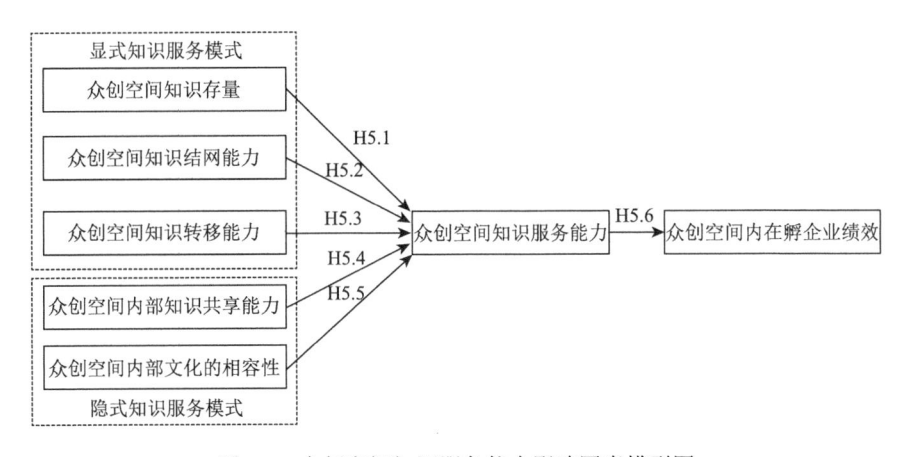

5.2.4 众创空间知识服务能力影响因素模型构建

基于众创空间知识服务构成要素分析得到的两种众创空间知识服务模式：显式知识服务及隐式知识服务。五种众创空间知识服务能力影响因素：众创空间知识存量、众创空间知识结网能力、众创空间知识转移能力、众创空间内部知识共享能力、众创空间内部文化的相容性。将上述分析得到的众创空间知识服务能力影响因素图同 H5.1～H5.6 相结合，构建本书的核心模型——众创空间知识服务能力影响因素模型，如图 5.4 所示。

图 5.4 众创空间知识服务能力影响因素模型图

5.3 实 证 检 验

5.3.1 问卷设计与发放

1. 问卷设计与量表选择

调查问卷包含三个方面：一是问卷被测试者的个人信息；二是众创空间知识服务能力量表；三是问卷被测试者所在企业的信息。第一部分是问卷被测试者的个人信息，主要包含被测试者的性别、年龄、教育程度、从事行业及公司职位。第二部分是问卷量表主体部分，主要从众创空间知识存量、众创空间知识结网能力、众创空间知识转移能力、众创空间内部知识共享能力、众创空间内部文化的相容性、众创空间知识服务能力和在孵企业绩效七个方面进行提问。第三部分是问卷被测试者所在企业的信息，主要包含企业的名称、企业的规模。

问卷的设计主要分为三个步骤：第一，在相关理论及文献的基础上，确定相应的测量因子并构建测度项；第二，采取焦点小组讨论的方法，在同学术界和产业界进行充分探讨的基础上，对测度项进行实操验证；第三，对少量的测试结果进行相应的探索性因子分析并不断改进。在构建合适的测度项时，需要进行测度项类型的选取。现主要存在构成型和反映型两种测度项，其区别如表5.4所示。

表5.4 构成型和反映型量表区别表

测度项类型	构成型	反映型
测度项同构件的因果关系	测度项→构件，测度项构成了构件，测度项的变化将影响构件，反之则无法成立	测度项→构件，测度项反映构件，构件的变化将影响测度项的变化，反之则无法成立
测度项同构件的理论关系	测度项的集合定义了构件，测度项的增加或减少将改变构件的定义	测度项只是构件的反映，测度项个数的增加或者减少不会改变构件的定义
测度项互换性	测度项往往无法互相替代，测度项之间存在较大的语义差异	测度项之间可以进行互相替代，测度项之间不存在较大的语义差异
测度项相关性	测度项之间的相关性较小，一个测度项的变化不会影响另一个测度项的变化	测度项之间的相关性较大，一个测度项的变化会导致另一个测度项的变化

因为现阶段针对众创空间知识服务能力的影响因素，国内外尚无相关论文进行细致而深刻的探讨，即无法寻找到合适且完整的构成型测度项。因此本书主要采取反映型进行量表的构建。在相关文献的基础上，选取了各论文中载荷较高的项目，并针对众创空间进行了适当的修改，提出如表5.5所示的测度项，然后确定了调查问卷量表。

表5.5 测度项参考文献表

构件	测度项	参考文献
众创空间知识存量	众创空间内包含贵企业成长所需的各种知识	张少杰等（2007）
	众创空间内创业导师各个行业领域分布比较均衡（各个行业均有对应的创业导师）	和暄（2014）
	众创空间内员工的专业水平比较高	和暄（2014）

续表

构件	测度项	参考文献
众创空间知识结网能力	众创空间同各类组织之间有比较好的联系（政府、高校、科研机构及中介机构等各类组织）	马玲等（2011）
	企业可以在众创空间内得到同各类组织交流的机会	马玲等（2011）
	众创空间可以帮助贵企业同目标组织牵线搭桥	本书提出
	您对同各类组织之间的交流结果比较满意	Soetanto 和 van Geenhuizen（2007）
众创空间知识转移能力	众创空间善于用不同的方法实现知识转移（面谈、电话会议等）	刘红丽和周佳华（2012）
	贵企业可以很好地接收众创空间转移的知识	刘红丽和周佳华（2012）
	众创空间可以对企业所需的各类知识进行转移	Goh（2002）
	您可以比较好地接受众创空间转移来的知识	刘红丽和周佳华（2012）
众创空间内部知识共享能力	众创空间在孵企业间的交流比较顺畅	肖志雄（2016）
	同众创空间内在孵企业间的交流使企业得到了进步	胡佳雯（2011）
	同众创空间内在孵企业交流中可以得到有用的知识	肖志雄（2016）
	在孵企业间交流的知识存在一定的创新度	本书提出
众创空间内部文化的相容性	贵企业同众创空间内其他在孵企业文化有较高的一致性	李林和朱燕娜（2011）
	贵企业同众创空间内其他在孵企业有比较高的互信水平	李林和朱燕娜（2011）
	贵企业文化氛围处于比较高的开放水平	李林和朱燕娜（2011）
	您对其他在孵企业的文化有比较强的认同感	本书提出
众创空间知识服务能力	众创空间可以通过知识服务帮企业解决问题	于晓丹（2010）
	您可以在众创空间内得到个人经验的提升	于晓丹（2010）
	贵企业遇到问题时会向众创空间求助	于晓丹（2010）
	您会向周围的创客推荐所在的众创空间	于晓丹（2010）
在孵企业绩效	您对贵企业入孵以来企业的发展状况比较满意	Colombo 和 Delmastro（2002）
	您对贵企业入孵以来员工的发展状况比较满意	Colombo 和 Delmastro（2002）
	您对您的工资水平比较满意	Colombo 和 Delmastro（2002）

本书的量表主要采取利克特五级量表。采取五级量表而未采取七级量表的原因在于，尽管利克特七级量表在一定程度上而言效度更好，但是在中文方面的区分度不够。此外，本书采用的是反映型测度项，利克特五级量表可以防止用户因为过度思考而导致乱填量表。具体的五分制形式为："1"代表"非常不同意"，"2"代表"不同意"，"3"代表"不清楚"，"4"代表"同意"，"5"代表"非常同意"。

2. 问卷的前测与修改

由于问卷仅仅由相关理论和历史文献确定，在一定程度上可能无法还原现今的真实需求，因此需要对问卷进行前测和修改。对问卷进行前测和修改主要通过小样本测试的方式进行，然后进行探索性因子分析，在贴合现实的基础上形成可信度高的问卷。此外，由于众创空间在孵企业的群体相对而言比较小，贸然进行问卷调查，再次调查的成本比较高。

作者自 2017 年 11 月起，历时一个多月，同中央财经大学众创空间、清创空间及中关村创业大街内的以车库咖啡为代表的多个众创空间取得联系。问卷虽然未涉及众创空间及在孵企业的核心隐私，但在一定程度上也会引起在孵企业内员工的厌恶情绪。通过实地走访及同众创空间内的在孵企业员工进行讨论，修改部分测试项的描述角度，并测试了被调查者对问卷的理解是否存在偏差，确保了问卷真实有效。在同众创空间负责人、众创空间在孵企业员工及导师进行讨论后，确定了发放的调查问卷。前测阶段共计发放调查问卷 100 份，有效问卷 82 份。

在进行因子分析之前需要进行 KMO 和巴特莱特球形检验，KMO 用于测试变量的相关性，巴特莱特球形检验用于测试变量的独立性。一般而言，若 KMO≥0.9，说明调查问卷数据非常适合进行因子分析；当 0.8≤KMO<0.9 时，调查问卷数据适合进行因子分析，当 0.7≤KMO<0.8 时尚可进行因子分析，0.6≤KMO<0.7 时因子分析的效果将会不佳，低于 0.6 便不适合用于因子分析。本书调查问卷数据的 KMO 值为 0.840，巴特莱特球形检验 Sig. 为 0.000，说明问卷适合用于因子分析。

由于本书的测度项并非完全的成熟量表，需要进行探索性因子分析。探索性因子分析中假设并不知道因子的数目，通过一定的数据处理方法，让数据自己产生合适的因子数目，常用主成分分析法。针对量表数据，主成分分析法共提取出 7 个主因子，累计贡献率达 76.770%，如表 5.6 所示。

表 5.6 探索性因子分析主成分提取结果

成分	初始特征值			旋转平方和载入		
	合计	方差的百分比	累计百分比	合计	方差的百分比	累计百分比
1	7.401%	28.465%	28.465%	7.401%	28.465%	28.465%
2	2.809%	10.803%	39.268%	2.809%	10.803%	39.268%
3	2.567%	9.873%	49.141%	2.567%	9.873%	49.141%

续表

成分	初始特征值			旋转平方和载入		
	合计	方差的百分比	累计百分比	合计	方差的百分比	累计百分比
4	2.364%	9.094%	58.235%	2.364%	9.094%	58.235%
5	2.223%	8.552%	66.787%	2.223%	8.552%	66.787%
6	1.381%	5.311%	72.097%	1.381%	5.311%	72.097%
7	1.215%	4.673%	76.770%	1.215%	4.673%	76.770%

使用主成分分析法最大的弊端在于不存在直观的因子的解释。信息量较大的因子会对信息量较小的因子产生十分严重的"盘剥"效应。常用以方差极大化旋转为代表的因子旋转解决上述问题。方差极大化旋转可以通过对各列载荷的方差计算，取方差的最大值。使用方差极大化旋转的方法后，因子旋转成分矩阵如表5.7所示。

表5.7 因子旋转成分矩阵

测度项	成分1	成分2	成分3	成分4	成分5	成分6	成分7
KS1	0.052	0.035	0.055	0.034	−0.054	−0.010	0.918
KS2	0.016	0.187	−0.113	0.004	0.001	0.072	0.888
KS3	−0.043	0.047	−0.015	−0.052	0.002	−0.009	0.896
KN1	0.814	0.203	0.075	0.114	0.129	0.096	0.018
KN2	0.827	0.112	0.065	0.141	−0.026	0.237	0.030
KN3	0.840	0.202	0.059	0.077	0.031	0.177	0.000
KN4	0.822	0.172	0.013	0.089	0.113	0.188	−0.018
KT1	0.128	0.210	0.115	0.851	0.056	−0.039	−0.025
KT2	0.214	0.308	0.019	0.764	0.058	0.032	0.089
KT3	−0.015	−0.120	0.055	0.812	0.047	0.042	−0.053
KT4	0.162	0.422	0.026	0.753	0.062	0.074	−0.008
KSHARE1	0.163	0.132	0.757	0.099	−0.086	0.188	0.010
KSHARE2	−0.053	0.147	0.853	0.086	−0.037	0.096	−0.032
KSHARE3	0.001	0.135	0.879	0.063	0.074	0.061	−0.046
KSHARE4	0.098	0.046	0.814	−0.034	0.125	0.141	−0.002
KC1	0.153	0.138	0.080	−0.031	0.774	0.050	0.077
KC2	0.086	0.115	0.053	0.081	0.879	−0.012	0.014
KC3	0.098	0.114	0.059	0.104	0.881	0.013	−0.033
KC4	−0.131	0.180	−0.123	0.044	0.482	0.139	−0.131
KSERVE1	0.246	0.723	0.278	0.168	0.117	0.016	0.136

续表

测度项	成分1	成分2	成分3	成分4	成分5	成分6	成分7
KSERVE2	0.153	0.851	0.067	0.187	0.216	0.158	0.112
KSERVE3	0.210	0.761	0.199	0.142	0.217	0.149	0.056
KSERVE4	0.241	0.827	0.116	0.168	0.185	0.201	0.083
EP1	0.232	0.133	0.181	0.021	0.056	0.859	0.016
EP2	0.253	0.094	0.201	0.007	0.048	0.872	0.008
EP3	0.197	0.185	0.133	0.054	0.087	0.875	0.031

注：KS 为众创空间知识存量；KN 为众创空间知识结网能力；KT 为众创空间知识转移能力；KSHARE 为众创空间内部知识共享能力；KC 为众创空间内部文化的相容性；KSERVE 为众创空间知识服务能力；EP 为在孵企业绩效，余同

按照经验法则来讲，一个测度项在其对应的因子的载荷需要大于0.5，不对应的因子的载荷需要小于0.4。表5.7中，发现KC4因子未满足对应因子载荷需要大于0.5的条件。KC4测度项为"您对其他在孵企业的文化有比较强的认同感"，从文化的认同感角度出发，而前三个测度项中未出现对文化认同的描述。

经过对测度项的相关系数计算，如表5.8所示，发现KC4同KC因子下的其余测度项的相关系数均未通过0.4的检验值。KC1~KC3均来源于李林和朱燕娜（2011），有较强的一致性。而KC4是本书提出的测度项，经过同众创空间内在孵企业员工的交流，发现不同企业员工之间的文化认同感普遍偏低。剔除KC4后，重新进行探索性因子分析，结果如表5.9所示。

表5.8 众创空间内部文化相容性测度项的相关系数

测度项	KC1	KC2	KC3	KC4
KC1	1.000			
KC2	0.609	1.000		
KC3	0.586	0.792	1.000	
KC4	0.255	0.270	0.344	1.000

表5.9 剔除无效测度项后的探索性因子分析

测度项	成分1	成分2	成分3	成分4	成分5	成分6	成分7
KS1	0.032	0.055	0.058	0.033	−0.013	0.921	−0.035
KS2	0.184	0.022	−0.109	0.003	0.066	0.891	0.002
KS3	0.046	−0.044	−0.015	−0.053	−0.008	0.896	0.020

续表

测度项	成分 1	成分 2	成分 3	成分 4	成分 5	成分 6	成分 7
KN1	0.202	0.821	0.080	0.113	0.091	0.021	0.132
KN2	0.110	0.832	0.069	0.140	0.233	0.034	−0.015
KN3	0.198	0.849	0.065	0.076	0.170	0.005	0.035
KN4	0.180	0.810	0.006	0.089	0.198	−0.024	0.136
KT1	0.216	0.121	0.110	0.851	−0.033	−0.028	0.059
KT2	0.312	0.210	0.017	0.764	0.034	0.088	0.056
KT3	−0.119	−0.011	0.057	0.813	0.038	−0.052	0.041
KT4	0.423	0.166	0.029	0.752	0.070	−0.006	0.042
KSHARE1	0.132	0.158	0.755	0.098	0.192	0.009	−0.066
KSHARE2	0.148	−0.056	0.851	0.085	0.098	−0.033	−0.023
KSHARE3	0.134	0.008	0.884	0.062	0.055	−0.043	0.077
KSHARE4	0.045	0.105	0.819	−0.035	0.135	0.001	0.130
KC1	0.169	0.118	0.053	−0.028	0.077	0.053	0.788
KC2	0.152	0.044	0.021	0.085	0.022	−0.014	0.898
KC3	0.145	0.068	0.034	0.108	0.038	−0.056	0.884
KSERVE1	0.730	0.236	0.271	0.167	0.023	0.131	0.115
KSERVE2	0.860	0.145	0.060	0.186	0.163	0.107	0.195
KSERVE3	0.767	0.208	0.196	0.141	0.149	0.053	0.197
KSERVE4	0.835	0.232	0.109	0.168	0.207	0.078	0.170
EP1	0.142	0.219	0.172	0.021	0.869	0.010	0.056
EP2	0.097	0.252	0.201	0.008	0.872	0.008	0.035
EP3	0.191	0.192	0.129	0.055	0.878	0.028	0.071
累计贡献率	13.019%	25.887%	37.937%	48.895%	59.289%	69.310%	78.968%

通过剔除 KC4 测度项，所有的测度项均有较好的聚合效度和区别效度，且通过剔除"差"的测度项，7 个因子的贡献率上升至 78.968%。成分 1 为众创空间内知识服务能力；成分 2 为众创空间知识结网能力；成分 3 为众创空间内部知识共享能力；成分 4 为众创空间知识转移能力；成分 5 为在孵企业绩效；成分 6 为众创空间知识存量；成分 7 为众创空间内部文化的相容性。两次探索性因子分析，保证了数据的有效性，为验证性因子分析中的信度和效度检验提供了坚实的基础。

3. 问卷的发放

在经过上一步问卷确定环节后，开始正式问卷的发放环节。此环节主要涉及确定目标群体、确定抽样方法、确定抽样数量几个部分。研究目标是北京市众创空间知识服务能力的影响因素，目标对象是北京市众创空间内在孵企业中的员工。由于众创空间本身的特殊性及在孵企业的隐秘性，对所有的众创空间进行调研是不切实际且无法实现的。本书以中央财经大学众创空间、清创空间及中关村创业大街内的众创空间为北京市众创空间的代表。上述众创空间内的在孵企业数目非常多，可以对样本起到很好的代表作用。在抽样方法方面主要是对上述众创空间内的所有企业进行调查问卷的便利抽样。使用便利抽样是因为部分企业在调查期间未在众创空间，或者企业具有强烈不配合的倾向，无法进行调查。一般而言，在结构方程模型方法中，样本量为200～500。考虑到本书采取的测度项数目和调研成本，最终将样本量确定在300左右。

本书以中央财经大学众创空间、清创空间及中关村创业大街内众多众创空间内的在孵企业员工为调查对象，样本发放规模控制在300左右。由于人群的难以触达，传统的网上问卷发放效果非常不好。因此，本书的问卷主要采取纸质问卷的方式。通过提前联系众创空间内的工作人员，在众创空间内工作人员的陪同下，对众创空间内在孵企业员工进行问卷的发放与收回。为保证调研的在孵企业的数目，单个企业的问卷发放数目不会超过三个。共计发放问卷289份，遗漏问卷12份，无效问卷45份，共计收到有效问卷232份，问卷有效率为80.28%，上述数据符合进行相关问卷统计的要求。判定为无效问卷主要有四个判定标准。

（1）问卷是否进行全部填写，对量表中存在未填项问卷进行了剔除。部分问卷因为涉及公司隐私问题，对公司名称未进行填写，若其量表填写完整视为有效。

（2）问卷是否为同一答案，对答案完全相同的问卷进行了剔除。部分用户填写十分随意，所有答案均为一个选项，不存在研究意义，予以剔除。

（3）对部分存在明显规律的问卷，譬如按照1、2、3、4、5顺序进行填写的问卷进行了剔除。对部分存在明显随意勾画的问卷进行剔除，譬如量表选项有三个测试项，问卷却进行了四个选项的选择。

（4）对其他存在的明显随意填写的问卷进行了剔除。

剔除了无效问卷以后，得到被测者个人信息的描述性统计（表5.10）。

表5.10　个人信息描述性统计表

统计变量	变量名称	频数	百分比
性别	男	160	69.0%
	女	72	31.0%

续表

统计变量	变量名称	频数	百分比
年龄段	25 岁及以下	64	27.6%
	26~35 岁	129	55.6%
	36~45 岁	28	12.1%
	46 岁及以上	11	4.7%
教育程度	中专、高中及以下	11	4.7%
	大专	62	26.7%
	本科	113	48.7%
	硕士	32	13.8%
	博士及以上	14	6.0%
从事行业	商业・金融业	41	17.7%
	计算机・互联网	158	68.1%
	教育・培训	7	3.0%
	文化・娱乐	13	5.6%
	制造业	2	0.9%
	其他	11	4.7%
职位	一般职员	156	67.2%
	基层管理者	28	12.1%
	中层管理者	8	3.4%
	高层管理者	40	17.2%

注：由数据修约所致，各数相加可能不等于100%，余同

从表 5.10 可以看出，众创空间内的在孵企业员工主要为男性、26~35 岁，教育程度为本科、从事行业为计算机・互联网的一般员工。从性别来看，男性占 69.0%，女性占 31.0%。众创空间内男性占据了主导的地位，因为创业伴随着较高的失败概率，工作不稳定，同大多数女性的求职目标相悖。从年龄段来看，25 岁及以下占 27.6%，26~35 岁占 55.6%，36~45 岁占 12.1%，46 岁及以上占比 4.7%。众创空间内 35 岁及以下的年轻人占了总数的 83.2%。从教育程度而言，大专和本科的人数占总数的 75.4%。大专的人数约是硕士研究生人数的两倍，这同人们的传统印象不相符。但是究其根本而言，众创空间也是人们营生的一种手段，在孵企业大多是未获得项目融资或者仅仅获得一轮项目融资的初创企业，相对于成熟企业来说，这些企业对高精尖人才的吸引程度低，但又需要有一定技术基础的人。这就是大专和本科的人数占比较高的原因。从从事行业

来看,计算机·互联网相关行业占 68.1%,商业·金融业相关行业占 17.7%,这两者占据了总数的 85.8%。这说明了众创空间内大多数的都是基于互联网技术发展的新型产业,传统产业在众创空间内占比较低。从员工职位而言,一般职员占 67.2%,基层管理者 12.1%,中层管理者 3.4%,高层管理者 17.2%。员工职位的分布同一般的正态分布相差很大,这说明众创空间的参与者多集中在一般员工和高层管理者。这说明了众创空间内的在孵企业结构扁平,员工可以直接同公司高层管理者接触。通过对个人信息的分析,可以得出在孵企业内员工的特点,接下来,将对在孵企业进行展开分析,如表 5.11 所示。

表 5.11 公司信息描述性统计表

统计变量	统计名称	频数	百分比
公司规模	10 人及以下	33	38.0%
	11~50 人	47	54.0%
	51~100 人	2	2.3%
	100 人以上	5	5.7%

通过对公司层面的信息进行分析可知,在本次发放的 232 份问卷中,共调查了 87 家企业。为保证公司样本的全面性,单个公司发放的问卷数量不超过 3 份。众创空间内企业 50 人及以下的居多,占到了总数的 92%。51 人及以上的公司仅占了 8.0%。笔者对众创空间实地调研了解到,众创空间对在孵企业存在一定的筛选机制,一方面不会允许较大的企业入驻;另一方面较大的企业自身也会租独立的办公室进行办公。众创空间内的大企业,多为外地企业的北京办事处。

5.3.2 信度和效度检验

本书所采取的问卷调查的方法,需要对测度项的质量进行分析,测度项的质量主要从信度和效度两个角度出发。信度和效度检验共同组成了验证性因子分析。信度检验为可靠性检验,效度检验则为准确性和有效性检验。简单解释而言,效度就是指"该问的问题问了",信度就是指"该问的问题问好了"。验证性因子的优势在于,可以使研究人员明确描述一个理论模型的相关细节。

1. 信度检验

信度检验又称可靠性检验,常用于保证结果的一致性和可预测性。信度检验的指标常为相关系数，包括再测信度、复本信度和内部一致性信度。本书信度以 Cronbach's α 值为度量标准，利用 SPSS 统计软件对各变量及其测度项进行信度分析。在近年来的社会科学研究中，Cronbach's α 以 0.7 为阈值，当 Cronbach's α 大于 0.7 时，则认为数据的信度较高。本书中各测度项信度如表 5.12 所示。

表 5.12 信度检验表

变量	测度项	校正的项总计相关性	项已删除的 Cronbach's α	整体 Cronbach's α
众创空间知识存量	KS1	0.806	0.834	0.893
	KS2	0.797	0.842	
	KS3	0.768	0.867	
众创空间知识结网能力	KN1	0.754	0.876	0.898
	KN2	0.772	0.869	
	KN3	0.808	0.856	
	KN4	0.762	0.873	
众创空间知识转移能力	KT1	0.786	0.776	0.854
	KT2	0.726	0.802	
	KT3	0.667	0.849	
	KT4	0.746	0.795	
众创空间内部知识共享能力	KSHARE1	0.689	0.861	0.869
	KSHARE2	0.756	0.818	
	KSHARE3	0.790	0.805	
	KSHARE4	0.692	0.844	
众创空间内部文化的相容性	KC1	0.631	0.843	0.855
	KC2	0.788	0.739	
	KC3	0.770	0.757	
众创空间知识服务能力	KSERVE1	0.721	0.908	0.915
	KSERVE2	0.857	0.872	
	KSERVE3	0.774	0.900	
	KSERVE4	0.875	0.865	
在孵企业绩效	EP1	0.840	0.892	0.923
	EP2	0.852	0.883	
	EP3	0.839	0.893	

由表 5.12 可知众创空间知识存量、众创空间知识结网能力、众创空间知识转移能力、众创空间内部知识共享能力、众创空间内部文化的相容

性、众创空间知识服务能力及在孵企业绩效的 Cronbach's α 值均大于 0.7，表明具有较好的信度。此外，这些变量某一测度项被删除以后，其 Cronbach's α 的值均小于其总体的 Cronbach's α 值。此情况下，校正的变量测度项总计相关性均大于 0.5。因此以上变量的各个测度项将被保留用于后续的分析。

综上所述，本书问卷中的 7 个变量，共计 25 个测度项均应该保留。

2. 效度检验

效度即测量的准确性和有效性，测量过程不受系统和随机误差的影响，反映了问卷是否真实，测量了研究意图。效度的主要类型有表面效度、内容效度、结构效度等。表面效度是指测度项看起来是否可以准确测量目标事物，常用专家小组判别法。内容效度则是体现问卷是否具有代表性，测量工具是否合适等。结构效度是最常用的方法，以评价测量观测的结果来证明一定的理论假说，包括区别效度和聚合效度等。本书采取的效度检测方法为内容效度和结构效度。

本书基于已有文献，在前期大量访谈、咨询相关专家以后进行了问卷前测，将不满足探索性因子分析的测量项予以了剔除，对问卷内容效度有很强的把握。因此本节的重点放在结构效度方面。结构效度主要分为聚合效度检验、区别效度检验和拟合度检验。

1）聚合效度检验

聚合效度检验是指同一个因子下的测度项具有高度的相关性。测度项的聚合效度检验包括以下两个方面。

（1）因子载荷显著。

（2）一个因子所有的测度项解释的 AVE 大于 0.5。

模型的聚合效度检验如表 5.13 所示。

表 5.13 验证性因子分析下聚合效度检验表

测度项	因子	因子载荷	t 值	AVE	组合效度
KS	KS1	0.86	15.99	0.6873	0.8975
	KS2	0.89	16.14		
	KS3	0.8	14.63		
KN	KN1	0.76	14.32	0.6698	0.8901
	KN2	0.82	15		
	KN3	0.87	16.08		
	KN4	0.82	14.7		

续表

测度项	因子	因子载荷	t 值	AVE	组合效度
KT	KT1	0.82	14.63	0.5799	0.8436
	KT2	0.82	15.13		
	KT3	0.55	8.58		
	KT4	0.82	16		
KSHARE	KSHARE1	0.72	11.71	0.5496	0.8294
	KSHARE2	0.76	14.17		
	KSHARE3	0.8	16.31		
	KSHARE4	0.68	13.64		
KC	KC1	0.64	11.18	0.6412	0.8403
	KC2	0.88	16.11		
	KC3	0.86	15.72		
KSERVE	KSERVE1	0.72	13.66	0.5991	0.8562
	KSERVE2	0.81	17.41		
	KSERVE3	0.73	15.39		
	KSERVE4	0.83	18.28		
EP	EP1	0.72	16.93	0.5089	0.7566
	EP2	0.72	17.48		
	EP3	0.7	16.87		

由表 5.13 可知,因子的 AVE 都大于 0.5,这说明了因子可以解释 50%上的信息。组合效度(composite reliablity,CF)均大于 0.7,说明模型因子是可信的。

2）区别效度检验

极大似然估计常用于拟合因子之间的相关系数,可以帮助进行区别效度的判断。通常,进行区别效度的检验有三种方法:方法一是判断测度项在所属因子下的载荷大于其他因子的相关系数;方法二是判断因子 AVE 的平方根同其他因子之间的相关系数;方法三是将两个因子拟合成一个因子之后判断模型的拟合度。方法二是最常用的经验准则,且优于方法三。因此本书采取方法二进行判断,表 5.14 为使用方法二的区别效度检验。

表 5.14 验证性因子下区别效度检验表

测度项	KS	KN	KT	KSHARE	KC	KSERVE	EP
KS	0.83						
KN	0.06	0.82					

续表

测度项	KS	KN	KT	KSHARE	KC	KSERVE	EP
KT	0.05	0.39	0.76				
KSHARE	−0.04	0.18	0.19	0.74			
KC	−0.01	0.21	0.23	0.13	0.80		
KSERVE	0.21	0.51	0.56	0.33	0.40	0.77	
EP	0.05	0.50	0.19	0.35	0.16	0.42	0.71

将因子相关系数矩阵对角线上的 1 替换为对应的 AVE 的平方根，可以发现 AVE 的平方根均大于相关因子的相关系数。经检测，每个测度项的因子载荷也大于因子之间的相关系数，满足方法一。同时满足方法一和方法二，模型满足区别效度。

3）拟合度检验

通过测度项的协方差矩阵对问卷数据进行拟合，需要多种指标对拟合的质量进行判断。常用的指标有 χ^2/df、RMSEA、GFI、CFI、NFI 和 IFI。

χ^2 检验使用了极大似然估计的方法，χ^2/df 越小，表示模型的拟合度越高。RMSEA 对样本量不敏感。RMSEA 小于 0.05 时，通常认为模型拟合较好，在 0.05~0.08 时，模型的拟合效果可以接受。GFI 是原矩阵同拟合矩阵的吻合程度，GFI 取值在 0~1 时，通常需要大于 0.9。GFI 取值在 0~1 时，GFI＞0.9 表示模型拟合效果很好，GFI＞0.8 表示模型是合理的。CFI 是一类用于比较性拟合指标，CFI 通常也要求大于 0.9。常用的比较性因子还有 IFI 和 NFI，它们也需要大于 0.9。

对模型指标进行计算，主要结果如表 5.15 所示。

表 5.15 模型拟合度检验指标表

适配指标	χ^2/df	RMSEA	GFI	CFI	NFI	IFI
检验结果	1.88	0.060	0.86	0.96	0.93	0.96
适配标准	＜3	＜0.08	＞0.8	＞0.9	＞0.9	＞0.9
符合状况	是	是	是	是	是	是

通过 LISREL 编程，可以得到表 5.15 的模型拟合数据。标准加权最小卡方值为 488.05（$p = 0.00$），自由度为 259，相除可以得到 $\chi^2/df = 1.88$，1.88＜3。RMSEA = 0.060＜0.08，GFI = 0.86＞0.8，CFI = 0.96＞0.9，

NFI＝0.93＞0.9，IFI＝0.96＞0.9。模型拟合度指标反映协方差矩阵上整体拟合程度较好，满足拟合度检验的相关要求。

5.3.3 结构方程分析

通过有效性分析，检验了测度模型的效度，再进行路径分析，判断变量之间的因果关系。使用 LISREL 对结构方程模型路径进行分析，如图 5.5 所示。

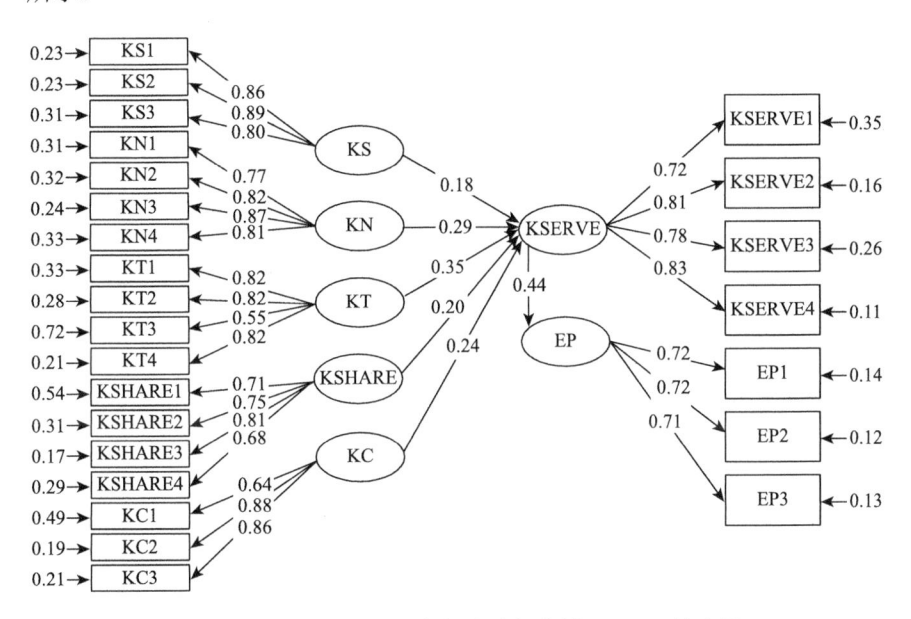

图 5.5　众创空间知识服务能力路径分析 LISREL 输出图

χ^2＝471.45，自由度＝259，p 值＝0.000，RMSEA＝0.060

在对模型的假设进行检验后，6 个假设均显著通过。由于本书的样本量较大，t 分布趋向于正态分布。当 t＞1.96 时，p＜0.05；当 t＞2.58 时，p＜0.01；当 t＞3.29 时，p＜0.001；当 t＞3.89 时，p＜0.0001。具体统计结果如表 5.16 所示。

表 5.16　众创空间知识服务能力模型路径检验

假设	变量间关系	路径系数	t 值	显著性水平	检测结果
H5.1	KS→KSERVE	0.18	3.41	***	通过
H5.2	KN→KSERVE	0.29	4.70	****	通过
H5.3	KT→KSERVE	0.35	5.42	****	通过

续表

假设	变量间关系	路径系数	t 值	显著性水平	检测结果
H5.4	KSHARE→KSERVE	0.20	3.53	***	通过
H5.5	KC→KSERVE	0.24	4.15	****	通过
H5.6	KSERVE→EP	0.44	6.23	****	通过

表示 $p<0.001$，*表示 $p<0.0001$

由表 5.16 可知，所有路径均通过 t 检验，且显著性水平较高。一般而言，路径系数的相对大小可以判断变量之间影响性的强弱。众创空间知识服务的影响因素中，众创空间转移能力的影响因素路径系数最大，为 0.35；众创空间知识结网能力路径系数为 0.29；众创空间内部文化的相容性路径系数为 0.24；众创空间内部知识共享能力路径系数为 0.20；众创空间知识存量路径系数为 0.18。在路径系数均显著的基础上，我们展开关于模型解释能力的讨论，LISREL 输出结果如图 5.6 所示。

结构方程

KSERVE = 0.18×KS + 0.29×KN + 0.35×KT + 0.20×KSHARE + 0.24×KC, Errorvar. = 0.45, R^2 = 0.55
　　　　　(0.054)　　(0.062)　　(0.064)　　(0.056)　　　　(0.057)　　　(0.072)
　　　　　 3.41　　　 4.70　　　 5.42　　　 5.53　　　　　 4.15　　　　 6.35

EP = 0.44×KSERVE, Errorvar. = 0.81, R^2 = 0.19
　　　(0.070)　　　　　　　　　(0.098)
　　　 6.23　　　　　　　　　　 8.26

图 5.6　众创空间知识服务能力结构模型 LISREL 输出图

Errorvar. 为误差方差

图 5.6 中众创空间知识服务能力这一变量的拟合决定系数 R^2 为 0.55，这说明本书提出的 5 个影响因素变量（众创空间知识存量、众创空间知识结网能力、众创空间知识转移能力、众创空间内部知识共享能力、众创空间内部文化的相容性）可以解释众创空间知识服务能力 55%的变化，说明本书的模型可以很好地解释众创空间知识服务能力。众创空间内在孵企业绩效的拟合决定系数 R^2 为 0.19，说明众创空间知识服务能力可以解释众创空间内在孵企业绩效 19%的变异量。由于众创空间知识服务能力只是在孵企业绩效的一个影响因素，该变量的拟合优度已经处于一个比较满意的水平。依据路径系数和模型解释能力，构建基于实证的众创空间知识服务能力影响因素模型，如图 5.7 所示。

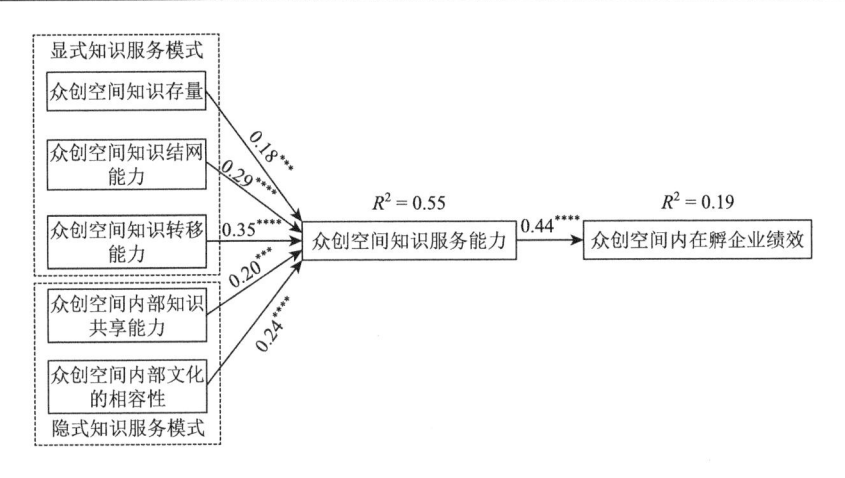

第 5 章 众创空间的知识服务能力及其影响因素

图 5.7 基于实证的众创空间知识服务能力影响因素模型图

****表示 $p<0.0001$，***表示 $p<0.001$

由图 5.7 可知因子的路径、路径系数及路径的显著性水平。众创空间知识存量和众创空间内部知识共享能力在 0.001 的水平下显著作用于众创空间知识服务能力。众创空间知识结网能力、众创空间知识转移能力和众创空间内部文化的相容性在 0.0001 的水平下显著作用于众创空间知识服务能力。众创空间知识服务能力影响因素共解释了众创空间知识服务能力的 55%的变化。众创空间知识服务能力在 0.0001 的水平下显著作用于众创空间内在孵企业绩效。众创空间知识服务能力解释了众创空间内在孵企业绩效 19%的变化。具体分析如下。

（1）众创空间知识存量到众创空间知识服务能力的路径系数为 0.18，并在 0.001 的水平下显著作用于众创空间知识服务能力。众创空间知识存量代表依附于工作人员和设备的知识的总和。众创空间知识存量的增加可以显著提高众创空间知识服务能力，但是由于众创空间更多的是作为知识交汇点，而不单单是一个知识的供给者，因此众创空间知识存量的路径系数小于其他影响因素的路径系数。

（2）众创空间知识结网能力到众创空间知识服务能力的路径系数为 0.29，并在 0.0001 的水平下显著作用于众创空间知识服务能力。众创空间是众创空间内部网络和外部网络的交汇点，起到知识中介的作用，这就是众创空间的知识结网能力。众创空间更多是作为众创空间生态系统的核心节点出现的，因此众创空间知识结网能力的路径系数显著高于众创空间知识存量。

（3）众创空间知识转移能力到众创空间知识服务能力的路径系数为 0.35，并在 0.0001 水平下显著作用于众创空间知识服务能力。众创空间的核心功能是服务在孵企业。众创空间知识转移能力作为众创空间显式知识服务能力的核心一环，直接决定了众创空间知识服务的成效。众创空间知识转移能力的路径系数为所有影响因素中最大的一个，这同分析结论相符。

（4）众创空间内部知识共享能力到众创空间知识服务能力的路径系数为 0.20，并在 0.001 水平下显著作用于众创空间知识服务能力。众创空间内部存在大量的在孵企业，众创空间作为内部在孵企业的交汇点，向内部在孵企业提供了大量相互交流的机会。而且在实地调研之中，可以发现众创空间内的在孵企业之间不存在特别大的物理隔阂，互相交流方便。良好的内部知识共享能力可以显著地提高众创空间知识服务能力。

（5）众创空间内部文化的相容性到众创空间知识服务的路径系数为 0.24，并在 0.0001 水平下显著作用于众创空间知识服务能力。众创空间内部文化的相容性的路径系数大于众创空间内部知识共享能力的路径系数，这是著书之初没有想到的事情。众创空间内部知识共享能力代表了隐式知识服务中的直接服务能力，众创空间内部文化的相容性代表了隐式知识服务中的间接服务。后者的路径系数较大说明，知识作为在孵企业的核心资产，企业间进行直接共享的效果弱于间接共享的效果。

（6）众创空间知识服务能力到众创空间在孵企业绩效的路径系数为 0.44，并在 0.0001 的水平下显著作用于众创空间内在孵企业绩效。众创空间知识服务能力对众创空间在孵企业绩效的正向影响非常显著，说明众创空间知识服务能力的提高对众创空间内在孵企业绩效的提高存在非常明显的正相关关系。众创空间知识服务能力对众创空间内在孵企业绩效的 R^2 值也到达了 0.19。这说明除了众创空间知识服务能力外，仍有其他因素对在孵企业绩效产生影响，这也同前人的研究相符，同时也证明了众创空间知识服务能力的重要性。

5.4 本章建议

通过上述的实证研究，可以发现，众创空间知识服务能力影响因素模型同实际数据之间的拟合情况较为理想，依据上述实证的结果，针对众创空间提升其知识服务能力提出以下对策建议。

（1）众创空间必须重视其知识服务能力。现在部分众创空间依靠政策红利，将众创空间演变为了"圈地"的把手。这一方面曲解了众创空间的内涵；另一方面不利于其内部在孵企业的发展。众创空间之所以区别于传统的孵化器，就是因为它处于孵化链条的前端，更加侧重于"草根性"和

"创新性"。"草根性"是针对其参与者而言,参与者多为50人及以下的初创企业。"创新性"则是强调其知识服务能力。因此从在孵企业到众创空间,再到政府都必须重视众创空间知识服务能力。众创空间知识服务能力的提升可以显著提高在孵企业的绩效,因此,企业在租金等相同的情况下优先选择知识服务能力较强的众创空间。政府在进行政策补贴时,应当适当将众创空间知识服务能力纳入考核标准之中,避免市场上产生劣币驱逐良币现象的发生。众创空间则可以从显式知识服务和隐式知识服务两种模式,以及众创空间知识存量、众创空间知识结网能力、众创空间知识转移能力、众创空间内部知识共享能力、众创空间内部文化的相容性五个方面来提升自身的知识服务能力。

(2)通过提高众创空间显式知识服务能力提高众创空间知识服务能力,主要方法有提升众创空间知识存量、提升众创空间知识结网能力、提升众创空间知识转移能力。依据实证结果而言,提出以下三种途径。

首先,提升众创空间知识转移能力。众创空间知识转移能力是指众创空间帮助企业发现问题,匹配相应的知识并能够以恰当的方式方法向在孵企业进行知识转移的过程。通过将现有的内部的工作人员组成相应的创业导师团队,针对在孵企业所处的行业、所处的发展现状,制订相应的辅导计划,将在孵企业所缺乏的技术及资金等知识通过内部和外部渠道予以解决。具体的活动方式有:定期开展各类知识培训讲座,创建创新创业论坛,定期组织行业沙龙,定期组织 CEO(chief executive officer,首席执行官)高峰聚会,形成在孵企业一对一指导机制等。

其次,提升众创空间知识结网能力。众创空间作为众创空间创新生态系统的核心节点,同技术中介机构、金融中介机构、高校、其他众创空间、科研机构及政府等发生密切的交流。通过众创空间知识结网能力,外部知识源可以将自己的知识传递给在孵企业,帮助在孵企业解决面临的问题。众创空间应当通过同外部机构打造利益共同体:通过帮助高校解决毕业生就业率和就业水平的问题,同高校建立良好的关系;通过帮助科研机构实现技术落地的问题,同科研机构建立良好的关系;通过帮助中介机构解决客源的问题,同中介机构建立良好的关系;通过帮助政府实现相应的就业税收等目标,同政府机构建立良好的关系。只有实现众创空间同其他参与主体之间的良好的利益往来,才能构建稳定的合作网络,继而提升众创空间知识结网能力。

最后,提升众创空间知识存量。众创空间内知识存量的多少将直接决定众创空间的能力大小和对在孵企业吸引力的大小。提升众创空间知识存量本质上是提升众创空间知识资本的投入。提升众创空间知识资本的投入就是一方面提升众创空间知识资本占总资本的比重；另一方面提升众创空间总资本投入。具体而言，众创空间可以将更多的资本投入引进高水平创业导师中，完善创业导师行业分布及引进先进的 3D 打印机等。

（3）通过提高众创空间隐式知识服务能力提高众创空间知识服务能力，主要方法有提升众创空间内部知识共享能力和提升众创空间内部文化的相容性。依据实证结果而言，提出以下两种途径。

首先，提升众创空间内部文化的相容性。提升众创空间内部文化的相容性应主要从在孵企业间文化的相似性和开放性出发。众创空间应对在孵企业进行合理的分类，并给相似的在孵企业在众创空间内分配相邻的工位，在不影响企业隐私的情况下，尽量取消物理隔阂。众创空间应塑造一种同该众创空间发展方向相同的独有文化。

其次，提升众创空间内部知识共享能力。众创空间应多举办内部的创业沙龙，给予内部在孵企业之间充足的交流机会。此外，对于在孵企业之间的共享行为设立合理的激励机制，对于共享表现好的在孵企业给予一定的租金优惠或者其他便利。众创空间一方面可以针对所处行业相同、发展情况相似的在孵企业，帮助它们实现内部相互帮助；另一方面可以针对所处行业相同、发展情况不一的在孵企业，帮助它们实现"先富带动后富"。

5.5 本章小结

众创空间作为 2015 年才出现的新型创新创业服务平台，完善了孵化链条，在培育新兴高科技企业、促进地区产业结构升级、解决区域经济发展和就业问题中充当着不可替代的角色。但是我国众创空间的发展时间短，发展模式仍处于探索之中，众创空间仍存在创业导师素质不高、中介服务不全面、内部信息交流不充分等问题。这些问题一方面制约了众创空间自身的发展；另一方面也使得众创空间内的在孵企业无法顺利孵化。上述的各种问题本质上是众创空间知识服务能力不足所导致的，本书围绕众创空间知识服务能力这一核心因素，开展了众创空间知识服务能力影响因素研究，进行了众创空间知识服务能力影响因素问卷调查，提出了两种模式、五个因素的众创空间知识服务影响因素模型。本书的主要研究结论如下。

第一，本书明确了众创空间在孵企业知识需求的具体内容。众创空间知识服务的过程，就是众创空间依据其知识服务能力不断满足众创空间在孵企业知识需求的过程。因此，众创空间内在孵企业的知识需求是众创空间知识服务的起点。本书依据理论研究和实地调研，对众创空间内在孵企业的时期和在孵企业知识需求进行了总结。众创空间内的在孵企业多为50人及以下的种子期和初创期的企业，众创空间内在孵企业的知识需求主要集中在技术、组织、市场、资金和政策知识五类之中。通过对众创空间在孵企业知识需求的研究，为众创空间知识服务能力的研究提供了坚实的基础。

第二，本书阐述了众创空间知识服务能力的内涵，并分析了其主要影响因素。众创空间知识服务主要存在两个过程：显式知识服务和隐式知识服务。显式知识服务是指众创空间通过对外部知识源和自身知识的获取，判断在孵企业存在的问题，并提供相应的知识。隐式知识服务是指众创空间通过自身形成的系统和奖励制度，使得众创空间内部在孵企业之间形成知识的流动，进而实现问题的解决。本章依据众创空间知识服务的两种模式，分析了众创空间知识存量、众创空间知识结网能力、众创空间知识转移能力、众创空间内部知识共享能力及众创空间内部文化的相容性五个影响因素。

第三，本书在上述理论研究的基础上，对北京市的众创空间进行了问卷调查，并基于 SPSS 和 LISREL 软件，进行了结构方程模型的分析。本书对中央财经大学众创空间、清创空间及中关村创业大街内众多众创空间进行了实地调研，共计收到有效问卷 232 份。针对调查问卷内的个人信息和企业信息进行了描述性统计，针对调查问卷内的测量量表进行了结构方程模型分析，在剔除无效测度项的基础之上，验证了本书众创空间影响因素的相关假设，并确定了众创空间知识服务能力同在孵企业绩效之间存在显著影响。本书研究结论可以应用于众创空间知识服务能力的提升，为众创空间服务能力的提升提供建议。

本书在理论方面，首次提出了众创空间知识服务能力的两种服务模式和五个影响因素，一方面，丰富了众创空间的研究内容；另一方面，拓展了众创空间的研究方向。本书在实证方面，通过进行实地调查和问卷的发放，验证了本书提出的众创空间知识服务能力影响因素模型并通过与众创空间决策者之间的交流，有望将研究结果应用到未来的众创空间优化中去。

第6章　基于协同学的众创空间金融支持与科技创新机制分析

众创空间的探索性研究许多是关于概念及性质等基本含义的讨论，随着越来越多的深入研究，众创空间运行及创新成果转化等微观层面的问题成为学者关注的重点，但众创空间的深入研究，如实证研究还不够充分。本书将在序参量协同机制的背景下对金融支持和技术创新进行分析，通过 Netlogo 软件建立仿真模型，模拟风险投资主体和创新企业主体在区域内寻求资金、收益分配等活动来分析改善金融支持可能对主体产生的影响，并提出优化众创空间融资服务的对策。

6.1　金融支持与科技创新相关研究

国外学者就初创企业成长问题进行了多方面的研究，起步时间更早。Eisenhardt 和 Schoonhoven（1990）认为金融资源是中小企业发展过程中最基础的资源，而融资能力是影响中小企业成长的关键因素。Marris（1963）提出关于企业成长的需求、供给、融资和管理约束分析，对于缺乏融资能力的中小型企业，资金短缺问题常造成企业在成长中由于"燃料"不足而停滞甚至失败。Cabral（1995）在实证研究中指出，若将资本与技术选择沉没成本加以考虑，企业成长与规模呈现正相关关系。国外学者在创新活动是否对企业成长有影响方面也做了相关研究。Yasuda（2005）通过对 1992～1998 年日本制造业企业数据的研究，指出企业的研发投入对日本制造业企业的成长率有正向影响。企业创新能力分析表明，企业创新能力与企业长期成长相关。研究结果强调创新意图和基础设施对企业创新能力的重要性。Nurmi（2004）对 1981～1994 年芬兰制造业数据进行实证研究，认为研发投入对芬兰制造业的成长率具有明显的正向影响。Zahra 和 Hayton（2008）认为公司通过国际风险投资，大力追求盈利和增长的机会。应用组织学习框架，他们发现国际冒险活动对财务绩效的预期影响取决于公司的吸收能力。来自 217 家全球制造公司的数据表明，吸收能力调节了国际风险投资与企业盈利能力和收入增长之间的关系。这些结果促使管理人员建立内部研发和创新能力，以便成功利用国外市场获得的新知识。

国内学者针对我国独有的企业发展环境提出了不同看法。张杰（2000）提出由于信息不对称，商业银行类的金融机构出于风险性的考虑会减少对中小企业的融资计划，使这类企业必须面对较强的外部融资壁垒。李科和徐龙炳（2011）认为融资约束会对企业的日常经营产生直接影响，削弱了中小企业"短期预期回报"。杨林岩和赵驰（2010）指出有学者在吉布莱特（Gibrat）定律的基础上设计了企业行为决策、产业特征和规模相互作用机理的模型，在不同阶段，企业自有资金的提供能力、信息透明度等存在差异，对外部融资的依赖程度也有所不同。苏保涛（2017）经研究发现，中小企业融资难这一世界性、普遍性难题在我国的金融环境下显得格外突出，已制约其经济、社会效益的发挥，所以优化中小企业的融资环境迫在眉睫。尚增健（2002）以个案企业分析为研究基础，着重探讨科技型中小企业的成长机理，指出成长性是企业发育、发展的客观标志。只有当企业在未来生产能力、资产规模、市场份额及利润保有等各个方面均保持某种程度的整体扩张态势时，才能被认为具有成长性。王涛（2016）认为中小企业所处的创新环境发生了重大变化，企业面临的不确定性大大增强，来自各方面的竞争愈加激烈，中小企业的技术创新活动受到了严峻的考验和挑战。面对竞争全球化、技术变革快速化及创新大众化等趋势，如何充分利用内外部资源努力提升自身的技术创新能力，是经济新常态和互联网时代背景下我国中小企业实现转型和可持续发展的重要课题。

风险投资是指金融家投入新兴的、具有成长潜力的初创企业的一种资本。风险投资是金融体系的重要组成之一，国外学者进行了大量风险投资对创新作用的研究。理论研究方面，Casamatta（2003）认为，风险投资机构的介入为初创型企业提供资金支持与管理支持，促进企业快速成长。Kaplan 和 Strömberg（2003）认为，风险投资不仅可以满足初创企业的资金需求，还可以通过间接管理、即时监督等形式推动初创企业创业成功。

资本在满足初创期高技术企业资金需求的同时，通过直接管理、有效监督等方式，辅助高技术企业创业成功。Vasilescu 和 Popa（2011）认为资金供给是中小型创新企业成长不容忽视的问题，而风险投资是促进科技型初创企业成长可供选择的融资方式。实证研究方面，Kortum 和 Lerner（2000）构建了涵盖风险投资、研发与创新产出的生产函数关系，并以美国数据为依据进行实证分析，结论为风险投资很大程度上促进了专利数量的提升。Audretsch 和 Lehmann（2004）以上市公司数据为样本，实证分析了企业对风险投资和银行债务两种不同融资方式的倾向性，结论是初创型科技企业更偏好风险投资，因为其对企业成长有较强的促进作用。Parris 和 Demirel（2010）以 239 个英国新能源企业为样本，研究该类型企业创新与风险投资的联系，指出由于这一类型企业的相关技术和经验尚处于早期阶段，风险性较大，投资介入与支持作用明显但存在较强的不确定性。

随着国内风险投资的发展，国内学者的相关研究也越来越多。在风险投资促进科技创新的理论研究方面，谢林林和廖颖杰（2008）指出风险投资通过识别、分散并降低技术风险，为企业提供多种类型的管理监督和服务，进而增加企业成功率。杨恩军（2016）分析了众创空间平台下中小企业股权融资困境的原因，认为主要困境是政策性融资比例偏重、风险投资引入不足，而造成困境的原因主要是中小企业自身问题、中小企业融资法律法规体系不足、资本市场不健全等。张大权（2017）指出天使孵化企业是投资与风险投资相结合的众创空间形式，众创空间选择具有企业投资潜力、高回报发展潜力的企业，可以实现风险投资所需，并将自己的资源和业务经验转移到企业当中，减少企业的运营成本与风险。风险投资的资本主要来源有养老基金、募捐基金、公司、政府、银行、保险公司、家庭和个人等。风险投资的对象一般为两个：高新技术企业和处于创业期间有潜力的企业。风险投资主要过程有融资、投资、风险管理和退出四个阶段，其中退出机制是风险投资一个重要的问题。吴茜（2012）指出，在我国，股权转让为其风险投资退出的主要方式。股权转让的优点在于可以使风险投资者直接获得资金或者可流通证券，转让程序简单、成本低、周期短。缺点是相较于首次公开募股（initial public offering，IPO），收购者并不多，而且获得的价值也相对较低，当企业采用并购退出时还会发生企业失去独立性的可能，导致并购前后企业经营管理策略的连续性发生改变。

6.2　众创空间生态系统及协同机制分析

6.2.1　众创空间运营模式

黄欢（2018）总结了国内市场上现有的众创空间模式，主要可分为六种类型，分别是企业平台型、天使＋孵化型、开放空间型、媒体依托型、新型地产型、垂直产业型，如表 6.1 所示。不同类型的模式特点、孵化特色各有侧重，也各自对应着一批典型的代表，它们共同组成了专业化、市场化、网络化、集成化的众创空间。

表 6.1 众创空间主要类别

模式	模式特点	典型众创空间	孵化特色
企业平台型	大企业资源支持＋内/外部孵化结合	微软创投加速器	Windows Azure 云平台技术
天使＋孵化型	导师＋基金＋场地	Innovation Works、光谷创业咖啡	孵化＋投资＋辅导
开放空间型	活动丰富，门槛较低	3W 孵化器	孵化＋投资＋猎头
媒体依托型	媒体支撑孵化器	创业邦、氪空间	宣传＋创赛＋导师；孵化＋媒体＋免费
新型地产型	租赁空间灵活，靠工位盈利	优客空间	规模化＋重服务
垂直产业型	产业导向型	北京云基地	基金＋基地

众创空间模式侧重点各不相同。面对各具特长的众创空间，不同类型的企业可以有选择地入驻来获得价值增值服务和创业辅助。下面案例中分析的光谷创业咖啡属于天使＋孵化型众创空间，注重投资服务和创业辅导，能够为创新企业提供多方位的辅助指导。

6.2.2 创新企业融资方式及存在的问题

在与光谷创业咖啡负责人访谈的过程中了解到，虽然国家大力扶持创新创业，并给予了很多政策支持，但对于许多创业者来说仍面临"九死一生"的创业风险。

一方面，创业者也许具有好的创新能力，但缺乏多方面的创业经验，如如何注册公司、如何纳税、如何打通市场等一系列实践层面的问题；另一方面，由于推行的是"双创"，创新创业门槛显著降低，这意味着能够参与创业的群体广泛增加，但同时也意味着参与其中的许多创业者都不再是准备充足的企业家而是大众群体，对于这类创业者来说资金的短缺是普遍问题，也是众创空间负责人所认为的"头号难题"。

对于第一类问题，众创空间的成立和广泛发展可以起到很好的帮助，通过提供廉价工位保证创业场地，提供财税法务知识的免费培训增加创业经验，提供项目申报等中介服务来简化创业流程。但对于第二类问题众创空间却无法提供直接有效的解决办法。

众创空间内入驻企业创业资金来源主要有三个部分，分别是自有资金、获得融资和政府政策支持。虽然政府大力扶持创新企业，投入巨大的直接补贴数额，但众创空间企业众多，因此分配给每个企业的金额都不会太多。众创空间能够提供项目申报的中介服务，为符合条件的创新创业项目申请到政府的资金支持，一般为 3 万~5 万元。政府补贴对创业者的资金问题可能有一定程度的缓解,但作用不太明显。风险投资作为创业者的另一个资金获得渠道,帮助是直接且有效的,然而也是难以获得的。风险投资的目标是在承受较高风险的同时追求高收益,承受较高风险并不是接受一切风险,在进行高风险高潜力值项目评估和筛选的时候,追求后续投资回报避免投资亏损仍是首要的考虑因素。这意味着风险投资比银行等传统融资渠道更加灵活,更能识别出具有一定风险的高潜力创新创业项目,但为了实现收益最大化,风险投资对项目的评估仍然非常严苛。因此众创空间内的高价值项目才有机会获得投资,还有可能存在一部分企业是高价值企业,但由于风险投资数量有限或信息不对称存在较高的搜寻成本而无法获得投资的情况。在实地调研和众创空间生态系统的基础上,6.2.3节将协同学应用于众创空间系统,分析面向众创空间的风险投资与创新企业成长之间是否存在理论上的协同作用。

6.2.3 创新企业与风险投资协同机制

为了从微观层面分析众创空间创新企业成长过程中的融资问题及关于风险投资的可行改善方案,本书将协同机制应用于众创空间中。

定义6.1:将众创空间视为复合系统表示为 S。技术创新和金融支持为众创空间的两个子系统分别表示为 S_1 和 S_2。其中技术创新是创新企业成长的重要内核,而在众创空间系统中风险投资则是金融支持最贴切的代表。因此,众创空间中的技术创新和金融支持可认为分别体现在创新企业成长和风险投资两方面。子系统之间不是简单的线性相关,而是相互制约、相互影响的非线性关系。设子系统 $S_j, j \in [1,2]$,则 $\{S_1, S_2\} \subseteq S$,发展过程中的序参量为 e_j。

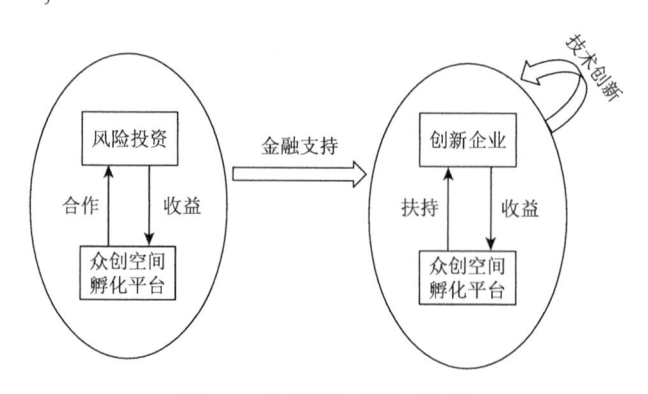

图6.1 众创空间系统示意图

定义6.2:将众创空间发展过程中的趋同力和耗散力分别记为 F 和 f。

众创空间创新企业与风险投资的动力 F 主要来自三个方面：一是技术创新主体为获取资金来保证研发和技术产业化的最终成果会不断增强技术创新和企业价值；二是金融支持主体通过债券或股权投资协助技术创新主体的产业化进而实现自身资本的增值和收益；三是政府希望大力发展创新促进经济增长，引导社会资本进入技术创新企业，加强技术与金融合理的资源匹配提升技术产业化效率，进而刺激经济增长。趋同力使各子系统之间相互融合、相互制约，使创新企业与风险投资的价值增加。趋同力与创新企业和风险投资价值提升的方向一致，并且创新企业与风险投资的趋同性越好，趋同力越大。

耗散力 f 主要来自三个方面：一是信息不对称，广泛的信息不对称可能会造成创新企业好的项目难以获得资金，风险投资对创新不了解难以筛选出值得投资的项目，政府不能完全甄别项目进而导致支持政策无效或低效率。二是技术与金融的跨领域特性，二者都擅长自己的领域却难以做到同时实现两个领域的融通。技术领域不清楚最佳融资渠道和融资工具，金融领域缺乏对技术可行性和风险性的准确判断。三是新兴技术行业的高风险性，与传统行业不同，新兴技术行业没有相关经验可以帮助投资者进行判断，这一特点促使商业银行等风险厌恶金融主体形成了投资壁垒。耗散力的方向与创新企业和风险投资价值提升的方向相反，会提高风险投资失败的可能性，降低创新企业与风险投资的价值。

序参量是定义系统有序程度的变化量，当系统完全无序时，序参量为零。当系统发生变化时，序参量也会随之发生变化，当系统到达有序的临界点时，会出现宏观有序的系统结构。由此可见，渐变的序参量在宏观上确定了系统的有序程度。

根据役使原理，创新企业与风险投资系统的自组织过程是由趋同力与耗散力相互竞争与协同产生的，二者的相互作用是系统演化的动力，并通过这种作用产生有序的结构，表现为自组织现象。

定义6.3：创新企业和风险支持的序参量自组织系统的运动方程可写为

$$\frac{\partial e_j}{\partial t} = (F-f)e_j - k \cdot e_j^3 + c \tag{6.1}$$

其中，k 为 e_j^3 的常系数项，e_j 随时间动态变化，$e_j = e_j(t)$。依据假定 t 时刻序参量的状态主要由三个方面的因素决定：①序参量当前状态 e_j；②协同发展的趋同力 F；③协同发展的耗散力 f。

根据式（6.1）得到复合系统的势函数方程为

$$E(e_j) = -\frac{1}{2}(F-f)e_j^2 + \frac{1}{4}k \cdot e_j^4 \tag{6.2}$$

设序参量 e_j 的增长率为 v_j，损失率为 d_j。可以认为 v_j 是由趋同力 F 决定的，而损失率 d_j 是由耗散力 f 决定的。系统价值存量模型为

$$\frac{\partial e_j}{\partial t} = v_j(t) - d_j(t) \tag{6.3}$$

增长率和损失率均取决于现有序参量 e_j，可表示为

$$v_j(t) = a_j e_j(t) + \beta_j \tag{6.4}$$

$$d_j(t) = \gamma_j e_j(t) + \theta_j \tag{6.5}$$

式（6.4）、式（6.5）中 a_j 和 γ_j 分别为由外部因素决定的、与序参量本身无关的增长率系数和损失率系数，且在此不考虑 e_j 的变化对序参量的反作用影响，β_j 和 θ_j 为其他对序参量外部影响的总和。

将式（6.3）代入式（6.4）、式（6.5）后得到

$$\frac{\partial e_j}{\partial t} = v_j(t) - d_j(t) = (a_j - \gamma_j) e_j(t) \tag{6.6}$$

式（6.6）描写的是在众创空间的复合系统中创新产出能力和金融支持能力的价值方程，若增长率大于损失率，则方程呈指数增长，反之则为指数衰减。

子系统在协同理论下有两种可能产生的结果，一类是竞争与共存，该情况的前提是两个子系统直接没有相互作用，与所要讨论的众创空间情况不符，根据前文的分析可知众创空间的复合系统中两个子系统相互作用且联系紧密；另一类是共生现象，即其中一个子系统的增长率以另一个子系统的存量为前提，技术创新与金融支持相互依存、相互影响，并最终达到稳态，所以在方程中引入耦合项，k_1 和 k_2 为耦合系数，有

$$\begin{cases} \dfrac{\partial e_1}{\partial t} = (a_1 - k_1 e_2) \cdot e_1 - \gamma_1 \cdot e_1 \\ \dfrac{\partial e_2}{\partial t} = (a_2 - k_2 e_1) \cdot e_2 - \gamma_2 \cdot e_2 \end{cases} \tag{6.7}$$

式（6.7）中 e_1 和 e_2 均不能为 0。系统达到定态时，有 $\dfrac{\partial e_1}{\partial t} = \dfrac{\partial e_2}{\partial t} = 0$，即

$$\begin{cases} \dfrac{\partial e_1}{\partial t} = (a_1 - k_1 e_2) \cdot e_1 - \gamma_1 \cdot e_1 = 0 \\ \dfrac{\partial e_2}{\partial t} = (a_2 - k_2 e_1) \cdot e_2 - \gamma_2 \cdot e_2 = 0 \end{cases} \tag{6.8}$$

以上方程组可以得到两组解。

第一组解：$e_1 = e_2 = 0$。表示技术创新和金融支持均不存在，没有意义。

第二组解：$\begin{cases} a_1 - k_1 e_2 - \gamma_1 = 0 \\ a_2 - k_2 e_1 - \gamma_2 = 0 \end{cases} \Rightarrow \begin{cases} a_1 - \gamma_1 = k_1 e_2 \\ a_2 - \gamma_2 = k_2 e_1 \end{cases} \Rightarrow \begin{cases} e_2 = \dfrac{a_1 - \gamma_1}{k_1} \\ e_1 = \dfrac{a_2 - \gamma_2}{k_2} \end{cases}$

令 $a_j > \gamma_j$，显然根据式（6.7），在系统中，创新企业和风险投资均呈增长的趋势，并在相互作用发展的过程中共同达到稳态，是最有意义的结果，也是协同效应的体现。由此得出结论：创新企业成长和风险投资之间存在相互促进作用。但由于创新企业与风险投资协同发展过程中的阻力因素及现实生产要素的有限性，创新产出能力与风险资金供给能力不能无限增加，而是存在着一定上限。

在创新企业与风险投资协同发展过程中，需要具备一定资金供给能力的金融子系统，即风险投资为创新企业的知识创新、技术创新及产业化的全过程提供资金支持，并发挥其事前筛选与事后监督管理机制，以保证资金的配置与使用效果，从而提升创新企业的效率和质量。创新产出能力不断提升的创新子系统在为风险投资提供更大需求空间的同时，也为市场金融主体提供高额投资利润，其财富效应吸引了更多的资本进入创新领域，实现风险投资规模的扩张。

根据以上协同学应用于众创空间的系统分析可以发现，创新企业与风险投资之间在理论上存在互相促进的协同作用。CAS 由无序状态开始，随着各主体之间信息、资源的交换和依据最优原则对自身行动的不断调整，通过与子系统的协同作用，最终达到有序状态，即创新企业和风险投资在众创空间生态系统中最开始是无序状态，随着创新企业希望获取融资追求自身发展及风险投资希望搜寻优良项目达到资本增值目的的趋同力作用，和两者自身成本的消耗、投资壁垒、信息不对称等耗散力的作用，两者最终能够达到协同状态。在达到协同状态之前创新企业和风险投资相互影响和促进，当各自达到临界值即有序状态时，系统保持相对稳定状态。基于上述分析，在后文为分析协同作用构建仿真模型时，将依据协同力和耗散力的不同分别设置实验组和对照组，依据 Netlogo 可视化的仿真进行分析。

6.3　基于协同机制的仿真模型构建

6.3.1　模型的假设和提出

1. 模型的假设

作为 CAS，众创空间内科技型初创企业的涌现是整体生态系统运行的动态结果，涉及创新企业、众创空间孵化平台、风险投资主体、科研机构、政府等多个主体。各主体通过交互作用相互影响，使众创空间生态系统的发展受许多不同因素的综合作用，因此从单一方面来研究整个生态系统容易陷入片面的困境。McKelvey（2004）在对创业理论、复杂适应性系统理论进行分析比较之后，提出多 Agent 模型可应用于创业生态系统研究领域。刘霞和章仁俊（2008）提取了区域创业系统的七个 CAS 基本特征，提出了关于复杂适应性系统的创业系统建设的思路和方法。多 Agent 方法在许多领域都得到了应用，相应的建模工具也愈加丰富，常用的工具有 Fables、Netlogo 及 Repast 等。考虑到与研究问题及选取模型的契合性，本书选取 Netlogo 作为仿真工具。

相较于传统学科，经济学具有外界环境多变性和本身复杂性的特点，因此系统中存在的各类随机不确定因素使收集系统的全部信息变得不可能，也因为获得所需要的数据使得部分研究变得不可行。在经济活动中各主体会不断借经济环境的变化来调整自己的行为，这种微观方面的进化过程，表现出经济系统特有的复杂演化规律。

多主体仿真以创建经济行为个体为途径，通过模拟个体的属性、行为活动及相互作用规则，从复杂适应性系统的角度构建宏观经济系统框架，微观个体在系统中不断相互作用。根据最优的规则优化自己的行为，以适应环境的变化这种微观层面的演化过程，不仅带来个体对环境的适应性，而且带来宏观层面不断涌现出新的系统特征。

2. 模型的提出

有学者通过讨论系统复杂性的形式，认为复杂性是客观世界的本质属性，其研究方法必须是整体论，指出复杂系统研究的有效途径是系统仿真。依据实地调研获得的众创空间生态系统运行机制和复杂性系统理论，构建如图 6.2 所示的众创空间生态系统（science and technology based entrepreneurial ecosystem，STBES）模型。STBES 模型作为一个开放系统模型嵌入整个社会的经济、文化环境中，能够与外部环境进行相互物质、能量、信息的交流和交换，是一个全方位的、多方面的区域科技创业生态系统，并在一定的区域范围内进行不断的自我维持。STBES 不是由政府设计管理的，而是由多 Agent 在学习与交互过程中共同培育的区域综合科技创业生态系统。

STBES 中主要存在五类主体，分别是创新企业、众创空间孵化平台、风险投资、政府部门和科研机构。各主体在系统中以不同属性发挥着各自的作用，并因交互作用与其他主体产生影响，具体来说属性如表 6.2 所示。

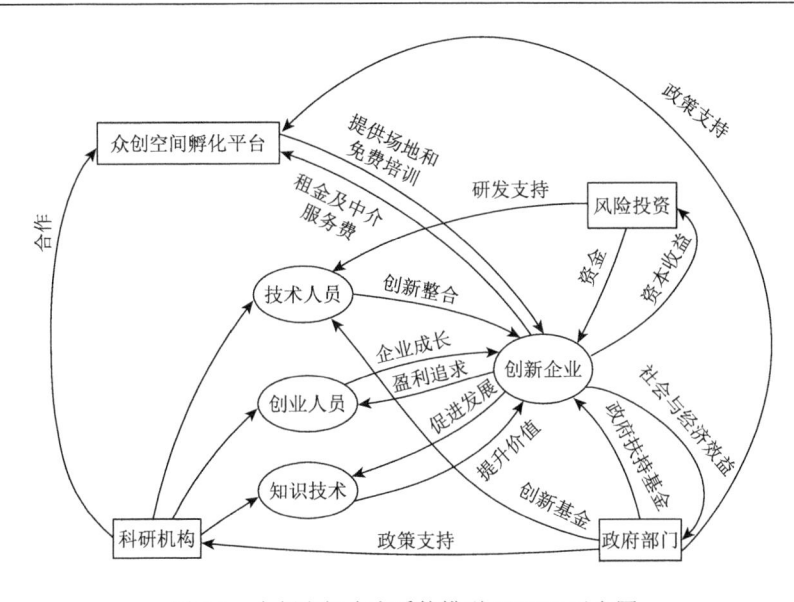

图 6.2 众创空间生态系统模型 STBES 示意图

表 6.2 模型中 Agent 类别

Agent 类别	作用
创新企业	提供创业人员、创新技术、创新产品等，作为载体实现创业的主观能动性
众创空间孵化平台	提供创业场地、免费培训等增值服务，提供融资平台
风险投资	通过股权占比的形式提供资金支持，并以股东身份介入企业管理
政府部门	制定相关政策、提供政策扶持基金
科研机构	提供新的知识和技术，提供科技创业者，为创业企业提供员工

仿真分析现实系统，对需要模拟的现实系统进行深入分析，找出其中与所要研究问题相关的主要方面内容，考虑系统的实现流程。对于经济与社会系统仿真，可以建立复杂系统模型。基于该仿真理论的指导，本书首先对模型进行抽象化和针对所研究问题进行简化。

由图 6.2 可以看出，系统内各主体之间密切联系，并且相互影响。科研机构与创新企业之间的联系是知识转化，对创新的促进。涉及创新企业成长的资金关联主体主要为提供扶持基金的政府部门、直接提供投资的风险投资机构及众创空间孵化部门。在这个系统中，科研机构的存在仍然是有意义的，虽然它不直接参与创新企业成长中的融资交互过程，但与之相关的知识技术、创业人员和技术人员却很大程度上决定了创新企业的潜力和价值，这一点与创新企业是否能够获得风险投资息息相关。因此在仿真模型中不设置科研机构这一主体，而是将其决定的创新企业技术水平和价值设定为创新企业的属性，由此来体现它在创业生态系统中的作用。同时，政府通过制定创业政策体系来引导相关行为主体，通过众创空间来实现自己的政策实践及发放相应的补贴，借助众创空间孵化平台来实现政府的作用效果。所以后文的模型中不设置科研机构和政府这两个主体。

因此，本书的模型流程框架可简化为图 6.3。

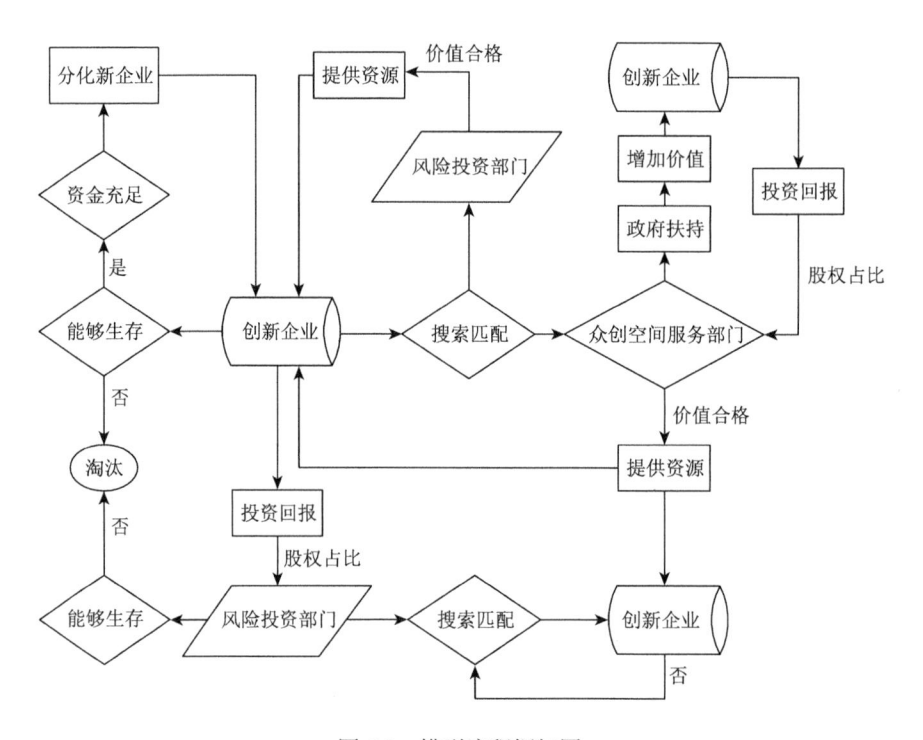

图 6.3 模型流程框架图

就众创空间孵化平台来说，模型体现了众创空间存在的意义和价值。在众创空间中的企业可以享受一系列扶持政策和帮助，如免费财税、法务知识的培训，这一点在模型中的体现是增加企业价值。入驻众创空间的企业可以提供中介服务为符合政策条件的企业申请相应的政府资金支持。除此之外众创空间本身可以提供投资服务，并以股权占比的方式获取收益，但是众创空间对于项目的筛选较风险投资更为严格，因此在模型中众创空间孵化部门会设置较高的价值合格标准。创新企业和风险投资之间在区域内可以移动，以一定的搜寻成本进行搜寻，即创新企业寻求风险投资来获得企业的成长和发展，风险投资寻求价值高的创新企业来获得收益实现资本的增值。

在模型运行过程中，创新企业与风险投资部门不断移动并进行搜索匹配，众创空间孵化平台不可移动。每一个时间步，都存在一定的损耗值。创新企业在运行过程中若遇到风险投资部门，则两者之间可能会发生投资行为，能否发生投资行为的条件在于创新企业的价值指数是否达标，若创新企业的价值指数满足投资条件，则风险投资部门会对其进行投资，并以投资占股的形式产生回报；若创新企业遇到众创空间孵化平台，它们之间也可能发生投资行为，由于众创空间孵化平台的投资行为更加谨慎，模型中对可投资的创新企业的价值指数要求更加苛刻，创新企业若满足投资条件，则会产生投资行为，同样以投资占股的形式产生回报。随着时间步的增加，若创新企业拥有的资金超过分化新企业的阈值，则会分化出新的企业，新企业的价值指数与原企业相同。详细的模型实现过程会在后续章节介绍。随着模型仿真时间的增加，系统内风险投资部门和创新企业的生存数量与其所拥有资金总量随之变化。详细的模型实现过程会在后续章节介绍。

6.3.2 基于 Netlogo 软件的模型实现

1. Netlogo 介绍

Netlogo 是一个用来对自然和社会现象进行仿真的可编程建模环境软件。它由 UriWilensy（马尔威伦斯）在 1999 年发起，由链接学习和计算机建模中心（The Center for Connected Learning and Computer Based Modeling，简写为 CCL）负责持续开发，它研发目的是为科研和教育机构等提供一个强大、易用的计算机辅助工具。

NetLogo 继承了 Logo 语言的优点，但同时又改进了 Logo 语言只能控制唯一个体的不足，能够在建模中控制成千上万的个体。因此，使用 Netlogo 建模能很好地模拟微观个体的行为和宏观模式的涌现及其两者之间的联系。Netlogo 是用于模拟自然和社会现象的编程语言和建模平台，尤其适合模拟随时间发展的复杂性系统。Netlogo 是可以对社会现象进行模拟的可编程建模平台，在同一时间模型可以模拟成千上万个被观测对象的行为，这样不仅可以从微观层次上分析个体的行为，也可以从宏观层次上观察系统整体的变化。在本书中，通过编写程序对众创空间的投资模式进行建模仿真，模拟众创空间孵化平台、风险投资部门和创新企业之间的相互作用关系，分析风险投资部门和创新企业之间的协同机制对创新企业的成长的影响。

2. 模型变量定义

在模型中，为了尽可能真实地模拟众创平台、风险投资部门和创新企业的运行状态，对它们分别进行了一系列的属性设定。

创新企业拥有的属性值有以下几个方面。

1）趋同力属性

根据前文的分析可知，趋同力属性是推动各子系统之间相互融合，使创新企业资产价值增加的属性，主要包含以下 3 个属性。

F_i^{CO}：企业自有资金，随着时间步的改变会发生变化。在系统初始状态下，即 $t=0$ 时，企业自有资金为 $F_i^{CO}|_{t=0}$，在 20~50 单位间随机分布。

F_i^{CI}：企业获得的投资资金，为从风险投资部门获得的投资资金 $F_i^{CI}|R$ 和众创空间获得的投资资金 $F_i^{CI}|I$ 的总和，即 $F_i^{CI}=F_i^{CI}|R+F_i^{CI}|I$。

F_i^C：企业的总资金，包括自有资金和投资资金两部分，即 $F_i^C=F_i^{CI}+F_i^{CO}$。

2）耗散力属性

耗散力主要来自创新企业与风险投资之间因信息不对称而产生的投资壁垒，因此本书使用创新企业的信息搜寻成本来表示耗散力。

C：信息搜寻的成本。由于信息不对称的耗散力作用，创新企业进行信息搜寻需要付出一定的成本。

3）其他属性

L_i^C：创新企业的运营成本。

V_i^C：创新企业的投资价值指数，价值指数越高说明企业的发展潜力越大，盈利能力越强。

I_i^C：创新企业的日常运营收入，会随着企业资金的变化而变化，当企业资金增多时，日常运营收入盈利的可能性更大，并且收入也会增多。

D_i^C：创新企业亏损率，当企业的自有资金低于初始资金，即 $F_i^{CO}|_{t=0} < F_i^{CO}$ 时，说明企业出现亏损，此时 $D_i^C=(F_i^{CO}|_{t=0}-F_i^{CO})/F_i^{CO}|_{t=0}$。

F^{Tr}：企业分化阈值，当企业的自有资金超过分化阈值，即 $F_i^{CO}>F^{Tr}$ 时，企业会分化出一个新企业，新企业除了拥有与母企业相同的价值指数，其余属性值与创新企业初始状态下的属性值相同。

风险投资部门拥有的属性值有以下方面。

F_j^R：风险投资部门的资金总量。

L_j^R：风险投资部门的运营成本。

M_i^{CR}：风险投资部门的投资标记，用于记录对该创新企业进行风险投资的风险投资部门的 ID。

R_i^{CR}：风险投资部门的投资股权占比，风险投资部门对创新企业进行投资，以投资占股的形式获得回报，即 $R_i^{CR} = F_i^{CI}|_R / F_i^C$。

P：风险投资进行投资的概率。由于技术与金融的跨领域性与新兴企业的高风险性耗散力的作用，风险投资对创新企业的投资是存在一定概率的。该概率 P 受到信息搜寻成本 C 的影响，C 越大，P 越小。

众创空间孵化平台（incubators）拥有的属性值有以下方面。

F_k^I：众创空间孵化平台的资金总量。

M_i^{CI}：众创空间的投资标记，用于记录对其进行投资的众创空间的 ID。

R_i^{CI}：众创空间的投资股权占比，众创空间对创新企业进行投资，以投资占股的形式获得回报，即 $R_i^{CI} = F_i^{CI}|_I / F_i^C$。

3. 模型初始参数设置

本模型先根据 2017 年、2018 年和 2019 年的《中国火炬统计年鉴》和《中国科技统计年鉴》设置初始参数。由于现实的复杂性和众创空间数据的缺乏性，部分数据并不能取到确切数值，而是一个范围。在仿真实验里允许参数是范围值，因为仿真是对现实世界的模拟，现实世界具有复杂性和随机性。根据 STBES 模型流程框架图和访谈获得的实际信息与数据及构建仿真模型，各 Agent 初始参数设置如表 6.3 所示。

表 6.3　模型初始参数表

所属对象	名称	2017 年初始值	2018 年初始值	2019 年初始值
创新企业	初始资金	206 868	168 998	201 552.63
	运营成本	103 434.35～186 181.83	84 493.32～152 098.77	100 776.32～181 397.37
	初始数量	273 921	419 588	408 510
	分化阈值	3 598 272	3 680 468	4 146 864
	搜寻成本	30 000	30 000	30 000
风险投资部门	初始资金	26 387 916.38	29 511 070.12	28 206 080.36
	运营成本	13 193 958.19～23 749 124.74	14 755 535.06～2 655 996.04	14 103 040.18～2 538 532 996.04
	投资概率	0.055	0.055	0.055
	投资资金	3 598 272	3 680 468	4 146 864
	投资收入	76 901	608 702	450 805
	初始数量	2 045	2 296	2 800
众创空间孵化平台	自有资金	3 505 576.31	2 664 690.71	2 628 529.53
	初始数量	4 298	5 739	6 959
	投资资金	1 183 984.88～2 131 172.77	1 078 565.95～1 941 418.71	1 044 799.76～1 880 639.56

变量初始值设定如下。

（1）创新企业的变量。①初始资金：创新企业的资金来源主要包括风险投资和财政补贴，因此本书使用创新企业所拥有的风险投资与财政补贴的总额作为创新企业的初始资金。②运营成本：已有研究认为，企业的运营成本通常占企业资金的 50%～90%，因此本书使用创新企业初始资金的 50%～90%作为创新企业的运营成本。③初始数量：本书以创业团队和创新企业的数量总和作为模型中创新企业的初始数量。④分化阈值：根据模型的设置，创新企业的资金达到分化阈值后会分化出另一个创新企业，当创新企业的资金达到了平均投资水平时，即可进行分化。因此，本书以风险投资的平均投资水平作为创新企业分化阈值的初始值。⑤搜寻成本：根据前文介绍，创新企业的搜寻成本主要产生于与风险投资进行匹配的过程中，而创新企业主要通过众创空间举办的创业活动而被风险投资知悉，因此本书使用创业活动的成本作为创新企业搜寻成本的初始值，根据调研，创新企业搜寻成本的初始值设置为 30 000。

（2）风险投资的变量。①初始资金：风险投资的主要资金来源是投资收入，同时，本书假设风险投资从创新企业中获得的投资收入与众创空间从创新企业投资获得的投资收入相等，因此，本书以投资收入作为风险投资初始资金的初始值。②运营成本：与创新企业的运营成本类似，本书使用风险投资初始资金的 50%～90%作为风险投资的运营成本。③投资概率：本书以获得投融资创新企业和创业团队总数占当年服务的创新企业和创业团队总数的比率作为风险投资的投资概率。④投资资金：本书以创新企业所获得的来自风险投资的平均投资金额作为风险投资的投资资金。⑤投资收入：本书以风险投资从创新企业获得的平均投资收入作为风险投资的投资收入。⑥初始数量：本书以全国创业风险投资的数量作为风险投资的初始数量。

（3）众创空间的变量。①自有资金：众创空间自有资金的来源主要是收入，因此本书以众创空间的总收入作为众创空间的自有资金。②初始数量：本书以全国众创空间的数量作为众创空间的初始数量。③投资资金：众创空间对创新企业的投资包括服务、房租等形式，投资资金也是众创空间的主要成本，因此本书以众创空间总收入（服务、投资、房租、政府补贴）的 50%～90%作为众创空间的投资资金。

4. 主体行为设计

模型的主体行为设计，主要有 move（移动）、get-invested（投资）、

normal-income（日常收益）、reproduce（分化）和 death（死亡）五个功能函数。下面分别对各个功能函数进行介绍。

（1）move：表示创新企业和风险投资部门的搜索过程，每一个时间步创新企业和风险投资部门都会向前运动一步，同时消耗运行成本。

（2）get-invested：该函数描述了创新企业和风险投资部门的投资行为。若创新企业在系统中与风险投资部门相遇，根据搜寻成本 C 的大小，风险投资部门会改变自己的投资概率 P，C 越大，P 越小。

（3）normal-income：该函数计算公司日常运营产生的收益，并对众创空间或者风险投资部门产生回报。模型中设置为 0~40 的随机数。

（4）reproduce：该函数用于计算创新企业的分化。当创新企业的自有资金量大于分化阈值时，创新企业会分化出一个子企业。

（5）death：该函数用来判断创新企业和风险投资部门是否破产。当创新企业和风险投资部门的自有资金量小于 0 时，其将消失。

5. 模型可视化工作界面设计

在界面中可以通过"添加"来创建按钮、滑块、开关、选择器、监视器等多种可视化部件。随后在代码区编写模型所需要的代码，对可视化部件进行编辑，使得可视化部件与代码相耦合，这样便可以通过操作可视化部件来高效地运行模型代码。

在本模型中，添加了四个按钮、五个滑块、一个开关、两个监视器。

按钮和滑块定义如图 6.4 所示。四个按钮分别命名为"setup"（初始设置）、"go once"（运行一致）、"go always"（持续运行）和"author info"（作者信息）。"setup"按钮与模型的初始化函数相关，点击"setup"按钮模型即可进行初始化。"go once"和"go always"按钮与模型的运动函数相关，点击"go once"按钮可以让模型向前推演一个时间步，点击"go always"

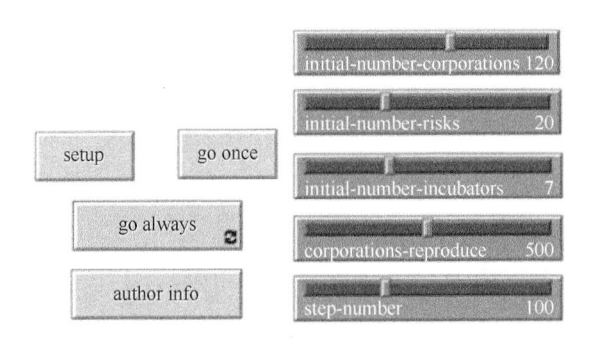

图 6.4　按钮及滑块的功能定义

按钮可以让模型持续向前推演，直到达到设定的时间步为止。点击"author info"按钮可查看作者信息。五个滑块分别定义为"initial-number-corporations""initial-number-risks""initial-number-incubators""corporations-reproduce""step-number"，前三者分别为创新企业、风险投资部门和众创空间孵化平台的初始数量。后两者分别为创新企业分化阈值的大小和软件模拟时间步的长度。

开关定义为"synergy?"（是否协同），"On"为模型中引入了风险投资部门和创新企业之间的协同机制，"Off"为模型中风险投资部门和创新企业之间没有协同机制，如图 6.5 所示。

图 6.5 开关的功能定义

两个监视器分别定义为"risks number"和"corporations number"。分别用来绘制风险投资部门和创新企业的数量随时间步 ticks 变化的曲线，如图 6.6 所示。

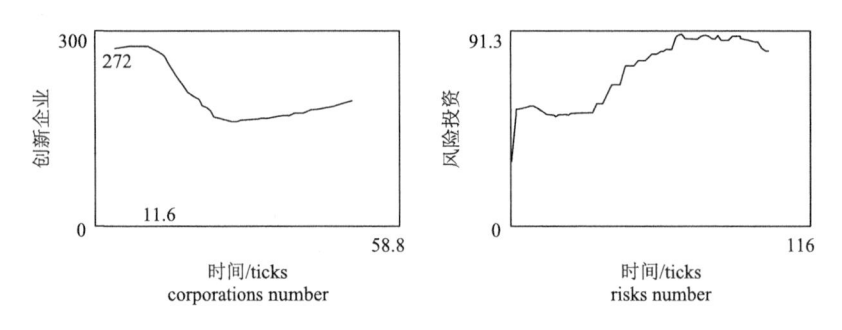

图 6.6 监视器的功能定义

ticks 指仿真周期，余同

完成界面的设置和代码的编写后，对模型进行初始化，可以在世界的监视框中看到模型初始化的可视化界面，如图 6.7 所示。图 6.7 中小旗代表创新企业，小人代表风险投资部门，黑色六边形代表众创空间孵化平台。创新企业、风险投资部门和众创空间孵化平台均匀分布在世界中，其中众创空间孵化平台不可移动，创新企业和风险投资部门在每一个时间步后都会向前移动一步，若创新企业遇到风险投资部门或众创空间孵化平台并且价值指数满足投资条件则会发生投资行为。

6.3.3 仿真结果及分析

完成模型的初始化后，如图 6.8 所示。运行模型即可以观察到创新企业、风险投资部门和众创空间孵化平台三者的相互作用过程，定义模型运

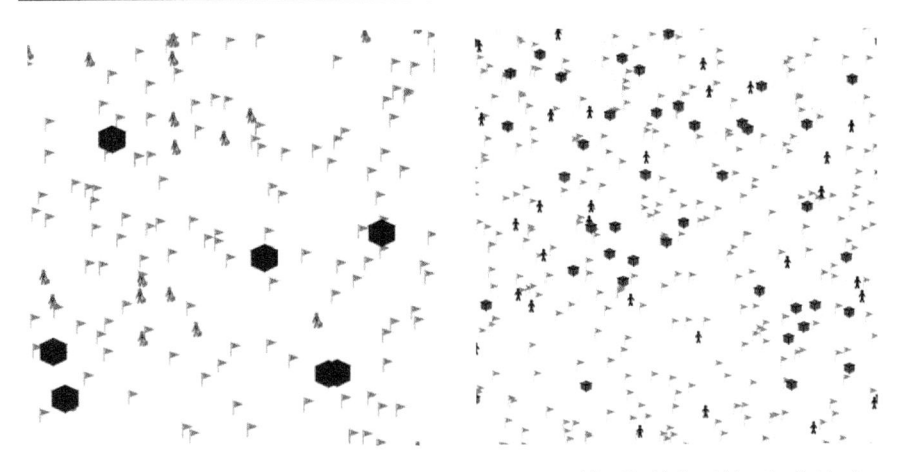

图 6.7　模型初始化前的可视化界面　　图 6.8　模型初始化后的可视化界面

行的时间步最大为 50 ticks，当模型结束运行时，会得到如图 6.9 所示的结果，并使用软件的导出功能将绘图数据全部导出，为后文对数据的分析做准备。

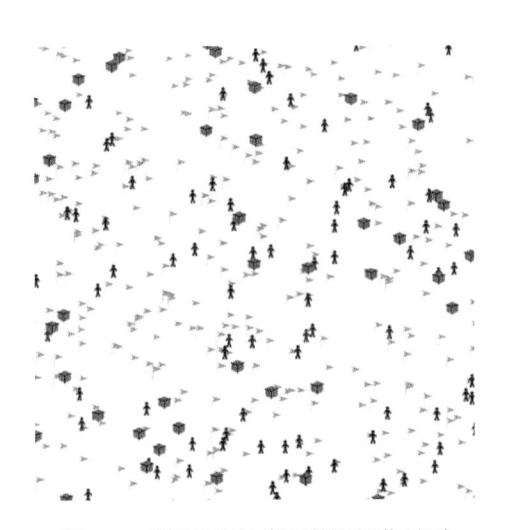

图 6.9　系统仿真结束后的可视化界面

从图 6.9 中可以明显看出，创新企业的分布已经出现了变化，在众创空间和风险投资部门周围的存活率明显高于其他区域，说明在众创空间复合系统中，创新企业的成长对资金有很强的依赖性，趋同力主宰众创空间复合系统演化的方向并通过役使原理支配耗散力，趋同力使各子系统之间相互融合、相互制约，使创新企业与风险投资的价值增加，复合系统有序性程度也大大提高，即存在共存情况下的协同效应，验证了之前提出的结论。

1. 创新企业结果分析

仿真系统运行 50 次，创新企业数量变化图形结果的形状趋势是相对稳定的。仿真结果如图 6.10、图 6.11 和图 6.12 所示。

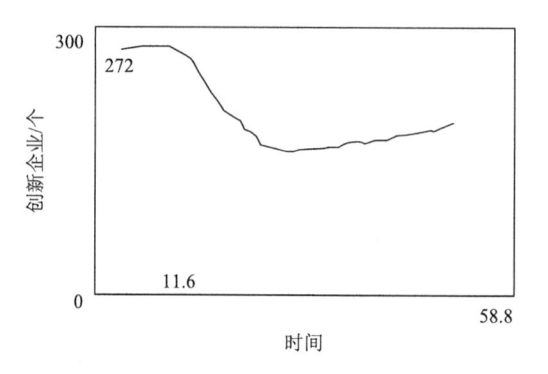

图 6.10　创新企业数量随仿真时间变化的曲线（2017 年）

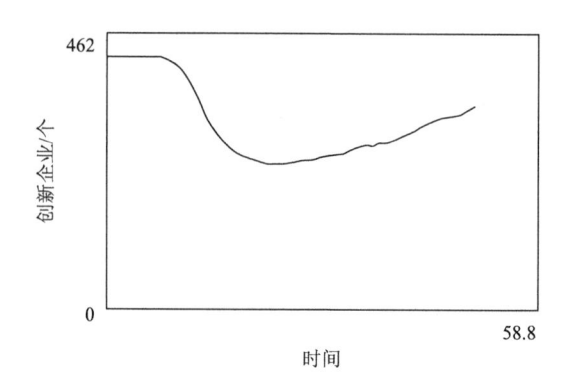

图 6.11　创新企业数量随仿真时间变化的曲线（2018 年）

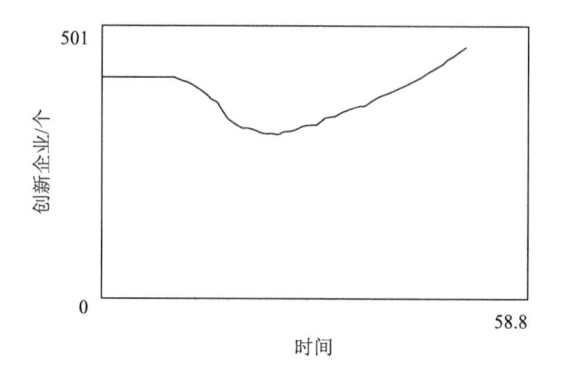

图 6.12　创新企业数量随仿真时间变化的曲线（2019 年）

图 6.10、图 6.11 和图 6.12 分别是 2017 年、2018 年和 2019 年的数据对应的创新企业的仿真结果,从图中明显看出曲线可分为两个阶段,一是对应于 1~20t 仿真周期的下降阶段;二是对应于 20~50t 仿真周期的缓慢上升阶段。下降阶段对应创新企业的淘汰阶段,大量的低质量创新企业由于得不到有效投资,加上自身盈利能力有限,自有资源逐渐被消耗完至被系统所淘汰,剩下少数的高质量创新企业由于得到了有效投资,并且自身盈利能力强,会逐渐开始成长壮大,并不断地分化出新企业,使得企业数量开始回升。此外,当模型中变量的初始值依据不同年份来设置时,创新企业数量的变化趋势是一致的,由此说明,仿真模型所显示的创新企业的结果是稳健的,创新企业的数量会按照图中的趋势变化,同时也验证了协同分析的结果。根据协同分析,创新企业在众创空间生态系统中最开始是无序状态,随着创新企业希望获取融资追求自身发展的趋同力作用,以及自身成本的消耗、信息不对称等耗散力的作用,创新企业最终能够达到协同状态。

2. 风险投资结果分析

仿真系统运行 50 次,风险投资数量变化图形结果的形状趋势是相对稳定的。仿真结果如图 6.13、图 6.14 和图 6.15 所示。

图 6.13、图 6.14 和图 6.15 分别是 2017 年、2018 年和 2019 年的数据对应的风险投资的仿真结果,由于模型中未引入风险投资的分化和新加入机制,若有风险投资决策失误,则会因为亏损过大而被系统淘汰。创新企业在初始创业阶段需要大量的资金投入,但收入并不会马上增加,此时会出现短暂的盈亏平衡状态甚至亏损状态,导致风险投资在前期也会出现这种情况,但是随着一些高质量企业的快速成长,风险投资部门会从中获得大量的回报,使得风险投资的数量开始上升。

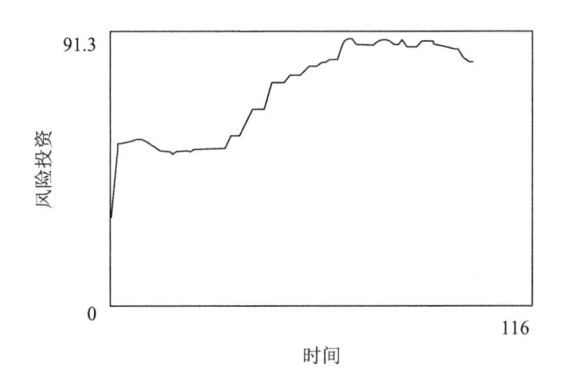

图 6.13 风险投资数量随仿真时间变化的曲线(2017 年)

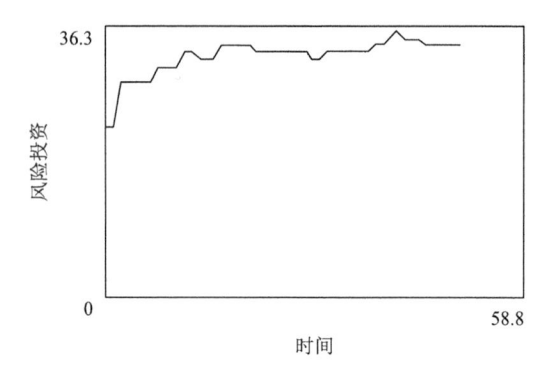

图 6.14　风险投资数量随仿真时间变化的曲线（2018 年）

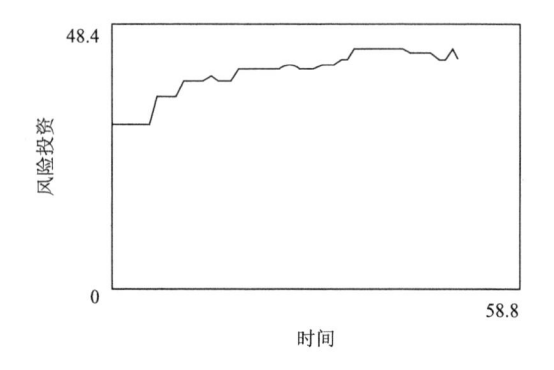

图 6.15　风险投资数量随仿真时间变化的曲线（2019 年）

当模型中变量的初始值依据不同年份来设置时，风险投资数量的变化趋势是一致的，由此说明，仿真模型所显示的风险投资的结果是稳健的，风险投资的数量都会按照图中的趋势变化，同时也验证了协同分析的结果。根据协同学的分析，风险投资在众创空间生态系统中最开始是无序状态，随着风险投资希望搜寻优良项目达到资本增值目的的趋同力作用和投资壁垒耗散力的作用，风险投资最终能够达到协同状态。

6.4　本章建议

众创空间协同发展的目标是使科技创新和金融创新的系统协同效应最大化。众创空间以互联网为载体通过线上线下的方式打造的空间和信息资源共享平台已经能够做到方便技术信息的交流和进步，其主要优势是能积极整合技术、人才等要素，为创新创业提供全套服务等方面。这些都为创新企业的成长提供了便利。根据仿真模型的数据与结果，我们提出以下建议。

1）众创空间

从创新企业角度来说风险投资的资金支持能够帮助其实现产业化进而提升创业成功率,从风险投资角度来说好的投资项目能够促进风险资本获得收益和增值,但是前提建立在有效的投资基础之上。如何使投资变得有效率,众创空间可以起到重要作用。一方面,众创空间可以加大风险投资机构的引入力度,使创新企业与风险资本结合更加紧密;另一方面,可以提供信息披露管理制度和信用评级,使创新企业的信息能够更好地被风险投资机构获取,进而方便风险投资识别出具有投资价值的优秀企业,不仅能够增加优良项目的成功率,实现这类企业的有效成长和发展,也能够使风险投资减少投资失败风险获得资本增值,达到良性的协同效果。

2）创新企业

处于众创空间中的创新科技企业要想提高融资能力,获得更多投资,先要增强企业自身的价值,加强管理,成为有潜力,值得被投资的对象。创新企业在人员方面存在一定程度的不足,缺少高质量的技术人员和管理人员这使得创新企业的生产效率低下,存在较高的失败风险,对投资者来说是缺乏吸引力的。同时,创新企业在财务方面也可能存在着许多问题,如管理不透明、制度不完善等,这些不良现象会使投资者不敢轻易投资。针对该类问题,创新企业应注重完善其管理制度,确保财务信息的真实有效性,加强企业文化的塑造,注重建立良好的信用记录。

3）风险投资

风险投资的作用在于可以为初创的创新型企业提供资本和非资本增值服务来促进技术创新绩效,从仿真结果可以看出风险投资对创新产出绩效具有正向影响,因此,可以发展风险投资与众创空间的对接,进而带动创新型创新企业的发展。需要关注的是,风险投资在成本管理方面的表现比较特殊,偏低或过高的成本都会影响风险投资的服务质量,因此需要注意风险投资的成本控制。风险资本的来源渠道较为单一,这使得风险投资资金规模普遍较小,无法承担较大和较长期低成本的资金支持,投资的项目多为风险小、投资少的短期项目,不利于重大创新和技术项目实现突破发展。为此,需要进一步丰富投资主体,拓宽融资渠道,挖掘适合风险投资的资金来源,包括养老基金、捐赠基金、国外资本等来提升风险资本总量。

6.5 本章小结

众创空间迅速发展,近几年来在推动大众创新创业方面取得了显著成效。在我国希望以创新来促进经济转型的时期，社会的各个领域充分发挥积极能动性进行创新创业活动变得迫切。为提高众创空间参与企业的孵化成功率、保持空间活力、提升众创空间运行效率，本章采用将理论和仿真结合的方法，通过对选定众创空间的信息收集归纳整理和总结，对众创空间的运行进行研究，并从微观层面对众创空间内的主体进行分析，提出改进建议，从而促进和提高空间运行效率。本章主要做了如下几点工作。

（1）通过对众创空间国内外相关文献的查阅和整理归纳，对众创空间运行机制和生态系统进行分析，对众创空间基本理论、风险投资理论、协同学理论、复杂适应性系统及建模等进行了综述，并在此基础上构建了关系仿真模型，并提出了相关假设。

（2）对依据理论设置的仿真模型进行结合实际的考量，并依据能够获得的数据设置初始值，使模型更加贴近真实值。基于数据可获得性的限制，依据文献基础对无法直接获得的数据进行设置，确保模型的有效性。

（3）本书对众创空间运行机制的梳理；基于 Netlogo 仿真软件和语言进行了不同的仿真实验分析，提高了模型的有效性和可信性，为参与活动的各主体提供了导向性依据，并最终为众创空间的发展提供了指导性建议。

综上，本章结合理论和实际提出了关于众创空间参与主体的仿真模型，并从参与者角度、众创空间孵化平台改进、风险投资等方面提出了参考性的建议和对策。研究结果在一定程度上使得创业链条得到了与实际相符的理论填充，微观化了整个创业过程链条，即创新企业、风险投资、众创空间孵化平台之间的交互作用带来的影响，使最后创业结果变得更加明晰和深刻，深化丰富了关于众创空间的创新创业研究理论。

第 7 章 基于知识共享的众创空间、初创企业与风险投资的合作策略研究

资金是制约众创空间中初创企业成长的关键因素。初创企业的初创特性决定了它很难通过内源性融资获得资金支持,并且在进行外源性融资的过程中,由于信用等级等因素,很难获得商业银行等传统金融机构的支持。初创企业与风险投资的合作从理论上可以有效解决初创企业在起步阶段面临的资金与管理问题,提高初创企业的成功率。众创空间作为初创企业与风险投资合作的中介,其与风险投资在知识和信息上具有互补性,通过知识共享可以改善信息不对称状况,推动初创企业与风险投资的合作。本章采用博弈论的分析方法,基于众创空间、初创企业和风险投资三方之间的关系,建立了演化博弈模型。通过对博弈过程分析,试图寻找有益于共赢的最优策略。

7.1 众创空间合作相关研究

促进全民创新创业是我国现阶段经济发展最迫切的要求,同时也是适应国内外经济形势、促进经济发展、提高经济发展质量的重要途径。众创空间的概念源自国外的 maker space,但是在中国的发展和实践中,赋予了它更多的内涵。2015 年 3 月印发的《国务院办公厅关于发展众创空间推进大众创新创业的指导意见》指出,众创空间是顺应网络时代创新创业特点和需求,通过市场化机制、专业化服务和资本化途径构建的低成本、便利化、全要素、开放式的新型创业服务平台的统称。这类平台为创业者提供了工作空间、网络空间、社交空间和资源共享空间。

众创空间是由不同的行为主体构成的,包括初创企业、政府和投融资机构等。其中,初创企业是众创空间的直接主体,包括众多的创新人才、大学生创业者等。众创空间是初创企业的重要支撑。它以初创企业的需求为核心,为初创企业整合各种创新创业资源,最终实现将优先的创新创业资源配置到最需要的领域。政府在众创空间扶持初创企业的过程中起到引导作用,同时也为众创空间提供政策支持与资金补贴。投融资机构是

众创空间的间接主体，包括商业银行、保险、风险投资公司等，为初创企业及其内部成员提供创业和研发所需要的资金支持。资金是制约初创企业成长的主要因素。资金的获取渠道主要包括内源性融资渠道和外源性融资渠道，内源性融资渠道指通过股东权益资本或企业内源性债务增加进行融资的方式；外源性融资渠道指通过外部性债务融资或股权融资的方式。初创企业的初创特性决定了它很难通过内源性融资获得资金支持，并且在进行外源性融资的过程中，由于信用等级等因素，很难获得商业银行等传统金融机构的支持。因此，风险投资成为初创企业的首选。初创企业与风险投资的合作理论上可以有效解决初创企业在起步阶段面临的资金与管理问题，提高初创企业的成功率。Vasilescu和Popa（2011）认为资金供给是中小型创新企业成长不容忽视的问题，而风险投资是对科技型初创企业成长可供选择的融资方式。Kortum和Lerner（2000）研究发现，风险投资对专利创新的促进作用是研发投入的三倍。张大权（2017）指出天使孵化企业是投资与风险投资相结合的众创空间形式，众创空间选择具有企业投资潜力、高回报发展潜力的企业，可以实现风险投资所需，并将自己的资源和业务经验转移到企业当中，减少企业的运营成本与风险。

  国内外现有的研究都表明，风险投资对于初创企业的成长有举足轻重的作用，可以帮助初创企业开拓市场、完善管理机制，从而提高创新创业的成功率。但是，初创企业获得风险投资的概率是较低的，因为初创企业的发展存在很多的不确定因素，如创新活动的进度、研发过程是否顺利、新产品在市场中的竞争力等，并且创新企业与风险投资之间存在着信息不对称的问题，导致风险投资机构对初创企业知之甚少。为了解决信息不对称问题，跨组织的知识共享和多方合作就成为一种必然。张三保和李锡元（2005）提出，跨组织的知识共享就是组织之间为了共同的目标，将属于自己的部分知识和信息有条件地转移给对方。众创空间作为初创企业与风险投资合作的中介，与风险投资在知识和信息上具有互补性，通过知识共享可以改善信息不对称状况，推动初创企业与风险投资的合作。由此，众创空间、初创企业与风险投资三者之间的合作也是必然的。纵观国内外现有的研究成果，多是针对初创企业与风险投资之间的合作，并没有将众创空间的作用考虑其中，因此三方之间的关系有很大的研究空间。

  演化博弈是研究多方合作策略的重要方式之一，已经被广泛应用于政府管理、创新管理和战略联盟稳定性等领域中。本书采用博弈论的分析方法，基于众创空间、初创企业和风险投资三方之间的关系，建立了演化博弈模型。通过对博弈过程的分析，找到了三方在博弈过程中的稳定均衡策略，寻找到有益于共赢的最优策略，并利用数值仿真对最优策略进行了验证，研究成果对促进众创空间的进一步发展、提高初创企业的生存与发展能力及三者之间更好地合作有着重要和积极的意义。

7.2 模型建立

演化博弈理论也叫进化博弈论，其基本思想是：在具有一定规模的博弈群体中，博弈方进行着反复的博弈活动。演化博弈以有限理性和学习能力代替了传统博弈论关于主体完全理性的假定，有限理性决定了博弈双方不可能在每一次博弈中都能找到最优的均衡点。演化博弈以一种动态的框架来分析系统均衡及达到均衡的过程，从而更准确地描述系统的发展变化。本书采用演化博弈论的方法来研究众创空间、初创企业和风险投资的合作关系。使用这一方法的原因在于：①初创企业的行为有努力和不努力，众创空间的行为有进行知识共享和不进行知识共享，风险投资的行为有投资和不投资，三者的行为选择都会对是否进行合作产生影响，该过程可以看作一个三方博弈；②演化博弈的研究对象是群体与群体选择策略的过程，分析结果具有普适性；③演化博弈的结果——演化稳定策略（evolutionary stable strategy，ESS）可以很好地体现三方博弈的长期稳定结果，可以从本质上说明众创空间、创业主体和风险投资是否合作的演化方向。

7.2.1 模型假设

为了更好地分析众创空间、初创企业和风险投资的演化博弈模型，在模型中进行以下必要的假设，假设如下。

（1）参与主体。假设演化博弈模型中有三个参与主体：众创空间、初创企业和风险投资。

（2）策略。众创空间有两种策略，即"共享"与"不共享"；初创企业有两种策略，即"努力"与"不努力"；风险投资有两种策略，即"投资"与"不投资"。

（3）模型中的参与主体做出决策的前提就是实现自身利益的最大化。众创空间、初创企业和风险投资追求的目标都是利润最大化，有明确的目标函数和最优的策略选择。

（4）有限理性假设。众创空间、初创企业和风险投资均是有限理性的，在博弈过程中不断获取信息并逐步调整自己的策略。

（5）众创空间、初创企业和风险投资三方的博弈过程遵循"复制动态"

原理，博弈方的策略是可以改变的，会选择具有较高收益的策略。若 t 时刻采取策略的收益小于期望收益，则在 $t+1$ 时刻，博弈方会改变自己的策略。

7.2.2 参数设置

在模型假设的基础上，考虑众创空间、初创企业和风险投资在选择各自策略时所考虑的主要因素，对模型中所用的变量进行定义，各变量符号及其含义如表 7.1 所示。

表 7.1 各主体变量表示及含义

参与主体	变量	含义
初创企业	R	初创企业的经营收入（$R>0$）
	r	初创企业入驻众创空间后支付给众创空间的费用（$r>0$）
	C_1	初创企业选择"努力"策略时的成本，选择"不努力"策略时的 C_1 为 0
	a	初创企业选择努力的成本收益转化率（$a>0$）
	α	风险投资进行投资后，初创企业获得的股权比例
	x	初创企业选择"努力"策略的概率（$0<x<1$），选择"不努力"的概率为 $1-x$
众创空间	C_2	众创空间选择"共享"策略时的成本，选择"不共享"策略时 C_2 为 0
	b	众创空间选择共享的成本收益转化率（$b>0$）
	β	风险投资进行投资后，众创空间获得的股权比例
	y	众创空间选择"共享"策略的概率（$0<y<1$），选择"不共享"的概率为 $1-y$
风险投资	I	投资金额，也可视为风险投资选择"投资"策略时的成本，选择"不投资"策略时 I 为 0
	c	风险投资选择投资的成本收益转化率（$c>0$）
	λ	风险投资进行投资后，风险投资获得的股权比例
	z	风险投资选择"投资"策略的概率（$0<z<1$），选择"不投资"策略的概率为 $1-z$

根据政府对众创空间的补贴政策可知，影响众创空间获得补贴的额度大小的因素与众创空间的规模等因素有关，与众创空间是否进行知识共享无关，因此我们假设政府对众创空间的补贴是无差别的，不考虑众创空间通过政府获得的收益。根据模型假设和参数设置，将初创企业努力与不努力、共享众创空间与不共享和风险投资选择投资与不投资进行组合，可以列出初创企业、众创空间和风险投资三方演化博弈的支付矩阵，如表 7.2 所示。

表 7.2　初创企业、众创空间和风险投资的三方博弈矩阵

项目		创业主体			
		努力 x		不努力 $1-x$	
众创空间		共享 y	不共享 $1-y$	共享 y	不共享 $1-y$
风险投资	投资 z	$\alpha(R+aC_1+bC_2+cI)-C_1-r$ $\beta(R+aC_1+bC_2+cI)+r-C_2$ $\lambda(R+aC_1+bC_2+cI)-I$	$\alpha(R+aC_1+cI)-C_1-r$ $\beta(R+aC_1+cI)+r$ $\lambda(R+aC_1+cI)-I$	$\alpha(R+bC_2+cI)-r$ $\beta(R+bC_2+cI)+r-C_2$ $\lambda(R+bC_2+cI)-I$	$\alpha(R+cI)-r$ $\beta(R+cI)+r$ $\lambda(R+cI)-I$
	不投资 $1-z$	$(R+aC_1+bC_2)-C_1-r$ $r-C_2$ 0	$(R+aC_1)-C_1-r$ r 0	$(R+bC_2)-r$ $r-C_2$ 0	$R-r$ r 0

当初创企业选择努力策略，众创空间选择共享策略，风险投资选择投资策略时，初创企业的基础收益为 R，通过努力策略获得的额外收益是 aC_1（努力转化率×努力的成本），众创空间共享给初创企业带来的额外收益是 bC_2（共享收益率×共享的成本），风险投资选择投资给初创企业带来的额外收益是 cI（投资转化率×投资资金），四者之和中 α 部分为初创企业的收入，再减去选择努力策略的成本 C_1 和入驻众创空间的费用 r 则得到初创企业的最终收益 $\alpha(R+aC_1+bC_2+cI)-C_1-r$；众创空间的收入来源有两部分，一是从初创企业获得的股份收入 $\beta(R+aC_1+bC_2+cI)$（β 部分的初创企业的收入），二是初创企业的入驻费用 r，二者之和再减去选择共享策略的成本 C_2，则得到众创空间的最终收益 $\beta(R+aC_1+bC_2+cI)+r-C_2$；风险投资的收入主要是从初创企业获得的股份收入 $\lambda(R+aC_1+bC_2+cI)$，再减去选择投资策略的成本 I，则得到风险投资的最终收益 $\lambda(R+aC_1+bC_2+cI)-I$。同理，可以求出其他情况下初创企业、众创空间和风险投资的博弈收益值。

7.3　初创企业、众创空间和风险投资的演化博弈分析

7.3.1　初创企业的综合分析及结论

假设初创企业选择"努力"的期望收益为 U_{1e}，初创企业的平均收益为 U_1，则

$$U_{1e} = yz[\alpha(R+aC_1+bC_2+cI)-C_1-r] + (1-y)z[\alpha(R+aC_1+cI)-C_1-r]$$
$$+ y(1-z)[(R+aC_1+bC_2)-C_1-r] + (1-y)(1-z)[(R+aC_1)-C_1-r]$$

$$U_1 = xyz[\alpha(R+aC_1+bC_2+cI)-C_1-r]+x(1-y)z[\alpha(R+aC_1+cI)-C_1-r]$$
$$+xy(1-z)[\alpha(R+aC_1+bC_2)-C_1-r]+x(1-y)(1-z)[\alpha(R+aC_1)-C_1-r]$$
$$+(1-x)yz[\alpha(R+bC_2+cI)-r]+(1-x)(1-y)z[\alpha(R+cI)-r]$$
$$+(1-x)y(1-z)[(R+bC_2)-r]+(1-x)(1-y)(1-z)(R-r)$$

初创企业选择"努力"策略的复制动态方程为

$$F(x)=\frac{dx}{dt}=x(U_{1e}-U_1)=x(1-x)[C_1(a-1)-zaC_1(1-\alpha)]$$

为了方便计算，令 $A=\dfrac{a-1}{a(1-\alpha)}$，若 $z=A$，则 $F(x)\equiv 0$，说明所有 x 值都是稳定的；若 $z\neq A$，令 $F(x)=0$，则 $x=0$，$x=1$ 是两个稳定点。演化稳定策略在 $F(x)$ 导数的取值为负，因此对 $F(x)$ 求导：

$$\frac{dF(x)}{dt}=(1-2x)[C_1(a-1)-zaC_1(1-\alpha)]$$

因为式中 $0\leqslant x\leqslant 1$，$a>0$，$0<\alpha<1$，所以有以下几种情况。

（1）当 $a<1$ 时，则恒有 $A<0$，$z>A$，当 $x=0$ 时，$\dfrac{dF(x)}{dt}<0$；当 $x=1$ 时，$\dfrac{dF(x)}{dt}>0$。因此，$x=0$ 是稳定点。

（2）当 $a>1$，$\alpha a>1$ 时，则恒有 $A>1$，$z<A$；当 $x=1$ 时，$\dfrac{dF(x)}{dt}<0$；当 $x=0$ 时，$\dfrac{dF(x)}{dt}>0$。因此，$x=1$ 是稳定点。

综合分析（1）、（2）两种情况可知，当 $a<1$ 时，$x=0$ 是均衡点，此时，初创企业会选择"不努力"策略。因此，当初创企业努力的转化率小于1，即初创企业努力的成本大于通过努力所获得的额外收益时，初创企业会选择"不努力"策略。当 $a>1$ 时，$x=1$ 是均衡点，此时，初创企业会选择"努力"策略。因此，当初创企业努力的转化率大于1，即初创企业努力的成本小于通过努力所获得的额外收益时，初创企业会选择"努力"策略。

（3）当 $a>1$ 且 $\alpha a<1$，此时 $0<A<1$，由于信息不对称，可以分为两种情况：① $z>A$ 时，当 $x=0$ 时，$\dfrac{dF(x)}{dt}<0$；当 $x=1$ 时，$\dfrac{dF(x)}{dt}>0$。因此，$x=0$ 是稳定点。② $z<A$ 时，当 $x=1$ 时，$\dfrac{dF(x)}{dt}<0$；当 $x=0$ 时，$\dfrac{dF(x)}{dt}>0$。因此，$x=1$ 是稳定点。

当初创企业选择努力的成本小于通过努力所获得的额外收益，但是大于风险投资选择投资增加的最低额外收益时,此时,初创企业努力的概率 x 取决于风险投资选择投资的概率 z。当 z 较大时($z > A$),初创企业努力的概率 x 趋向于 0;当 z 较小时($z < A$),初创企业努力的概率 x 趋向于 1。

通过以上分析,得到初创企业的动态趋势示意图,如图 7.1 所示。

7.3.2 众创空间的综合分析及结论

假设众创空间选择"共享"的期望收益为 U_{2s},众创空间的平均收益为 U_2,则

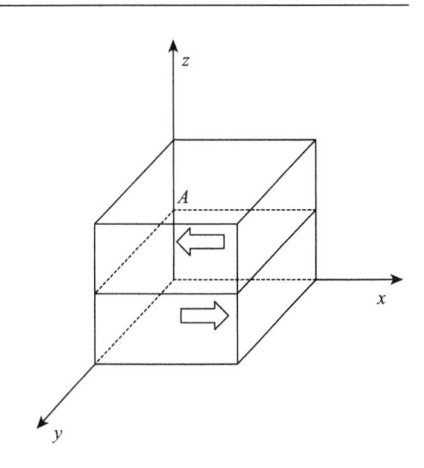

图 7.1 初创企业动态趋势示意图

$$U_{2s} = xz[\beta(R+aC_1+bC_2+cI)+r-C_2]+(1-x)z[\beta(R+bC_2+cI)+r-C_2]$$
$$+x(1-z)(r-C_2)+(1-x)(1-z)(r-C_2)$$
$$U_2 = xyz[\beta(R+aC_1+bC_2+cI)+r-C_2]+(1-x)yz[\beta(R+bC_2+cI)-C_1-r]$$
$$+xy(1-z)(r-C_2)+(1-x)y(1-z)(r-C_2)+x(1-y)z[\beta(R+aC_1+cI)+r]$$
$$+(1-x)(1-y)z[\beta(R+cI)+r]+x(1-y)(1-z)r+(1-x)(1-y)(1-z)r$$

众创空间选择"共享"策略的复制动态方程为

$$F(y) = \frac{\mathrm{d}y}{\mathrm{d}t} = y(U_{2s}-U_2) = y(1-y)(z\beta bC_2 - C_2)$$

令 $B = \dfrac{1}{\beta b}$,若 $z \equiv B$,则 $F(y) \equiv 0$,说明所有 y 值都是稳定的;若 $z \neq B$,令 $F(y) = 0$,则 $y = 0$,$y = 1$ 是两个稳定点。演化稳定策略在 $F(y)$ 导数的取值为负,因此对 $F(y)$ 求导:

$$\frac{\mathrm{d}F(y)}{\mathrm{d}t} = (1-2y)[z\beta bC_2 - C_2]$$

因为式中 $0 \leq y \leq 1$,$b > 0$,$0 < \beta < 1$,所以有以下几种情况。

(1)当 $\beta b < 1$ 时,则恒有 $B > 1$,$z < B$,当 $y = 0$ 时,$\dfrac{\mathrm{d}F(y)}{\mathrm{d}t} < 0$;当 $y = 1$ 时,$\dfrac{\mathrm{d}F(y)}{\mathrm{d}t} > 0$。因此,$y = 0$ 是稳定点。此时众创空间会选择"不共享"的策略。因此,当众创空间选择共享的成本大于选择共享的收益时,众创空间最终会选择"不共享"。

(2)当 $\beta b \geq 1$ 时,此时 $0 < B \leq 1$,众创空间选择共享的成本小于选择共享的收益,综合考虑风险投资是否投资的概率,有两种情况:① $z > B$ 时,

当 $y=1$ 时，$\dfrac{dF(y)}{dt}<0$；当 $y=0$ 时，$\dfrac{dF(y)}{dt}>0$。因此，$y=1$ 是稳定点。

② $z<B$ 时，当 $y=0$ 时，$\dfrac{dF(y)}{dt}<0$；当 $y=1$ 时，$\dfrac{dF(y)}{dt}>0$。因此，$y=0$ 是稳定点。

当众创空间选择共享的成本小于通过共享所获得的额外收益时，众创空间共享的概率 y 取决于风险投资选择投资的概率 z。当 $z>B$ 时，众创空间选择"共享"策略；当 $z<B$ 时，众创空间选择"不共享"策略。

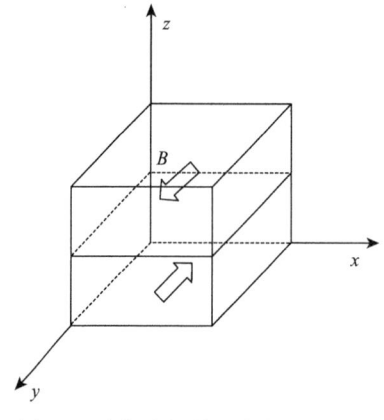

图 7.2 众创空间的动态趋势示意图

通过以上分析，得到众创空间的动态趋势示意图，如图 7.2 所示。

7.3.3 风险投资的综合分析及结论

假设风险投资选择"投资"的期望收益为 U_{3i}，风险投资的平均收益为 U_3，则

$$U_{3i} = xy[\lambda(R+aC_1+bC_2+cI)-I] + x(1-y)[\lambda(R+aC_1+cI)-I]$$
$$+ (1-x)y[\lambda(R+bC_2+cI)-I] + (1-x)(1-y)[\lambda(R+cI)-I]$$

$$U_3 = xyz[\lambda(R+aC_1+bC_2+cI)-I] + x(1-y)z[\lambda(R+aC_1+cI)-I]$$
$$+ (1-x)yz[\lambda(R+bC_2+cI)-I] + (1-x)(1-y)z[\lambda(R+cI)-I]$$

风险投资选择"投资"策略的复制动态方程为

$$F(z) = \dfrac{dz}{dt} = z(U_{3i}-U_3) = z(1-z)[x\lambda aC_1 + y\lambda bC_2 + \lambda(R+cI)-I]$$

（1）$y=0$，令 $C_x = \dfrac{I-\lambda(cI+R)}{\lambda aC_1}$，若 $x=C_x$，$y=0$，则 $F(z)\equiv 0$，说明所有 z 值都是稳定的；若 $x\neq C_x$，令 $F(z)=0$，则 $z=0$，$z=1$ 是两个稳定点。演化稳定策略在 $F(z)$ 导数的取值为负，因此对 $F(z)$ 求导：

$$\dfrac{dF(z)}{dt} = (1-2z)[x\lambda aC_1 + \lambda(R+cI)-I]$$

因为式中 $0\leqslant z\leqslant 1$，$a,c>0$，$0<\lambda<1$，所以：①当 $I-\lambda(cI+R)<0$ 时，则恒有 $C_x<0$，$x>C_x$，当 $z=1$ 时，$\dfrac{dF(z)}{dt}<0$；当 $z=0$ 时，$\dfrac{dF(z)}{dt}>0$。因此，$z=1$ 是稳定点。②当 $I-\lambda(R+aC_1+cI)>0$ 时，则恒有 $C_x>1$，

$x<C_x$，当 $z=0$ 时，$\dfrac{\mathrm{d}F(z)}{\mathrm{d}t}<0$；当 $z=1$ 时，$\dfrac{\mathrm{d}F(z)}{\mathrm{d}t}>0$。因此，$z=0$ 是稳定点。综合情况①、②可知，当 $I<\lambda(cI+R)$ 时，$z=1$ 是稳定点，此时，风险投资选择"投资"策略。因此，当风险投资的投资成本小于其投资收益时，风险投资选择"投资"策略。当 $I>\lambda(cI+R)$ 时，$z=0$ 是稳定点，此时，风险投资选择"不投资"策略。因此，当风险投资的投资成本大于其投资收益时，风险投资选择"不投资"策略。③当 $0<I-\lambda(cI+R)<\lambda aC_1$ 时，此时 $0<C_x<1$，由于信息不对称，综合考虑初创企业是否努力的概率大小，有两种情况：一是 $x>C_x$ 时，当 $z=1$ 时，$\dfrac{\mathrm{d}F(z)}{\mathrm{d}t}<0$；当 $z=0$ 时，$\dfrac{\mathrm{d}F(z)}{\mathrm{d}t}>0$。因此，$z=1$ 是稳定点。二是 $x<C_x$ 时，当 $z=0$ 时，$\dfrac{\mathrm{d}F(z)}{\mathrm{d}t}<0$；当 $z=1$ 时，$\dfrac{\mathrm{d}F(z)}{\mathrm{d}t}>0$。因此，$z=0$ 是稳定点。

通过以上分析，当 $y=0$ 时，得到风险投资的动态趋势示意图，如图7.3所示。

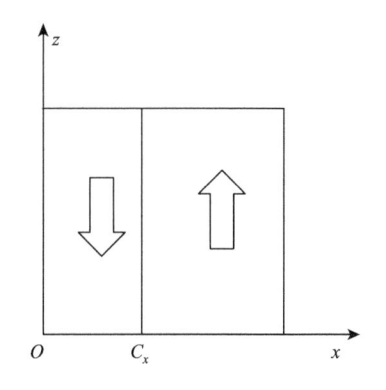

图 7.3 风险投资的动态趋势示意图（$y=0$）

（2） $x=0$，令 $C_y=\dfrac{I-\lambda(cI+R)}{\lambda bC_2}$，若 $x=0$，$y=C_y$，则 $F(z)\equiv 0$，说明所有 z 值都是稳定的；若 $y\neq C_y$，令 $F(z)=0$，则 $z=0$，$z=1$ 是两个稳定点。演化稳定策略在 $F(z)$ 导数的取值为负，因此对 $F(z)$ 求导：

$$\dfrac{\mathrm{d}F(z)}{\mathrm{d}t}=(1-2z)[y\lambda bC_2+\lambda(R+cI)-I]$$

因为式中 $0\leqslant z\leqslant 1$，$b,c>0$，$0<\lambda<1$，所以：①当 $I-\lambda(cI+R)<0$ 时,则恒有 $C_y<0$，$y>C_y$，当 $z=1$ 时，$\dfrac{\mathrm{d}F(z)}{\mathrm{d}t}<0$；当 $z=0$ 时，$\dfrac{\mathrm{d}F(z)}{\mathrm{d}t}>0$。因此，$z=1$ 是稳定点。②当 $I-\lambda(R+bC_2+cI)>0$ 时，则恒有 $C_y>1$，$y<C_y$，当 $z=0$ 时，$\dfrac{\mathrm{d}F(z)}{\mathrm{d}t}<0$；当 $z=1$ 时，$\dfrac{\mathrm{d}F(z)}{\mathrm{d}t}>0$。因此，$z=0$ 是稳定点。综合情况①、②可知，当 $I<\lambda(cI+R)$ 时，$z=1$ 是稳定点，此时，风险投资选择"投资"策略。因此，当风险投资的投资成本小于其投资收益时，风险投资选择"投资"策略。当 $I>\lambda(cI+R)$ 时，$z=0$ 是稳定点，此时，风险投资选择"不投资"策略。因此，当风险投资的投资成本大于其投资收益时,风险投资选择"不投资"策略。③当 $0<I-\lambda(cI+R)<\lambda bC_2$

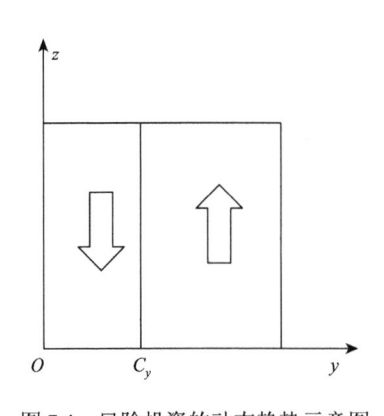

图 7.4 风险投资的动态趋势示意图 ($x=0$)

此时 $0 < C_y < 1$，由于信息不对称，综合考虑众创空间是否进行知识共享的概率大小，有两种情况：一是 $y > C_y$ 时，当 $z = 1$ 时，$\dfrac{dF(z)}{dt} < 0$；当 $z = 0$ 时，$\dfrac{dF(z)}{dt} > 0$。

因此，$z = 1$ 是稳定点。二是 $y < C_y$ 时，当 $z = 0$ 时，$\dfrac{dF(z)}{dt} < 0$；当 $z = 1$ 时，$\dfrac{dF(z)}{dt} > 0$。因此，$z = 0$ 是稳定点。

通过以上分析，当 $x = 0$ 时，得到风险投资的动态趋势示意图，如图 7.4 所示。

7.3.4 演化稳定策略分析

将 7.3.1 节、7.3.2 节和 7.3.3 节中的复制动态方程联立，得到初创企业、众创空间和风险投资的复制动力系统为

$$\begin{cases} F(x) = x(1-x)[C_1(a-1) - zaC_1(1-\alpha)] \\ F(y) = y(1-y)(z\beta bC_2 - C_2) \\ F(z) = z(1-z)[x\lambda aC_1 + y\lambda bC_2 + \lambda(R+cI) - I] \end{cases}$$

根据前面的分析，系统均衡时满足 $F(x) = F(y) = F(z) = 0$，局部均衡点为 $E_1(0,0,0)$，$E_2(0,0,1)$，$E_3(0,1,0)$，$E_4(1,0,0)$，$E_5(0,1,1)$，$E_6(1,0,1)$，$E_7(1,1,0)$ 和 $E_8(1,1,1)$。由复制动态方程求出的均衡点并不全是系统的演化稳定策略，根据 Friedman（1991）提出的方法，演化均衡点的稳定性可以从系统的雅可比（Jacobian）矩阵（记为 J）局部稳定分析导出。

$$J = \begin{bmatrix} (1-2x)[C_1(a-1)-zaC_1(1-\alpha)] & 0 & x(1-x)aC_1(\alpha-1) \\ 0 & (1-2y)(z\beta bC_2 - C_2) & y(1-y)\beta bC_2 \\ z(1-z)\lambda aC_1 & z(1-z)\lambda bC & (1-2z)[x\lambda aC_1 + y\lambda bC_2 + \lambda(R+cI) - I] \end{bmatrix}$$

按照 Friedman（1991）提出的方法，微分方程系统的演化稳定策略可由该系统的雅克比矩阵的局部稳定性分析得到，满足雅克比矩阵的所有特征值都为非正时的均衡点为系统的演化稳定策略。

将 8 个局部均衡点带入雅可比矩阵中，可以得到各个均衡点对应的雅克比矩阵的特征值，如表 7.3 所示。

表 7.3 雅克比矩阵的特征值

均衡点	λ_1	λ_2	λ_3
$E_1(0,0,0)$	$(a-1)C_1$	$-C_2$	$\lambda(R+cI)-I$
$E_2(0,0,1)$	αaC_1-C_1	βbC_2-C_2	$I-\lambda(R+cI)$
$E_3(0,1,0)$	$(a-1)C_1$	C_2	$\lambda bC_2+\lambda(R+cI)-I$
$E_4(1,0,0)$	$(1-a)C_1$	$-C_2$	$\lambda aC_1+\lambda(R+cI)-I$
$E_5(0,1,1)$	αaC_1-C_1	$C_2-\beta bC_2$	$I-\lambda bC_2-\lambda(R+cI)$
$E_6(1,0,1)$	$C_1-\alpha aC_1$	βbC_2-C_2	$I-\lambda aC_1-\lambda(R+cI)$
$E_7(1,1,0)$	$(1-a)C_1$	C_2	$\lambda aC_1+\lambda bC_2+\lambda(R+cI)-I$
$E_8(1,1,1)$	$C_1-\alpha aC_1$	$C_2-\beta bC_2$	$I-\lambda aC_1-\lambda bC_2-\lambda(R+cI)$

根据 7.3.1 节、7.3.2 节和 7.3.3 节的分析，我们有以下不失一般性的假设。

（1）$\alpha aC_1 < C_1 < aC_1$：初创企业努力所付出的成本，大于只通过努力所获得的最低额外收益，小于只通过努力所获得的最高额外收益。

（2）$C_2 < \beta bC_2$：众创空间进行知识共享的成本小于进行知识共享的收益。

（3）$I < \lambda aC_1 + \lambda bC_2 + \lambda(R+cI)$：风险投资的投资额度小于投资可获得的最高收益。

下面讨论三种情况下的演化博弈均衡策略。

情况一：当 $I < \lambda(R+cI)$，即风险投资的投资额度小于投资可获得的最低收益时，特征值的符号如表 7.4 所示，此时，$E_5(0,1,1)$ 对应的特征值均为负的，因此 $E_5(0,1,1)$ 为均衡点，对应的演化策略为（不努力，共享，投资）。

表 7.4 均衡点局部稳定性

均衡点	情况一			情况二			情况三		
	λ_1	λ_2	λ_3	λ_1	λ_2	λ_3	λ_1	λ_2	λ_3
$E_1(0,0,0)$	+	−	+	+	−	−	+	−	−
$E_2(0,0,1)$	−	+	−	−	+	+	−	+	+
$E_3(0,1,0)$	+	+	+	+	+	+	+	+	+,−
$E_4(1,0,0)$	−	−	+	−	−	+,−	−	−	−
$E_5(0,1,1)$	−	−	−	−	−	+	−	−	+,−
$E_6(1,0,1)$	+	+	−	+	+	+,−	+	+	+

续表

均衡点	情况一			情况二			情况三		
	λ_1	λ_2	λ_3	λ_1	λ_2	λ_3	λ_1	λ_2	λ_3
$E_7(1,1,0)$	−	+	+	−	+	+	−	+	+,−
$E_8(1,1,1)$	+	−	−	+	−	−	+	−	+,−

情况二：当 $\lambda(R+cI) < I < \lambda bC_2 + \lambda(R+cI)$，即风险投资的投资额度大于投资可获得的最低收益且小于初创企业不努力时风险投资可获得的最高额外收益时，特征值的符号如表 7.4 所示，此时，$E_5(0,1,1)$ 对应的特征值均为负的，因此 $E_5(0,1,1)$ 为均衡点，对应的演化策略为（不努力，共享，投资）。

情况三：当 $I > \lambda aC_1 + \lambda(R+cI)$，即风险投资的投资额度大于众创空间不共享时风险投资可获得的最高额外收益时，特征值的符号如表 7.4 所示，此时，$E_4(1,0,0)$ 对应的特征值均为负的，因此 $E_4(1,0,0)$ 为均衡点，对应的演化策略为（努力，不共享，不投资）。

7.4 数值模拟分析

7.4.1 演化稳定策略仿真分析

为了更直观地说明初创企业、众创空间和风险投资策略的演化过程，本书使用 Matlab 软件模拟表 7.4 中三种情况的动态进化过程。初始参数取值为：$R=100$，$C_1=18$，$a=0.2$，$\alpha=0.8$，$C_2=2$，$b=0.3$，$\beta=0.1$，$c=0.2$，$\lambda=0.1$，由于三种情况的稳定点都是由 I 来决定的，即投资额度会对稳定策略产生影响，因此，投资额度 I 在三种情况下的取值分别为 12、14 和 16。三种情况下的演化运动轨迹如图 7.5～图 7.7 所示。

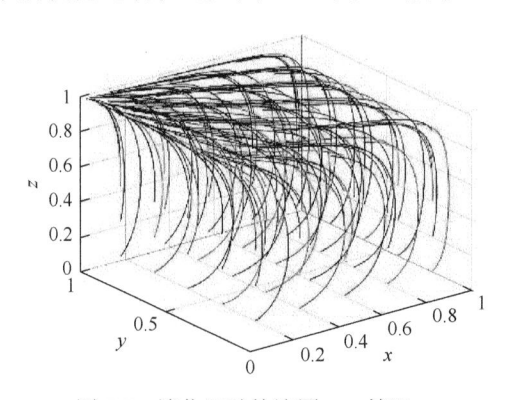

图 7.5 演化运动轨迹图——情况一

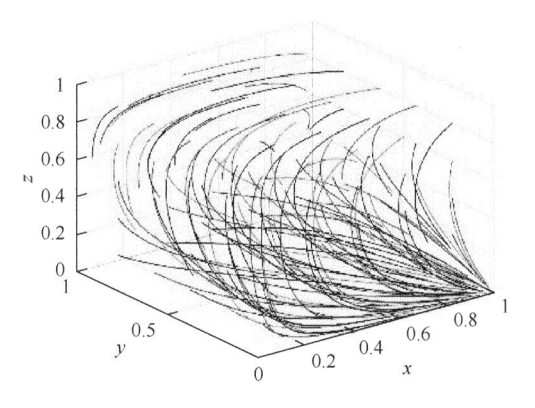

图 7.6　演化运动轨迹图——情况二

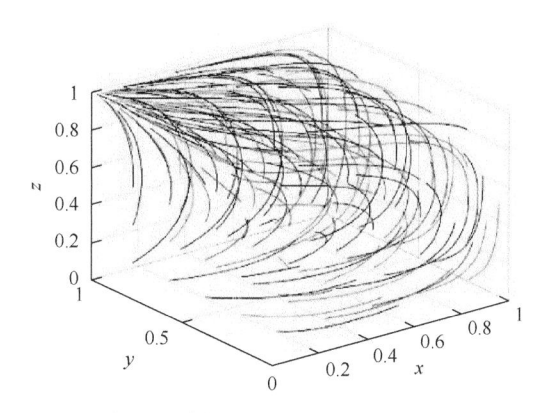

图 7.7　演化运动轨迹图——情况三

从图 7.5～图 7.7 可以看出，当风险投资的投资额度小于投资可获得的最低收益时，风险投资一定会选择进行投资，在风险投资选择投资的背景下，众创空间选择共享的收益大于共享的成本，众创空间会选择共享，在风险投资选择投资和众创空间共享的背景下，初创企业选择努力时获得的收入为 $\alpha(R+aC_1+bC_2+cI)-C_1-r$，选择不努力时的收入为 $\alpha(R+bC_2+cI)-r$，差值为 $aC_1(\alpha-1)<0$，因此，初创企业最终策略为不努力。

当风险投资的投资额度大于投资可获得的最低收益且小于初创企业不努力时风险投资可获得的最高额外收益时，风险投资可以观测众创空间的行为，众创空间进行共享的收益为 $C_2(\beta b-1)>0$，众创空间会选择共享，此时如果风险投资不进行投资，收入为 0，进行投资的最低收入为 $\lambda(R+bC_2+cI)-I>0$，因此风险投资会选择投资，在风险投资和众创空间的既定策略下，初创企业的选择同上述分析，最终策略为不努力。

当风险投资的投资额度大于众创空间不共享时风险投资可获得的最

高额外收益且小于投资可获得的最高收益时，众创空间并不知道风险投资的投资额度为多少，也不了解初创企业的努力情况，若进行共享，获得的最低收入为 $r-C_2$，不共享获得的最低收入为 $r>r-C_2$，因此众创空间的策略为不共享。风险投资观测到众创空间的行为后，会选择不投资策略来减少自己的损失。虽然众创空间不共享，风险投资不投资，但此时初创企业仍旧会选择努力，因为努力的收益为 $R+C_1(a-1)-r$，不努力的收益为 $R-r$，差值为 $C_1(a-1)>0$，因此，初创企业最终策略为努力。

7.4.2 收益成本转化率对演化稳定策略的影响

根据以上结果，本节继续分析三个主体成本收益转化率的不同对仿真结果的影响，结果表明，三种成本转化率的大小并不会影响演化博弈的三种稳定策略，因此，以情况一（不努力，共享，投资）为例，进行详细的分析。

初始时，为了更准确地反映系统的演化轨迹，设定初创企业、众创空间与风险投资均有 0.3、0.6 和 0.9 的概率选择不同的行为决策，初创企业成分收益转化率的影响如图7.8所示。图7.8（a）为 x 的变化轨迹，图7.8（b）为 y 的变化轨迹，图7.8（c）为 z 的变化轨迹。

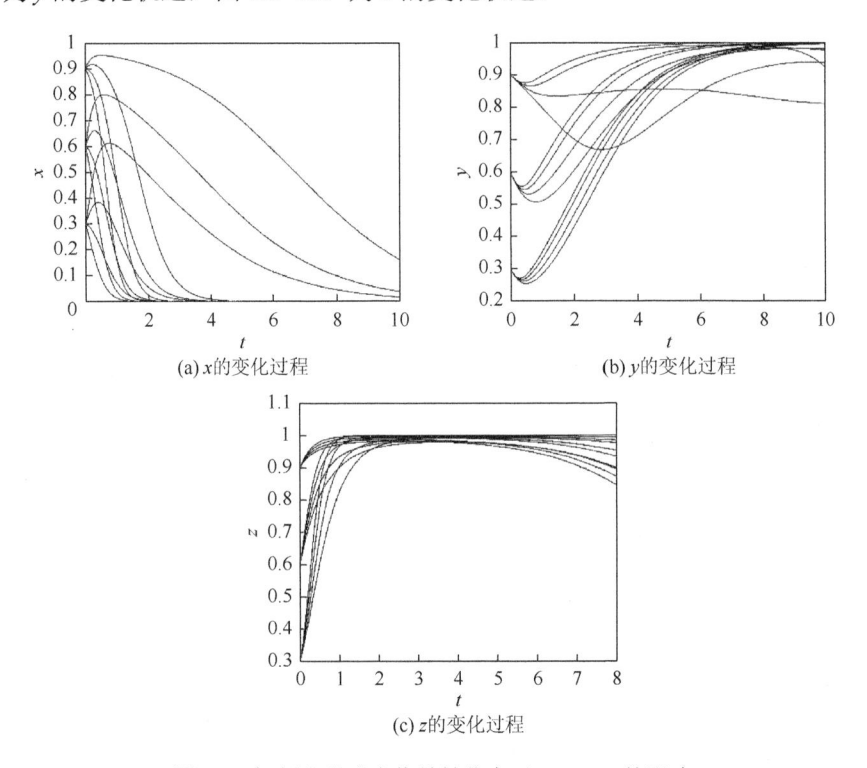

(a) x 的变化过程

(b) y 的变化过程

(c) z 的变化过程

图7.8　初创企业成本收益转化率对 x、y、z 的影响

当初创企业的成本收益转化率为 1、1.3、1.6 和 1.9 时可知,随着成本收益转化率的增加,博弈三方均选择不努力、共享和投资为最终策略。此外,较强的成本收益转化率降低了初创企业选择不努力策略的速度,而较低的成本收益转化率则使三方迅速达到了稳定状态。从图 7.8 可知,风险投资最快达到演化稳定状态,众创空间达到稳定状态的速度则较缓慢,而初创企业达到稳定状态的速度最慢。

结论 1:初创企业较高的成本收益转化率有利于众创空间和风险投资的演化稳定,同时抑制了初创企业的努力行为。

众创空间成本收益转化率的影响如图 7.9 所示。图 7.9(a)为 x 的变化轨迹,图 7.9(b)为 y 的变化轨迹,图 7.9(c)为 z 的变化轨迹。

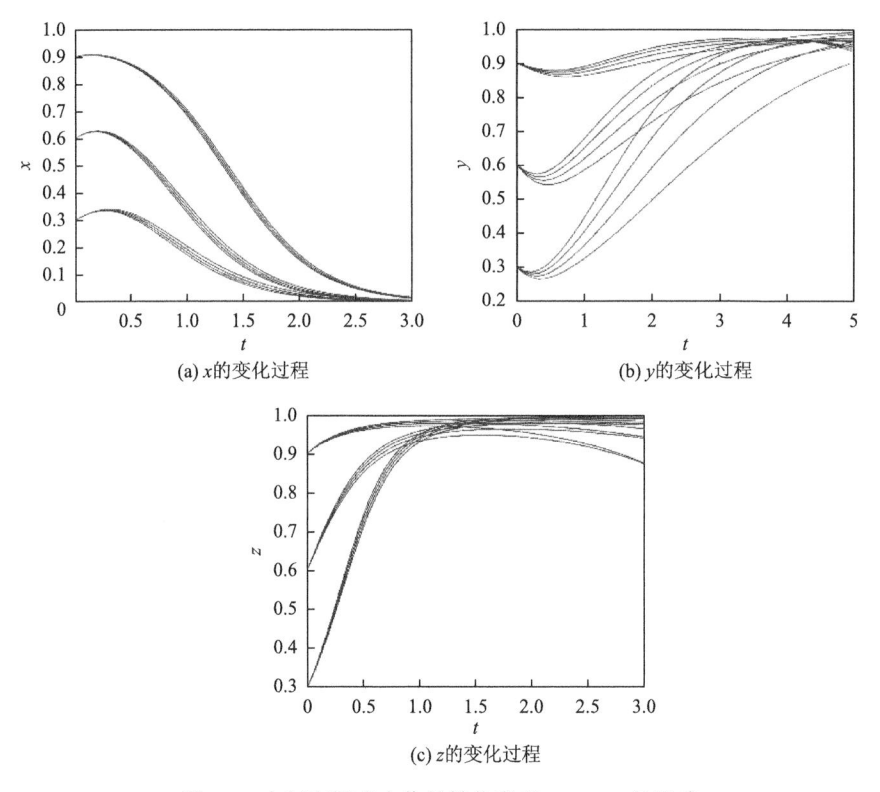

(a) x 的变化过程

(b) y 的变化过程

(c) z 的变化过程

图 7.9 众创空间成本收益转化率对 x、y、z 的影响

当众创空间成本收益转化率为 5、5.3、5.6 和 5.9 时可知,随着成本收益转化率的增加,博弈三方均选择不努力、共享和投资为最终策略。从图 7.9 可知,初创企业和风险投资最快达到了演化稳定状态,而众创空间达到稳定状态的速度最慢。

结论 2：众创空间较高的成本收益转化率有利于初创企业和风险投资的演化稳定，同时抑制了众创空间的共享行为。

风险投资成本收益转化率的影响如图 7.10 所示。图 7.10（a）为 x 的变化轨迹，图 7.10（b）为 y 的变化轨迹，图 7.10（c）为 z 的变化轨迹。

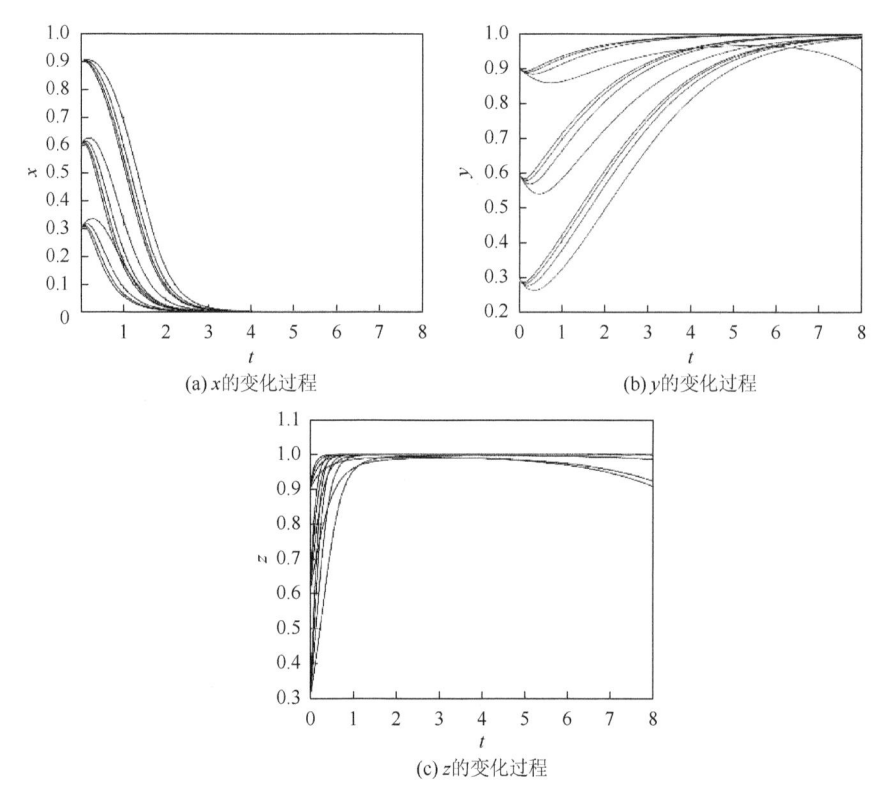

(a) x 的变化过程

(b) y 的变化过程

(c) z 的变化过程

图 7.10　风险投资成本收益转化率对 x、y、z 的影响

当风险投资成本收益转化率为 1、1.3、1.6 和 1.9 时可知，随着成本收益转化率的增加，博弈三方均选择不努力、共享和投资为最终策略。从图 7.10 可知，风险投资最快达到了演化稳定状态，而初创企业和众创空间相对较缓慢达到稳定状态。

结论 3：风险投资较高的成本收益转化率有利于初创企业、众创空间和风险投资的演化稳定。

7.5　实　证　分　析

上述博弈模型表明，众创空间、风险投资和初创企业三者合作行为动态演化的稳定策略与风险投资的投资额度密切相关。本节根据三者的合作策略，对影响风险投资投资决策的相关因素进行梳理，以两类演化稳定策略与理想的合作策略为情境构建回归模型，进一步寻找众创空间与初创企业的哪些属性会对风险投资的投资金额产生影响。

7.5.1 数据来源

由于众创空间发展时间较短，数据的可获得性受到挑战，针对其进行动态分析无法得到明显的趋势变化，同时综合考虑几年来的发展情况，本节主要选取2016～2018年我国30个省区市（除港澳台和西藏以外）众创空间的数据进行分析。众创空间的数据来源于2017～2019年的《中国火炬统计年鉴》，为后续的分析提供了可靠的数据依据。

7.5.2 变量选取

据前面的分析可知，众创空间在三者的合作中会对是否进行知识共享做出选择，本书以举办创业活动场次和开展创业培训场次作为众创空间进行知识共享的度量。初创企业在三者的合作中会对是否努力做出选择，本书以知识产权数量和发明专利数量作为初创企业努力程度的度量。此外，本书还从服务和人员两个方面考察众创空间和初创企业对风险投资的投资金额的影响。以众创空间数量、工位数及初创企业数量作为服务方面的度量；以众创空间服务人员数量、创业导师人数、就业人数和应届大学毕业生数量作为人员方面的度量。本书以我国东、中、西、东北部地区的划分作为控制变量，使模型回归的结果更为准确，变量定义及描述性统计如表7.5所示。

表7.5 变量定义及描述性统计

变量类型	变量名称	变量含义	样本数量	最大值	最小值	均值	标准差
因变量	风险投资的投资金额（invest）	j省的风险投资在第i年对众创空间中初创企业的投资总额/元	90	5 245 643	745 683	1 469 956.37	3 775 687.500
众创空间知识共享	举办创业活动场次（num_acts）	j省的众创空间在第i年举办的创业活动数量/场次	90	3 487	166	1 443.967	2 626.639
众创空间知识共享	开展创业培训场次（num_tras）	j省的众创空间在第i年开展的创业教育培训次数/场次	90	2 762	128	1 093.9	1 990.800
初创企业努力	知识产权数量（num_iprs）	j省的众创空间的初创企业在第i年中拥有的有效知识产权数量	90	7 174	75	1 303.222	3 216.653

续表

变量类型	变量名称	变量含义	样本数量	最大值	最小值	均值	标准差
初创企业努力	发明专利数量（num_pats）	j 省的众创空间的初创企业在第 i 年中拥有的发明专利的数量	90	1 093	16	251.588 9	570.196
服务	众创空间数量（num_CIS）	j 省在第 i 年的众创空间总数/个	90	255	16	86.411 11	151.031
服务	工位数（num_cubs）	j 省的众创空间在第 i 年提供的工位数总量/个	90	47 827	831	14 292.8	28 866.200
服务	初创企业数量（num_stas）	j 省的众创空间在第 i 年中包含的初创企业总数/个	90	5 614	257	1 884.344	3 679.929
人员	服务人员数量（num_pers）	j 省的众创空间在第 i 年中雇佣的服务人员数量/人	90	5 376	144	1 615.589	3 145.479
人员	创业导师人数（num_mens）	j 省的众创空间在第 i 年中雇佣的创业导师数量/人	90	4 354	182	1 639.778	2 984.089
人员	就业人数（num_emps）	j 省的众创空间的初创企业在第 i 年中吸纳的就业人数/人	90	31 171	607	8 433.067	16 929.580
人员	应届大学毕业生数量（num_cgras）	j 省的众创空间的初创企业在第 i 年中吸纳的应届大学毕业生人数/人	90	4 888	141	1 530.967	2 992.754
控制变量	地区（location）	东部包括：北京、天津、河北、上海、江苏、浙江、福建、山东、广东和海南。中部包括：山西、安徽、江西、河南、湖北和湖南。西部包括：内蒙古、广西、重庆、四川、贵州、云南、陕西、甘肃、青海、宁夏和新疆。东北部包括：辽宁、吉林和黑龙江。	90	以地区为虚拟变量，东部＝0，中部＝1，西部＝2，东北部＝3			

7.5.3 回归分析

本节运用 Stata 计量软件进行模型选择及回归分析。根据 Hausman 检验的结果（$p<0.001$），随机效应模型更适合我们的面板数据。本节使用随机效应的广义最小二乘估计（generalized least squares estimation，GLS）模型来进行和报告我们的估计。回归结果如表 7.6 所示。模型 1 是针对演化稳定策略 1（不努力，共享，投资）和策略 2（不努力，共享，投资）的回归结果，模型 2 是针对策略 3（努力，不共享，不投资）的回归结果，模型 3 是针对最理想的合作策略（努力，共享，投资）的回归结果。

表 7.6 风险投资投资金额的回归结果

变量类型	模型 1 (不努力，共享，投资) 标准β值	Z值	p值	模型 2 (努力，不共享，不投资) 标准β值	Z值	p值	模型 3 (努力，共享，投资) 标准β值	Z值	p值
举办创业活动场次（num_acts）	608.83	1.68*	0.093	112.18	0.89	0.237	−344.36	−2.04**	0.041
开展创业培训场次（num_tras）	−883.02	−2.71**	0.007	−114.79	−1.28*	0.100	428.92	1.84*	0.066
知识产权数量（num_iprs）	573.79	2.26*	0.024	93.41	1.65*	0.100	503.18	4.92***	0.000
发明专利数量（num_pats）	−1 356.73	−1.91*	0.056	212.44	1.07	0.283	−176.55	−0.53	0.594
众创空间数量（num_CIS）	10 429.57	1.77*	0.078	5 182.16	3.73***	0.000	−11 375.13	−6.66***	0.000
工位数（num_cubs）	48.89	1.87*	0.061	−7.42	−1.23	0.219	77.69	5.99***	0.000
初创企业数量（num_stas）	638.07	3.06**	0.002	−20.37	−0.36	0.717	560.09	3.72***	0.000
服务人员数量（num_pers）	−97.13	−1.25	0.211	4.98	0.2	0.121	−49.09	−1.36	0.174
创业导师人数（num_mens）	−1 060.83	−4.09***	0.000	−130.46	−1.75*	0.080	−483.15	−4.79***	0.000
就业人数（num_emps）	−2.00	−0.06	0.950	−8.35	−1.22	0.523	65.98	1.65*	0.098
应届大学毕业生数量（num_cgras）	−5.48	−0.06	0.956	75.71	2.93**	0.003	−751.24	−6.62***	0.000
地区（location）	−515 766.9	−1.83*	0.067	−25 321.77	−0.15	0.183	1 256 811	−0.70	0.484
常数项	−401 064.5	−1.01*	0.000	−124 545.7	−1.98*	0.000	20 4955.10	3.44***	0.000
Wald 卡方	74.05			96.38			2093.12		

*$p<0.1$，**$p<0.05$，***$p<0.01$

由模型 1 的回归结果可知，当初创企业不努力时，众创空间不同形式的知识共享行为对风险投资投资行为有显著的影响，但是方向相反。这说明，若初创企业不努力，提高举办创业活动场次（$p=0.093$）可以向风险投资传递有利投资的信号，开展创业培训场次（$p=0.007$）的正向作用在此时失效。同时，在初创企业不努力的情境下，知识产权数量（$p=0.024$）对风险投资的投资行为有显著的正向影响，发明专利数量（$p=0.056$）对风险投资的投资行为有显著的负向影响。此外，在服务方面，众创空间数量（$p=0.078$）、工位数（$p=0.061$）和初创企业数量（$p=0.002$）对风险投资的投资金额有显著的正向影响。说明当初创企业不努力时，风险投资更多考虑众创空间的服务因素来决定是否投资。在人员方面，只有创业导师人数（$p=0.000$）对风险投资的投资决策有显著的负向影响，说明众创空间中创业导师数量增多，风险投资反而会减少对初创企业的投资。众创空间中服务人员数量（$p=0.211$）、就业人数（$p=0.950$）和应届大学毕业生数量（$p=0.956$）对风险投资投资金额的影响不显著。

根据模型2的回归结果可知，当众创空间选择不共享时，初创企业的知识产权数量（$p=0.100$）与发明专利数量（$p=0.283$）对风险投资的投资决策都是正向的，但只有知识产权数量是显著的。说明与发明专利相比，初创企业所拥有的有效知识产权对风险投资的影响更大。此时，众创空间的知识共享行为只有开展创业培训场次（$p=0.100$）对风险投资投资行为的影响是负向显著的。在服务方面，除众创空间数量（$p=0.000$）外，工位数（$p=0.219$）和初创企业数量（$p=0.717$）对风险投资的投资金额均没有显著的影响。说明当众创空间不共享时，众创空间的服务很难影响风险投资的投资行为。最后，在人员方面，与模型1相同，众创空间中创业导师的人数（$p=0.080$）对风险投资有显著的负向影响。此外，众创空间拥有应届大学毕业生数量（$p=0.003$）对风险投资有较为显著的正向影响。因此，应届大学毕业生数量越多，风险投资的投资金额越多。

根据模型3的回归结果可知，当初创企业选择努力，众创空间选择共享时，在众创空间知识共享方面，举办创业活动场次（$p=0.041$）和开展创业培训场次（$p=0.066$）对风险投资金额都有显著的影响，但是方向相反。这说明，增加创业教育培训活动会使风险投资增加投资金额，但频繁的创业活动会对风险投资的投资决策产生一定的影响。在初创企业努力方面，与模型1和模型2的结果相同，初创企业拥有的有效知识产权数量（$p=0.000$）对风险投资的投资金额有显著的正向影响。初创企业拥有的发明专利数量（$p=0.594$）对风险投资投资金额的影响不显著。说明与发明专利相比，风险投资在进行投资决策时更看重初创企业所拥有的有效知识产权。此外，在服务方面，众创空间数量（$p=0.000$）对风险投资的投资金额有显著的负向影响。说明过多的众创空间增加风险投资的投资选择，反而使得风险投资减少了投资金额。众创空间提供的工位数（$p=0.000$）和初创企业的数量（$p=0.000$）对风险投资的投资金额有显著的正向影响。因此，提供更多的工位和增加初创企业数量会使风险投资增加投资金额。在人员方面，众创空间中创业导师人数（$p=0.000$）和初创企业拥有应届大学毕业生数量（$p=0.000$）对风险投资的投资金额有显著的负向影响。

说明众创空间中创业导师和初创企业拥有应届大学毕业生数量增多,风险投资反而会减少对初创企业的投资。初创企业吸纳的就业人数($p=0.098$)对风险投资的投资金额有较为显著的正向影响。因此,初创企业吸纳的就业人数越多,风险投资的投资金额越多。众创空间中服务人员的数量($p=0.174$)对风险投资投资金额的影响不显著。

7.6 本章建议

针对上述内容,我们提出以下建议。

1) 对初创企业的建议

(1) 初创企业要努力申请更多的有效知识产权,因为知识产权是初创企业努力程度的重要表征,拥有较多知识产权的初创企业可以从风险投资中获得更多的投资金额。

(2) 初创企业要不断强化自身的技术核心并进行技术创新。企业只有不断开发新的技术,才能有效提升自身的成本收益转化率,并借此提高自身的竞争优势。

(3) 初创企业要提高初创企业管理者的管理水平。经验丰富的企业管理者能够有效、合理地运用自身的资金,有助于成本收益转化率的提升,并能更高效地获得融资。

(4) 要制定合理的收益分配比例。初创企业受到众创空间的监管,各阶段的收益按比例提交给众创空间,提高众创空间在初创企业中的参与度,风险投资可以通过各阶段的收益契约来决定投资时机。

2) 对众创空间的建议

(1) 众创空间制定合理的约束激励机制。众创空间可以通过制定有关机制,引导一定数量的风险投资主动与众创空间合作,并对风险投资在初创企业不同阶段的投资决策给予一定的优惠激励。

(2) 众创空间要促进初创企业与风险投资的共享交流。众创空间管理者需要先增加自身信息的共享,并以此来推动初创企业和风险投资都乐于披露自己的信息,促进三者之间的长期合作。

(3) 众创空间要提供更多元化的融资服务模式。现有融资服务模式较为集中、单一,除股权融资模式外,创业项目运行还需要多种融资模式组合使用,包括众筹模式、债权融资模式等。

3) 对风险投资的建议

(1) 风险投资要充分利用市场上的有效信息,主要关注公司创业团队是否稳定、企业对外公布的营收状况是否真实等,尽可能了解到初创科技企业的真实情况。

(2)风险投资可以通过加入众创空间对创新企业进行价值评估和评级的机制,打通技术和金融领域的壁垒。

(3)风险投资可以向初创企业传授自身在对不同企业投资过程中所获得的经验,进而间接提升自身的收益成本转化率。

7.7 本章小结

本章先利用演化博弈理论,从收益的角度构建了初创企业、众创空间和风险投资三方的演化博弈模型,通过对复制动力系统进行分析,得到了三种情况下的演化均衡点,结果表明,众创空间的知识共享行为虽然解决了初创企业与风险投资之间的信息不对称,却不能完全解决初创企业融资困难的问题。首先,众创空间的知识共享可以促进风险投资的投资行为,但是,由于缺乏针对初创企业的有效监督和惩罚,初创企业的"搭便车"必然存在,最终三方合作会由于初创企业的投机行为(不努力)而失败;其次,初创企业得不到风险投资的投资,这会导致众创空间不进行知识共享,此时众创空间会选择努力来实现自己的利益最大化。两种情况下三方均没有得到最优收益。因此,为了更好地探索众创空间与初创企业如何影响风险投资的投资决策,本书根据三者的演化博弈决策,从众创空间知识共享、初创企业努力及服务和人员几方面探索不同情境下众创空间和初创企业对风险投资投资金额的影响。实证结果表明,在两类演化稳定策略的情境下,众创空间的创业培训都不利于风险投资的投资决策。初创企业的知识产权数量越多,越能吸引风险投资。在服务方面,众创空间的数量会增加风险投资的投资金额。在人员方面,创业导师人数也是风险投资的重要考量因素。在三方合作的理想状态下,众创空间知识共享的方式不同,对风险投资的影响不同。更多的创业培训会吸引风险投资,而创业活动则效果相反。初创企业努力的成果不同,对风险投资的影响也有差异。初创企业拥有有效的知识产权数量会正向影响风险投资的投资决策。在服务方面,风险投资比较重视众创空间提供的工位数和初创企业数量,同时众创空间数量会影响风险投资的投资决策。在人员方面,相比于服务人员,众创空间中创业导师人数对风险投资的投资金额影响更大。虽然初创企业吸纳的就业人数越多,风险投资的投资数额越大,但初创企业拥有应届大学毕业生数量会对风险投资的投资数额产生负向影响。

第8章 结　　论

8.1　主　要　结　论

纵观整个研究过程，本书得出如下结论。

1）众创空间的知识服务机理与关键影响因素

众创空间知识服务的过程，就是众创空间依据其知识服务能力不断满足众创空间在孵企业知识需求的过程。众创空间知识服务主要存在两个过程：显式知识服务和隐式知识服务。显式知识服务是众创空间通过对外部知识源和自身知识的获取，判断在孵企业存在的问题，并提供相应的知识。隐式知识服务是众创空间通过自身形成的系统和奖励制度，使得众创空间内部在孵企业之间形成知识的流动，进而实现问题的解决。依据众创空间知识服务的两种模式，分析了众创空间知识存量、众创空间知识结网能力、众创空间知识转移能力、众创空间内部知识共享能力及众创空间内部文化的相容性五个影响因素，并提出了有针对性的六点优化建议。

2）基于知识共享的众创空间参与满意度影响因素

整个众创空间的链条包含前导的普惠参与机制、系统内部运作的创新交流机制及最后产出的创新成果转化机制，然而整个研究领域却缺乏这样一种一条龙式的关联路径，而这对于众创空间的良好运转具有举足轻重的作用。目标型动机、自我效能感、自我归属感及激励型动机四种参与动机通过知识共享这一中介变量，对众创空间的参与满意度和创意实现都产生了不同程度的影响。书中验证了所提出的影响路径模型，另外从参与者行为角度、众创空间改进、社会范畴等方面提出具有参考性的对策。

3）众创空间生态系统的构建和机制分析

首先，在CAS理论及相关研究的基础上明确了众创空间的含义及其核心思想，阐述了众创空间具有的多样性、非线性、主动适应性及涌现等复杂性特征，提出了基于价值链的众创空间系统运行机制。其次，以传统的企业创新生态系统理论为基础，建立了以知识服务为核心的众创空间创新生态系统，系统内的知识服务有助于推动众创空间系统不断整合优化创新资源、提高有效运行机制，对推动大众创新创业、打造经济发展新发动机具有重要意义。最后，以知识管理理论为基础，结合生态学理论，构建以知识、知识主体和知识环境为关键要素的众创空间知识生态系统,并通过 DICE 模型将众创空间知识生态系统划分为知识分布、知识互动、知识竞争与知识演化四个研究层次,并量化分析了众创空间知识生态系统中知识主体之间协同进化的过程。

4) 众创空间金融支持和科技创新协同机制

初创型企业能够从众创空间获得帮助从而实现自身价值增值,高质量企业与风险投资通过搜寻成本和融资成本相联系,整个众创空间从初期的大众参与机制、创新的内部交流机制及最后的创新成果产出转化机制,这对于从参与到内部知识交流共享再到创意成果产业化全部流程的有效运转起着至关重要的作用。探讨协同作用下的众创空间企业、风险投资部门与众创空间管理部门的相互作用关系,提高众创空间研究方向的深度与广度,从而为改善众创空间融资服务提供新的方向和可行性建议。

5) 众创空间、初创企业与风险投资的合作策略

利用演化博弈理论,从收益的角度构建了初创企业、众创空间和风险投资三方的演化博弈模型,通过对复制动力系统进行分析,得到了三种情况下的演化均衡点,结果表明,众创空间的知识共享行为虽然解决了初创企业与风险投资之间的信息不对称,却不能完全解决初创企业融资困难的问题,最终导致三方均没有得到最优收益。最后,本书针对这一问题提出了相关建议。

8.2 主要创新与贡献

(1) 首次提出了众创空间知识服务影响因素的两种模式和五个主要影响因素,并且证明了众创空间知识服务能力对众创空间内在孵企业绩效存在显著的影响。首次在众创空间知识服务影响因素方面采取实证分析。基于结构方程模型的方法,通过理论结合北京市众创空间实际,测定了影响因素的权重,为提高北京市众创空间知识服务能力提出了具有针对性的意见。

(2) 首次实证探究了基于知识共享的众创空间参与满意度的影响路径模型。填补了实证分析的空白,拓宽并丰富了众创空间理论的研究视角,对于研究模型具有一定的创新性。同时该结果为优化平台建设、细化大众群体提供了理论依据。

(3) 实现了跨领域的众创空间生态系统的研究。将管理学中的 CAS 理论、系统学中的系统动力学理论和生态学中的协同进化理论创造性地应

用到众创空间生态系统的研究过程中,从不同的视角分析阐释了众创空间生态系统的运行机制、因果关系和协同进化过程。

(4)以创新企业为研究主体,在分析整个众创空间运行机制的基础上,明确了创新企业和风险投资在众创空间的定位和角色,并找出了与其相关联的其他主体,进行动态微观仿真建模。其结果也为如何改善众创空间融资方式提供了具体而非空洞的理论依据,使建议不再停留在概念阶段,而是结合实际的微观层面,填补了现有研究的空白,具备一定的创新性。

(5)使用经济学中的经典方法论——博弈论分析众创空间不同参与主体的合作策略选择。由于演化博弈的研究对象是群体与群体选择策略的过程,分析结果具有普适性,并且演化稳定策略可以很好地体现三方博弈的长期稳定结果,可以从本质上说明众创空间、创业主体和风险投资是否合作的演化方向。

参 考 文 献

安永钢. 2016. 分享经济时代的云孵化：众创空间大众孵化体系的管理运营模式. 杭州：浙江人民出版社.
蔡水清. 2003. 大学生外语学习动机的实证研究. 重庆：西南大学.
曹如中, 高长春, 曹桂红. 2010. 创意产业价值转换机理及价值实现路径研究. 科技进步与对策, 27（20）：61-64.
常静, 杨建梅, 欧瑞秋. 2009. 大众生产者的参与动机研究述评. 科技管理研究, 29(5)：423-425.
陈斌. 2018. 北京市众创空间知识服务能力影响因素研究——基于结构方程模型的实证分析. 北京：中央财经大学.
陈晨. 2010. 基于组织认知水平的知识质量研究. 价值工程, 29（26）：3-4.
陈劲. 2013. 创新管理及未来展望. 技术经济, 32（6）：1-9, 84.
陈力田, 许庆瑞, 吴志岩. 2014. 战略构想、创新搜寻与技术创新能力演化——基于系统动力学的理论建模与仿真研究. 系统工程理论与实践, 34（7）：1705-1719.
陈清硕. 1992. 知识生态系统非平衡稳态的调节. 知识工程, (1)：11-14.
陈森发. 2005. 复杂系统建模理论与方法. 南京：东南大学出版社.
陈凤, 项丽瑶, 俞荣建. 2015. 众创空间创业生态系统：特征、结构、机制与策略——以杭州梦想小镇为例. 商业经济与管理, (11)：35-43.
陈禹. 2001. 复杂适应系统（CAS）理论及其应用——由来、内容与启示. 系统辩证学学报, (4)：35-39.
代明, 殷仪金, 戴谢尔. 2012. 创新理论：1912-2012——纪念熊彼特《经济发展理论》首版100周年. 经济学动态, (4)：143-150.
德鲁克 P, 陈媛熙. 2005. 创新的法则. 哈佛商业评论, (2)：126-134.
杜静, 魏江. 2004. 知识存量的增长机理分析. 科学学与科学技术管理, (1)：24-27.
杜占河, 张新元, 朱晓明, 等. 2009. 基于共享途径分析的知识共享机制研究. 科技进步与对策, 26（14）：114-117.
樊婷. 2012. 基于众包视角的社区用户忠诚度影响因素研究. 天津：河北工业大学.
费尔普斯 E. 2013. 大繁荣：大众创新如何带来国家繁荣. 余江译. 北京：中信出版社.
付志勇. 2015. 面向创客教育的众创空间与生态建构. 现代教育技术, 25（5）：18-26.
郭璇. 2015. 众创空间的创意共享机制研究——信息共享理论的视角. 编辑之友, (11)：45-50.
和喧. 2014. 科技企业孵化器在孵企业知识需求分析. 商场现代化, (13)：195.
侯晓. 2017. 众创空间优化路径研究——基于结构方程模型的实证分析. 北京：中央财经大学.

胡佳雯. 2011. 企业孵化器内创业者知识共享对在孵企业成长影响的建模与仿真. 上海: 华东理工大学.
胡磊, 高迎. 2014. 微博社区成员参与动机实证研究. 北京大学学报(自然科学版), 50 (5): 797-804.
胡小龙, 丁长青. 2013. 科技企业孵化器知识转移路径及影响因素研究. 科技进步与对策, 30 (10): 140-142.
黄欢. 2018. 面向众创空间的风险投资与企业成长协同作用研究. 北京: 中央财经大学.
黄丽华. 2010. 关于企业知识生态系统协同机制探讨. 知识经济, (4): 73.
黄世芳. 2016. 众创空间与区域创新系统的构建——基于欠发达地区的视角. 广西民族大学学报(哲学社会科学版), 38 (1): 156-160.
姜振寰. 1994. 软科学方法. 哈尔滨: 黑龙江教育出版社.
蒋恩尧, 侯东. 2002. 基于 MIS 平台的企业知识网络的组建. 商业研究, (17): 36-37.
靳红, 程宏. 2004. 图书馆知识服务研究综述. 情报杂志, 23 (8): 8-10.
靳景玉, 刘朝明. 2006. 基于协同理论的城市联盟动力机制. 系统工程, 24 (10): 15-19.
李科, 徐龙炳. 2011. 融资约束、债务能力与公司业绩. 经济研究, 46 (5): 61-73.
李林, 朱俊昌. 2010. 科技企业孵化器软实力评价指标体系构建研究. 科技进步与对策, 27 (23): 119-122.
李林, 朱燕娜. 2011. 高校科技企业孵化器文化管理与监控系统研究. 科技进步与对策, 27 (3): 148-152.
李锐. 2017. 众创空间现状与发展路径研究——以江苏省常州市为例. 技术与市场, 24 (10): 219-221.
李双寿, 杨建新, 王德宇, 等. 2015. 高校众创空间建设实践——以清华大学 i.Center 为例. 现代教育技术, 25 (5): 5-11.
李顺才, 邹珊刚, 常荔. 2001. 知识存量与流量: 内涵、特征及其相关性分析. 自然辩证法研究, (4): 42-45.
李霞, 樊治平, 冯博. 2007. 知识服务的概念、特征与模式. 情报科学, 25 (10): 1584-1587.
廖燕玲, 陈玉华, 徐天伟. 2010. 基于知识质量测量的科研成果评价指标体系. 科技进步与对策, 27 (14): 130-132.
蔺楠, 覃正, 汪应洛. 2005. 基于 Agent 的知识生态系统动力学机制研究. 科学学研究, (3): 406-409.
刘爱珍. 2008. 现代服务学概论. 上海: 上海财经大学出版社.
刘崇学. 2004. 高校图书馆开展知识服务探讨. 图书馆学研究, (2): 33, 82-83.
刘春晓. 2015. 创新 2.0 时代: 众创空间的现状、类型和模式. 互联网经济, (8): 38-43.
刘光明. 2002. 企业文化. 3 版. 北京: 经济管理出版社.
刘红丽, 周佳华. 2012. 企业孵化器知识转移影响因素研究. 科技进步与决策, 29 (8): 128-131.
刘佳薇, 徐光宜, 郑淑洁. 2015. 众创空间塑造创新创业新生态. 中国经济报告, (9): 75-77.
刘敏娜, 秦现生, 马飞, 等. 2010. 基于 QFD 的知识质量控制研究. 制造业自动化, 32 (5): 1-5, 12.

刘芹良,解学芳. 2018. 创新生态系统理论下众创空间生成机理研究. 科技管理研究, 38 (12): 240-247.

刘霞,章仁俊. 2008. 基于CAS理论的区域创业系统建设研究. 科技进步与对策, (11): 49-52.

刘宇清,徐宝祥. 2006. 知识经济环境下图书馆的知识管理与知识服务研究. 情报科学, (12): 1796-1800.

刘志迎,陈青祥,徐毅. 2015. 众创的概念模型及其理论解析. 科学学与科学技术管理, 36 (2): 52-61.

吕力,李倩,方竹青,等. 2015. 众创、众创空间与创业过程. 科技创业月刊, 28 (10): 14-15.

马德辉,包昌火. 2008. 企业知识网络能力及其模型建构初探. 情报学报, 27 (3): 459-467.

马玲,陈智高,郝福刚. 2011. 企业孵化器知识服务能力构成建模与实证研究. 研究与发展管理, 23 (4): 98-105, 112.

梅亮,陈劲,刘洋. 2014. 创新生态系统：源起、知识演进和理论框架. 科学学研究, 32 (12): 1771-1780.

诺伊曼FJ,摩根斯坦O. 2018. 博弈论与经济行为. 王建华,顾玮琳,译. 北京：北京大学出版社.

裴蕾,王金杰. 2018. 众创空间嵌入的多层次创新生态系统：概念模型与创新机制. 科技进步与对策, 35 (6): 1-6.

齐磊磊. 2014. 复杂系统的研究方法. 系统科学学报, (2): 24-27.

仇元福,潘旭伟,顾新建. 2002. 6 Sigma企业知识质量优化与管理. 科学学与科学技术管理, (11): 41-44.

任锦鸾,顾培亮. 2002. 基于复杂理论的创新系统研究. 科学学研究, (4): 437-440.

桑辉,郭晓薇. 2012. 消费者产品涉入与品牌转换：顾客满意的中介效应. 浙江工商大学学报, (6): 56-63.

尚青. 2015. 众创空间：创业者的"梦想实验室". 互联网经济, (8): 52-55.

尚增健. 2002. 渐进式技术创新：科技型中小企业的成长路径——成长型中小企业成长机理的个案分析. 管理世界, (6): 124-133.

邵永新,倪芝青. 2017. 关于众创空间的理论研究及思考. 科技创业月刊, 30 (1): 50-53.

施永仁. 2007. 基于复杂适应系统理论的社会经济系统建模与仿真研究. 武汉：华中科技大学.

石玉熙. 2014. 基于协同学的技术创新影响因素及模式建构. 哈尔滨：哈尔滨理工大学.

宋志红,陈澍,范黎波. 2010. 知识特性、知识共享与企业创新能力关系的实证研究. 科学学研究, 28 (4): 597-604, 634.

苏保涛. 2017. 我国中小企业融资优化问题研究. 环球市场, (27): 8.

孙琦,陈娟,季建华. 2009. 供应网络横向联合应急战略库存策略研究. 工业工程与管理, 14 (2): 16-20, 128.

孙雪,任树怀. 2016. 基于知识创造的众创空间构建. 合作经济与科技, (2): 104-108.

孙振领，李后卿. 2008. 关于知识生态系统的理论研究. 图书与情报，(5)：22-27，58.

唐锦铨. 2009. 产业集群知识联盟企业知识共享的博弈分析. 闽江学院学报，30（3）：33-36，51.

田颖，田增瑞，赵袁军. 2018. H-S-R 三维结构视角下众创空间智力资本协同创新对创客创新绩效的影响. 科技进步与对策，35（8）：15-23.

投中研究院. 2015. 众创空间在中国：模式与案例. 国际融资，(6)：47-51.

汪群. 2016. 众创空间创业生态系统的构建. 企业经济，(10)：5-9.

王德禄. 2015. 众创空间对创新创业的启示. 新材料产业，(6)：12-13.

王其藩. 1995. 高级系统动力学. 北京：清华大学出版社.

王蕊，虞洁琼. 2009. 基于企业知识共享的激励机制研究. 中国商界（下半月），(7)：245，249.

王涛. 2016. 企业家社会资本对中小企业技术创新能力的影响研究. 济南：山东大学.

王佑镁，叶爱敏. 2015. 从创客空间到众创空间：基于创新2.0的功能模型与服务路径. 电化教育研究，36（11）：5-12.

王玉梅，王宪涛. 2009. 科技成果转化知识共享研究综述与展望. 青岛科技大学学报（社会科学版），25（2）：83-87.

王自强，王浣尘. 2005. 管理协同的核心要素. 经济理论与经济管理，(3)：50-51.

吴大进，曹力，陈立华. 1990. 协同学原理和应用. 武汉：华中理工大学出版社.

吴杰，战炤磊，周海生. 2017. "众创空间"的理论解读与对策思考. 科技创业月刊，30（1）：46-49，53.

吴茜. 2012. 私募股权基金管理人监管法律问题研究. 上海：华东政法大学.

吴文清，张海红，赵黎明. 2015. 基于学习的孵化器与创投协同知识创造资源共享研究. 管理学报，12（7）：1038-1044.

吴晓波，曹体杰. 2005. 高技术产业与传统产业协同发展机理及其影响因素分析. 科技进步与对策，(3)：7-9.

向永胜，古家军. 2017. 基于创业生态系统的新型众创空间构筑研究. 科技进步与对策，34（22）：20-24.

肖强，郭亚军. 2017. 众创空间环境下数字图书馆知识服务策略研究. 图书馆学研究，(13)：40-43.

肖潇. 2014. 复杂适应系统及其在经济政策模拟中的应用. 北京：经济科学出版社.

肖志雄. 2016. 众创空间知识生态环境与知识共享机制研究. 图书馆学研究，(21)：2-7.

谢林林，廖颖杰. 2008. 论风险投资对企业技术创新的动力机制作用. 华东经济管理，(4)：78-80.

谢守美. 2010. 企业知识生态系统的稳态机制研究. 图书情报工作，54（16）：99-102.

徐谦. 2006. 知识生态系统的共享机制研究. 武汉：华中师范大学.

徐倩倩，綦振法. 2009. 基于产业集群视角的知识共享模型分析. 山东理工大学学报（自然科学版），23（3）：73-76.

徐孝婷，程刚. 2016. 国内外企业知识服务研究现状与趋势. 情报科学，34（6）：163-169.

许筠芸. 2013. 移动微博客户端用户发布行为意愿影响因素研究——基于动机理论及需求技术匹配理论的整合模型. 杭州：浙江大学.

杨恩军. 2016. 众创空间平台下的中小企业股权融资研究. 咸阳：西北农林科技大学.
杨怀志. 2017. 图书馆众创空间的知识共享机制研究. 农业图书情报学刊, 29（11）：74-77.
杨杰. 2017. 众创空间创新网络结构特征和资源整合能力对网络绩效影响的实证研究. 北京：中央财经大学.
杨林岩, 赵驰. 2010. 企业成长理论综述——基于成长动因的观点. 软科学, 24（7）：106-110.
叶培华. 2008. 企业知识生态系统的涌现机理研究. 长春：吉林大学.
易菲, 龙朝阳. 2010. 联盟组织间知识共享效率的主体因素分析. 图书情报工作, 54（22）：98-101, 125.
于晓丹. 2010. 科技企业孵化器知识服务研究. 大连：大连理工大学.
昝廷全. 1991. 系统经济学探索：概念与原理. 大自然探索, （2）：38-42.
曾国屏, 苟尤钊, 刘磊. 2013. 从"创新系统"到"创新生态系统". 科学学研究, 31（1）：4-12.
张彬. 2011. 知识生产服务与知识消费服务——关于"知识服务"概念的哲学解析. 图书情报工作, 55（15）：42-46.
张大权. 2017. 众创空间商业模式研究. 长春：吉林大学.
张芳芳. 2012. 高科技企业的知识共享激励研究. 天津：天津理工大学.
张海红, 吴文清. 2017. 孵化器内创业者知识超网络涌现研究. 管理学报, 14(5)：695-703.
张红丽, 吴新年. 2010. 知识服务及其特征分析. 图书情报工作, 54（3）：23-27.
张杰. 2000. 民营经济的金融困境与融资次序. 经济研究, （4）：3-10, 78.
张娜. 2015. 众创空间——互联网＋时代本土化的创客空间. 科协论坛, （10）：22-25.
张庆林. 2003. 大学生外语学习动机的实证研究. 重庆：西南师范大学.
张三保, 李锡元. 2005. 走向正和博弈的知识交流与共享——一种建构的视角. 科学管理研究, 23（6）：89-92.
张少杰, 汤中彬, 黄永生. 2007. 基于H-S-C的企业知识存量增长途径分析. 情报杂志, （10）：27-29.
张肃, 靖舒婷. 2017. 众创空间知识生态系统模型构建及知识共享机制研究. 情报科学, 35（11）：61-65.
张玉利, 白峰. 2017. 基于耗散理论的众创空间演进与优化研究. 科学学与科学技术管理, 38（1）：22-29.
赵亮. 2016. 网络平台众创空间研究. 创新科技, （11）：24-25.
郑静. 2016. 基于知识服务理念的新型高校智库建设. 兰台世界, （17）：75-77.
庄可. 2005. 自我效能感在心理素质优化中的作用及强化策略. 现代中小学教育, （12）：52-54.
左云美. 2006. 知识转移与企业信息化. 北京：科学出版社.
Abram S. 2013. Makerspaces in libraries, education, and beyond. Internet@ Schools, 20(2)：18-20.
Adler P S, Kwon S W. 2002. Social capital：prospects for a new concept. Academy of Management Review, 27（1）：17-40.

Adner R. 2006. Match your innovation strategy to your innovation ecosystem. Harvard Business Review, 84 (4): 98-107.
Aerts K, Matthyssens P, Vandenbempt K. 2007. Critical role and screening practices of European business incubators. Technovation, 27 (5): 254-267.
Ajzen I. 1991. The theory of planned behavior. Organizational Behavior and Human Decision Processes, 50 (2): 179-211.
Altman M. 2011. What's hackerspace. http://makezine.com/article/maker-news/whats-a-hackerspace-mitch-altman-explains-video/[2011-09-07].
Arthur W B. 1999. Complexity and the economy. Science, 284 (5411): 107-109.
Audretsch D B, Lehmann E E. 2004. Financing high-tech growth: the role of banks and venture capitalists. Schmalenbach Business Review, 56: 340-357.
Baark E. 1999. Innovation in a knowledge-intensive service: the case of engineering consultancy. Hong Kong University of Science and Technology, (4): 54-58.
Bandura A, Walters R H. 1977. Social Learning Theory. Englewood Cliffs: Prentice Hall.
Barbosa S D, Gerhardt M W, Kickul J. 2007. The role of cognitive style and risk preference on entrepreneurial self-efficacy and entrepreneurial intentions. Journal of Leadership and Organizational Studies, 13 (4): 86-104.
Bartol K M, Srivastava A. 2002. Encouraging knowledge sharing: the role of organizational reward systems. Journal of Leadership and Organizational Studies, 9 (1): 64-76.
Baum J R, Locke E A, Smith K G. 2001. A multidimensional model of venture growth. Academy of Management Journal, 44 (2): 292-303.
Bauwens M, Mendoza N, Iacomella F, et al. 2012. Synthetic overview of the collaborative economy. P2P Foundation, 7.
Beckmann M J. 1995. Economic Models of Knowledge Networks, Networks in Action. Berlin: Springer-Verlag.
Begley T M, Tan W L, Schoch H. 2005. Politico-economic factors associated with interest in starting a business: a multi-country study. Entrepreneurship Theory & Practice, 29 (1): 35-55.
Benkler Y. 2006. The Wealth of Networks: How Social Production Transforms Markets and Freedom. New Haven: Yale University Press.
Bessant J, Caffyn S. 1997. High-involvement innovation through continuous improvement. International Journal of Technology Management, 14 (1): 7-28.
Bhattacherjee A. 2001. Understanding information systems continuance: an expectation-confirmation model. MIS Quarterly, 25 (3): 351-370.
Blackley S, Sheffield R, Maynard N, et al. 2017. Makerspace and reflective practice: advancing pre-service teachers in STEM education. Australian Journal of Teacher Education, 42 (3): 22-37.
Boisot M H. 1999. Knowledge Assets: Securing Competitive Advantage in the Information Economy. New York: Oxford University Press.
Bontis N. 1998. Intellectual capital: an exploratory study that develops measures and

models. Management Decision, 36 (2): 63-76.

Bosrtom R P. 1989. Successful application of communication techniques to improve the systems development process. Information & Management, 16 (5): 279-295.

Bowler L, Champagne R. 2016. Mindful makers: question prompts to help guide young peoples' critical technical practices in maker spaces in libraries, museums, and community-based youth organizations. Library & Information Science Research, 38(2): 117-124.

Boyd N G, Vozikis G S. 1994. The influence of self-efficacy on the development of entrepreneurial intentions and actions. Entrepreneurship Theory and Practice, 18 (4): 63-77.

Brabham D C. 2008. Moving the crowd at iStockphoto: the composition of the crowd and motivations for participation in a crowdsourcing application. https://firstmonday.org/ojs/ index.php/fm/article/view/2159/1969[2020-10-20].

Brabham D C. 2010. Moving the crowd at threadless: motivations for participation in a crowdsourcing application. Information, Communication & Society, 13(8): 1122-1145.

Brady T, Salas C, Nuriddin A, et al. 2014. MakeAbility: creating accessible makerspace events in a public library. Public Library Quarterly, 33 (4): 330-347.

Brush M. 2014. Free TechShop memberships now availiable to ASU students. https://news.asu.edu/20201228-free-techshop-memberships-now-avaiable-asu-students[2014-09-03].

Bruyat C, Julien P A. 2001. Defining the field of research in entrepreneurship. Journal of Business Venturing, 16 (2): 165-180.

Cabral L. 1995. Sunk costs, firm size and firm growth. Journal of Industrial Economics, 43 (2): 161-172.

Cakula S, Jakobsone A, Motejlek J. 2013. Virtual business support infrastructure for entrepreneurs. Procedia Computer Science, 25: 281-288.

Casamatta C. 2003. Financing and advising: optimal financial contracts with venture capitalists. The Journal of Finance, 58 (5): 2059-2085.

Chesbrough H W. 2006. Open Innovation: the new imperative for creating and profiting from technology. Brighton: Harvard Business Review Press.

Chesbrough H, Bogers M. 2014. Explicating Open Innovation: Clarifying an Emerging Paradigm for Understanding Innovation. New York: Oxford University Press.

Churchill Jr G A. 1979. A paradigm for developing better measures of marketing constructs. Journal of Marketing Research, 16 (1): 64-73.

Coase R H. 1937. Some notes on monopoly price. Review of Economic Studies, 5 (1): 17-31.

College B. 2011. Can entrepreneurship be taught? Yes, researchers say. https://cacm.acm.org/careers/110039-can-entrepreneurship-be-taught-yes-researchers-say/fulltext#comments[2021-10-08].

Colombo M G, Delmastro M. 2002. How effective are technology incubators? Evidence from Italy. Research Policy, 31 (7): 1103-1122.

Cooke P, Uranga M G, Etxebarria G. 1997. Regional in-novation systems: institutional and organisational dimensions. Research Policy, 26 (4-5): 475-491.

Cooke P, Kaufmann D, Levin C, et al. 2006. The biosciences knowledge value chain and comparative incubation models. The Journal of Technology Transfer, 31: 115-129.

Davenport T H, de Long D W, Beers M C. 1998. Successful knowledge management projects. Sloan Management Review, 39: 43-57.

Deci E L, Ryan R M. 1987. The support of autonomy and the control of behavior. Journal of Personality and Social Psychology, 53 (6): 1024-1037.

Dholakia U M, Bagozzi R P, Pearo L K. 2004. A social influence model of consumer participation in networkand small group based virtual communities. International Journal of Research in Marketing, 21 (3): 241-263.

Dixon N M. 2000. Common Knowledge-How Companies Thrive by Sharing What They Know. Cambridge: Harvard Business School Press.

Duffy J. 2000. Knowledge management: what every information professional should know. Information Management Journal, 34 (3): 10.

Ebersberger B. 2004. The use and appreciation of knowledge-intensive service activities in traditional industries. http://publications.vtt.fi/pdf/working papers/2004/W8.pdf [2006-10-12].

Eisenhardt K M, Schoonhoven C B. 1990. Organizational growth: linking founding team, strategy, environment, and growth among US semiconductor ventures, 1978-1988. Administrative Science Quarterly, 35 (3): 504-529.

Fiocca R, Gianola A. 2003. Network analysis of knowledge-intensive services. Lugano: IMP Conference 2003.

Forbes D P. 2005. The effects of strategic decision making on entrepreneurial self-efficacy. Entrepreneurship Theory and Practice, 29 (5): 599-626.

Forrester J W. 1958. Industrial dynamics: a major breakthrough for decision makers. Harvard Business Review, 36: 37-66.

Friedman D. 1991. Evolutionary games in economics. Econometrica, 59 (3): 637-666.

Gajda R. 2004. Utilizing collaboration theory to evaluate strategic alliances. American Journal of Evaluation, 25 (1): 65-77.

Gartner W B. 1985. A conceptual framework for describing the phenomenon of new venture creation. The Academy of Management Review, 10 (4): 696-706.

Gartner W B, Starr J A, Bhat S. 1999. Predicting new venture survival: an analysis of "anatomy of a start-up": cases from Inc. magazine. Journal of Business Venturing, 14 (2): 215-232.

Gherardi S, Nicolini D. 2000. The organizational learning of safety in communities of practice. Journal of Management Inquiry, 9 (1): 7-18.

Gierdowski D, Reis D. 2015. The MobileMaker: an experiment with a mobile makerspace. Library Hi Tech, 33 (4): 480-496.

Goh S C. 2002. Managing effective knowledge transfer: an integrative framework and some

practice implications. Journal of Knowledge Management, 6 (1): 23-30.
Goldenson J, Hill N. 2013. Making room for innovation. Library Journal, 138 (9): 26-28.
Haken H. 1978. Synergetics: some recent trends and developments. Progress of Theoretical Physics Supplement, 64: 21-34.
Hansen M T, Berger J A, Nohria N. 2000. The state of the incubator marketspace. Cambridge: Harvard Bussiness Review.
Hendriks P. 1999. Why share knowledge? The influence of ICT on the motivation for knowledge sharing. Knowledge and Process Management, 6 (2): 91-100.
Hippel E V.2005. Democratizing innovation: the evolving phenomenon of user innovation. Journal für Betriebswirtschaft, 55: 63-78.
Holland J H. 1996. Hidden Order: How Adaptation Builds Complexity. New York: Basic Books.
Holland J H. 2000. Emergence: From chaos to order. Oxford: OUP Oxford.
Huber G P. 1991. Organization learning: the contributing process and the literatures. Organization Science, 2 (1): 88-115.
Im S, Workman J P. 2004. Market orientation, creativity, and new product performance in high-technology firms. Journal of Marketing, 68: 114-132.
Isaksen S G, Lauer K J. 2010. The climate for creativity and change in team. Creativity and Innovation Management, 11 (1): 74-86.
Janzen D H. 1980. When is it coevolution? . Evolution, 34 (3): 611-612.
Jöreskog K G. 1969. A general approach to confirmatory maximum likelihood factor analysis. Psychometrika, 34: 183-202.
Kaplan S, Strömberg P. 2003. Financial contracting theory meets the real world: an empirical analysis of venture capital contracts. The Review of Economic Studies, 70 (2): 281-315.
Kera D. 2012. NanoŠmano lab in Ljubljana: disruptive prototypes and experimental governance of nanotechnologies in the hackerspaces. Journal of Science Communication, 11 (4): 37-49.
Kirsch L J. 1996. The management of complex tasks in organizations: controlling the systems development process. Organization Science, 7 (1): 1-21.
Kolvereid L, Isaksen E. 2006. New business start-up and subsequent entry into self-employment. Journal of Business Venturing, 21 (6): 866-885.
Kortum S, Lerner J. 2000. Assessing the contribution of venture capital to innovation. The RAND Journal of Economics, 31 (4): 674-692.
Lahti R K, Beyerlein M M. 2000. Knowledge transfer and management consulting: a look at "The Firm". Business Horizons, 43 (1): 65-74.
Lansing J S. 2003. Complex adaptive systems. Annual Review of Anthropology, 32: 183-204.
Law A M, Kelton W D. 2000. Simulation Modeling and Analysis. New York: McGraw-Hill.
Lee J N. 2001. The impact of knowledge sharing, organizational capability and partnership quality on IS outsourcing success. Information & Management, 38 (5): 323-335.

Lee K J, Shim S W, Jeong B S, et al. 2003. Knowledge intensive service activities(KISAs) in Korea's innovation system. Washington: Science & Technology Policy Institute.

Lerner J, Tirole J. 2002. Some simple economics of open source. Journal of Industrial Economics, 50 (2): 197-234.

Lin H, Fan W G, Wallace L, et al. 2007. An empirical study of web-based knowledge community success. Waikoloa: 40th Annual Hawaii International Conference on System Sciences (HICSS'07).

Lucas W A, Cooper S Y. 2005. Measuring entrepreneurial self-efficacy. Singapore: The SMU EDGE Conference.

Macneil C M. 2003. Line managers: facilitators of knowledge sharing in teams. Employee Relations, 25 (3): 294-307.

Marris R. 1963. A model of the "managerial" enterprise. The Quarterly Journal of Economics, 77 (2): 185-209.

McClelland D C. 1961. Achieving Society. New York: Simon and Schuster.

McKelvey B. 1999. Complexity theory in organization science: seizing the promise or becoming a fad? . Emergence Complexity & Organization, 1 (1): 5-32.

McKelvey B. 2004. Toward a complexity science of entrepreneurship. Journal of Business Venturing, 19 (3): 313-341.

Miles I, Kastrinos N.1998. Knowledge-intensive business services: users, carriers and sources of innovation. Second National Knowledge Infrastructure Setp, 44 (4): 100-128.

Moore J F. 1996. The Death of Competition: Leadership and Strategy. the Age of Business Ecosystems. New York: Harper Paperbacks.

Morey D, Maybury M T, Thuraisingham B M. 2012. Knowledge Management: Classic and Contemporary Works. Cambridge: MIT Press.

Muller E, Zenker A. 2001. Business services as actors of knowledge transformation: the role of KIBS in regional and national innovation systems. Research Policy, 30 (9): 1501-1516.

Mustak M. 2019. Customer participation in knowledge intensive business services: perceived value outcomes from a dyadic perspective. Industrial Marketing Management, 78: 76-87.

Nonaka I, Takeuchi H. 1995. The Knowledge-Creating Company: How Japanese Companies Create the Dynamics of Innovation. New York: Oxford University Press.

Norgaard R B. 1981. Sociosystem and ecosystem coevolution in the Amazon. Journal of Environmental Economics and Management, 8 (3): 238-254.

Nurmi S. 2004. Plant size, age and growth in finnish manufacturing. Finnish Economic Papers, 17 (1): 3-17.

Organisciak P. 2010. Why bother? Examining the motivations of users in large-scale crowd-powered online initiatives. Edmonton: University of Alberta.

Parris S, Demirel P. 2010. Innovation in venture capital backed clean-technology firms in the UK. Strategic Change, 19 (7/8): 343-357.

Pearl R, Reed L J.1920. On the rate of growth of the population of the United States since 1790 and its mathematical representation. Proceedings of the National Academy of Sciences, 6 (6): 275-288.

Pina K, Tether B S. 2016. Towards understanding variety in knowledge intensive business services by distinguishing their knowledge bases. Research Policy, 45 (2): 401-413.

Pór G. 1995. Community Building: Renewing Spirit and Learning in Business. San Francisco: New Leaders Press.

Reich Y. 1995. Measuring the value of knowledge. International Journal of Human-Computer Studies, 42 (1): 3-30.

Roberts G. 1998. Competitive altruism: from reciprocity to the handicap principle. Proceedings of the Royal Society of London ·Series B: Biological Sciences, 265 (1394): 427-431.

Schumacker R E, Lomax R G. 1996. A Guide to Structural Equations Modeling. New York: Psychology Press.

Schumpeter J A. 1912. The Theory of Economic Development. Cambridge: Harvard University Press.

Schumpeter J, Baekhaus U. 2003. The Theory of Economic Development. Berlin: JosePhAlois Schumpeter.

Senge P M. 1997. Sharing knowledge. Executive Excellence, 14 (11): 98-112.

Shane S, Venkataraman S. 2000. The promise of entrepreneurship as a field of research. Academy of Management Review, 25 (1): 217-226.

Shapero A, Sokol L. 1982. The social dimension of entrepreneurship. Champaign: The Academy for Entrepreneurial Leadership.

Nohria H, Tieney. 1999. What's your strategy for management knowledge. Harvard Business Review, 77 (2): 106-116.

Skinner B F. 1965. Science and Human Behavior. London: Free Press.

Soetanto D P, van Geenhuizen M. 2007. Technology incubators and knowledge networks: a rough set approach in comparative project analysis. Environment and Planning B: Planning and Design, 34 (6): 1011-1029.

Stank T P, Keller S B, Daugherty P J. 2001. Supply chain collaboration and logistical service performance. Journal of Business Logistics, 22 (1): 29-48.

Sternberg R J, Mio J S. 2009. Cognitive Psychology. Belmont: Cengage Learning.

Sulaiman N I, Burke M. 2009. A case analysis of knowledge sharing implementation and job searching in Malaysia. International Journal of Information Management, 29 (4): 321-325.

Szulanski G. 1996. Exploring internal stickiness: impediments to the transfer of best practice within the firm. Strategic Management Journal, 17: 27-43.

Taylor N, Hurley U, Connolly P. 2016. Making community: the wider role of makerspaces in public life. New York: Proceedings of the 2016 CHI Conference on Human Factors in Computing Systems.

Teece D J, Pisano G, Shuen A. 1997. Dynamic capabilities and strategic management. Strategic Management Journal, 18 (7): 509-533.

Teo H H, Wei K K, Benbasat I. 2003. Predicting intention to adopt interorganizational linkages: an institutional perspective. MIS Quarterly, 27 (1): 19-49.

Thomas L C. 2011. Libraries, librarians and mobile services. Bulletin of the American Society for Information Science & Technology, 38 (1): 8-9.

Timmons J A, Spinelli S, Tan Y. 2004. New venture creation: Entrepreneurship for the 21st Century. New York: McGraw-Hill.

Vasilescu L G, Popa A. 2011. Venture capital funding-path to growth and innovation for firms. Annals-Economy Series, 1: 204-213.

Verhulst P F. 1838. Notice sur la loi que la population poursuit dans son accroissement. Correspondance Mathématique Et Physique, 10: 113-121.

Westhead P, Wright M. 1998. Novice, portfolio, and serial founders: are they different? . Journal of Business Venturing, 13 (3): 173-204.

Wilkinson A. 1998. Empowerment: theory and practice. Personnel Review, 27: 40-56.

Wong A, Partridge H. 2016. Making as learning: makerspaces in universities. Australian Academic & Research Libraries, 47 (3): 143-159.

Yasuda T. 2005. Firm growth, size, age and behavior in Japanese manufacturing. Small Business Economics, 24 (1): 1-15.

Zahra S A, Hayton J C. 2008. The effect of international venturing on firm performance: the moderating influence of absorptive capacity. Journal of Business Venturing, 23 (2): 195-220.

Zander U, Kogut B. 1995. Knowledge and the speed of the transfer and imitation of organizational capabilities: an empirical test. Organization Science, 6 (1): 76-92.

附 录 Ⅰ

基于参与动机的众创空间知识共享质量、创意实现与满意度研究调查问卷

尊敬的先生/女士：

您好！感谢您参与本问卷的调查。本问卷旨在基于参与动机的众创空间知识共享质量、创意实现与满意度研究。只用于学术研究，不会泄露您的隐私，希望能得到您的支持，谢谢！

一、基本信息

1. 您的性别：
   ○男　　　　　　　　　　○女

2. 您的教育背景：
   ○高中及以下　　　　　　○本科
   ○硕士研究生　　　　　　○博士研究生及以上

3. 您的年龄段：
   ○18～25 岁　　○26～35 岁　　○36～45 岁　　○45 岁以上

4. 您目前从事的行业：
   ○学生　　　　　　　　　○通信·计算机·互联网等
   ○制造业　　　　　　　　○教育·培训·科研
   ○商业·金融业　　　　　○服务行业（医疗、文娱等）
   ○其他（请注明：_____）

5. 您是通过何种途径了解众创空间的？
   ○网络　　　　　　　　　○他人推荐
   ○宣传　　　　　　　　　○其他（请注明：_____）

二、请您仔细阅读下列所描述的情况，并根据个人的同意程度，按以下规则打分（请在相符的数字上打"√"）：

1. 非常不同意　　　　2. 不同意　　　　3. 无所谓
4. 同意　　　　　　　5. 非常同意

附录 I

项目	满意程度
参与动机	
A 目标型动机	
A01. 我非常想创业	1 2 3 4 5
A02. 我最大的梦想就是创建自己的企业	1 2 3 4 5
A03. 我会很努力地去尝试创业	1 2 3 4 5
A04. 我非常了解创业的过程	1 2 3 4 5
A05. 创业是为了获得个人自由，实现人生目标	1 2 3 4 5
A06. 创业是为了接受挑战，保障未来生活	1 2 3 4 5
B 自我效能感	
B01. 我不喜欢墨守成规，喜欢突破现有事物	1 2 3 4 5
B02. 我经常能提出新的点子和建议	1 2 3 4 5
B03. 我自身创造力强	1 2 3 4 5
B04. 我通常在压力和冲突下能应付自如	1 2 3 4 5
B05. 我善于分析外部环境发现机会和潜在问题	1 2 3 4 5
B06. 我能够识别一个创意的潜在价值	1 2 3 4 5
B07. 觉得同别人合作交流是一件很愉快的事情	1 2 3 4 5
B08. 我为实现目标开始了实际准备行动	1 2 3 4 5
C 自我归属感	
C01. 我愿意与创客分享有价值的信息	1 2 3 4 5
C02. 参与众创空间可以使我学到相关技能	1 2 3 4 5
C03. 我觉得众创空间平台有较好的服务制度，可以信赖	1 2 3 4 5
C04. 参与很多任务或者活动让我心情愉快	1 2 3 4 5
C05. 我感到自己是属于众创空间平台的一分子	1 2 3 4 5
C06. 我认为自己与众创空间有比较强的情感联系	1 2 3 4 5
D 激励型动机	
D01. 政府设立相关项目鼓励自主创新创业	1 2 3 4 5
D02. 目前政府一直为创新创业提供各种优惠政策	1 2 3 4 5
D03. 众创空间给我额外实现奖励的机会	1 2 3 4 5
D04. 获得创业资金援助或创业贷款更加激发我的参与积极性	1 2 3 4 5
E 知识共享质量	
E01. 创客交流的知识能够被明确表述和展示	1 2 3 4 5
E02. 创客交流的知识具有一定的贡献度和创新度	1 2 3 4 5
E03. 创客交流的知识具有一定的复杂性，存在价值收益递增规律	1 2 3 4 5
E04. 创客交流的知识具有一定的经济性，耗费资源成本价值量少	1 2 3 4 5

续表

项目	满意程度
E05. 创客交流的知识具有一定的适应性和可转移性	1　2　3　4　5
E06. 知识质量的时效性可以让有知识需求的参与者得到及时满足	1　2　3　4　5
F 创意实现	
F01. 众创空间平台重视研发新的创意产品	1　2　3　4　5
F02. 参与众创空间可以将创意渗透到传统产业的实践环节	1　2　3　4　5
F03. 好的创意可以优化生产要素投入获得更好的产出	1　2　3　4　5
F04. 完备的服务和高科技设施使创意的产业化和创意的价值实现成为可能	1　2　3　4　5
G 参与满意度	
G01. 我认为参与众创空间使我获益颇多	1　2　3　4　5
G02. 众创空间提供的功能服务让我满意	1　2　3　4　5
G03. 我在众创空间中的体验超过了我的预期	1　2　3　4　5
G04. 总体而言，我对众创空间的期望在参与过程中得到满足	1　2　3　4　5
若有其他情况请注明	

问卷结束，再次感谢您对此次调查的真挚理解和支持，祝您生活愉快！

附 录 Ⅱ

众创空间知识服务能力影响因素研究调查问卷

尊敬的先生/女士：

您好！感谢您参与本问卷的调查。本问卷旨在进行众创空间知识服务能力影响因素研究。如果您所在的企业处于北京众创空间内的在孵企业，请您抽出宝贵的时间进行填写，否则请终止答题。

本问卷只用于学术研究，不会泄露您的隐私，希望能得到您的支持，谢谢！

一、个人基本信息

1. 您的性别			
A 男	B 女		
2. 您的年龄段			
A 25 岁及以下	B 26～35 岁	C 36～45 岁	D 46 岁及以上
3. 您所受的教育程度			
A 中专、高中及以下	B 大专	C 本科	D 硕士	E 博士及以上
4. 您目前从事的行业			
A 商业·金融业	B 计算机·互联网	C 教育·培训	D 文化·娱乐
E 制造业	F 其他（请注明_____）		
5. 您在贵企业中所担任的职位			
A 一般职员	B 基层管理者	C 中层管理者	D 高层管理者

二、请您仔细阅读下列所描述的情况，并根据个人的同意程度，按以下规则打分（请在相符的数字上打"√"）：

1. 非常不同意　　　　2. 不同意　　　　3. 不清楚
4. 同意　　　　　　　5. 非常同意

项目	满意程度
A 贵企业所在的众创空间的知识存量（依附于众创空间内员工中，知识和经验的总和）	非常不同意→非常同意
A01. 众创空间内包含贵企业成长所需的各种知识（市场知识等）	1 2 3 4 5
A02. 众创空间内创业导师各个行业领域分布比较均衡（各个行业均有对应的创业导师）	1 2 3 4 5
A03. 众创空间内员工的专业水平比较高	1 2 3 4 5
B 贵企业所在的众创空间的结网能力（众创空间同政府、高校、科研机构及中介机构等的交流合作能力）	非常不同意→非常同意
B01. 众创空间同各类组织之间有比较好的联系（政府、高校、科研机构及中介机构等各类组织）	1 2 3 4 5
B02. 贵企业可以在众创空间内得到同各类组织的交流机会	1 2 3 4 5
B03. 众创空间可以帮助贵企业同目标组织牵线搭桥	1 2 3 4 5
B04. 您对同各类组织之间的交流结果比较满意	1 2 3 4 5
C 贵企业所在的众创空间的知识转移能力（众创空间将自己或者外部的知识转移到在孵企业身上的能力）	非常不同意→非常同意
C01. 众创空间善于用不同的方法实现知识转移（面谈、电话会议等）	1 2 3 4 5
C02. 贵企业可以很好地接收众创空间转移的知识	1 2 3 4 5
C03. 众创空间可以对企业所需的各类知识进行转移	1 2 3 4 5
C04. 您可以比较好地接受众创空间转移来的知识	1 2 3 4 5
D 贵企业所在的众创空间内部的知识共享能力（众创空间内部在孵企业间进行交流和合作的能力）	非常不同意→非常同意
D01. 众创空间内在孵企业间的交流比较顺畅	1 2 3 4 5
D02. 同众创空间内在孵企业间的交流使企业得到了进步	1 2 3 4 5
D03. 同众创空间内在孵企业交流中可以得到有用的知识	1 2 3 4 5
D04. 在孵企业间交流的知识存在一定的创新度	1 2 3 4 5
E 贵企业所在的众创空间内部文化的相容性（众创空间内部的在孵企业之间是否存在文化的相似性，彼此包容）	非常不同意→非常同意
E01. 贵企业同众创空间内其他在孵企业文化有较高的一致性	1 2 3 4 5
E02. 贵企业同众创空间内其他在孵企业有比较高的互信水平	1 2 3 4 5
E03. 贵企业文化氛围处于比较高的开放水平	1 2 3 4 5
E04. 您对其他在孵企业的文化有比较强的认同感	1 2 3 4 5
F 贵企业所在的众创空间的知识服务效果（众创空间通过上述知识服务最终到达的效果）	非常不同意→非常同意
F01. 众创空间可以通过知识服务帮企业解决问题	1 2 3 4 5
F02. 您可以在众创空间内得到个人经验的提升	1 2 3 4 5
F03. 贵企业遇到问题时会向众创空间求助	1 2 3 4 5
F04. 您会向周围的创客推荐所在的众创空间	1 2 3 4 5

续表

项目	满意程度
G 在孵企业绩效（在孵企业的运行状况）	非常不同意→非常同意
G01. 您对贵企业入孵以来企业的发展状况比较满意	1 2 3 4 5
G02. 您对贵企业入孵以来员工的发展状况比较满意	1 2 3 4 5
G03. 您对您的工资水平比较满意	1 2 3 4 5

贵企业的名称：_____

贵企业的规模：

A 10 人及以下　　B 11~50 人　　C 51~100 人　　D 100 人以上

本问卷只用于学术研究，不会泄露您的隐私。

问卷结束，再次感谢您对此次调查的理解和支持，祝您生活愉快！

后　　记

十九大以来，党中央、国务院多次强调，要按照高质量发展要求，深入实施创新驱动发展战略，推进"双创"是深入实施创新驱动发展战略的重要支撑。通过打造"双创"升级版，进一步优化创新创业环境，有利于大幅降低创新创业成本，提升创业带动就业能力，增强科技创新引领作用，提升支撑平台服务能力，推动形成线上线下结合、产学研用协同、大中小企业融合的创新创业格局，为加快培育发展新动能、实现更充分就业和经济高质量发展提供坚实保障，并且对增强经济发展内生动力具有重要意义。

众创空间作为"双创"战略下创新创业活动的重要载体，从现实和长远角度来看都具有重要的意义。不论是从文献层面还是实践层面来说，众创空间的发展都是充满探索和不断改进的过程。在对创新创业宏观政策进行关注的同时，也应该从微观层面关注个体的发展情况和存在的问题，"既要仰望星空也要脚踏实地"，宏观的运行是由千千万万个微观个体组成的，注重个体的发展才能够更好地实现宏观目标。我们需要不断从实践中发现和解决问题，结合实际国情优化众创空间的各项服务，提升运行效率以期达到"双创"战略要求。

囿于本书所涵盖的内容以及课题组的理论水平，本书在研究过程中难免存在疏漏，需要在未来的研究中加以改进，主要有以下几个方面。①研究对象及数据的局限。未来研究应增添对动态样本数据的采集，选择时间序列数据来对众创空间实施纵向研究，从而更加周全动态地解读众创空间。②调查问卷的局限。寻求较为客观的衡量方式仍是以后研究的重点。③仿真模型设计的局限。在后续研究中需要继续验证哪种基本假设和流程框架图最接近和贴合现实，对模型的有效性进行进一步的修正和完善。

总之，由于众创空间系统特征和运行过程的复杂性，该领域仍需要做大量的后续研究和实践工作。本书由金鑫主笔，参与撰写的主要团队成员还有张敏、侯晓、陈斌和黄欢。希望本书的成果能为今后相关研究工作的展开提供一定的帮助和借鉴。